Bob Hanning
mit Christoph Stukenbrock

HANNING. MACHT. HANDBALL.

Geheimnisse aus dem Innersten eines faszinierenden Sports

EDEL
SPORTS

INHALT

I. Revolution! Mein Weg an die Macht

Jetzt waren es also nur noch ein paar Schritte. Vier Stufen, um genau zu sein. Mein Herz fing wie wild an zu pochen. Monate, nein, Jahre hatte ich auf diesen Moment hingearbeitet.

Eine kleine Revolution. Meine Revolution, die ich akribisch vorbereitet, immer wieder diskutiert und öffentlich verteidigt hatte. Nun war es so weit. Später sollte dieser Tag als der Beginn einer Ära, eine Art Wendepunkt in die Geschichte des deutschen Handballs eingehen. Aber später war später – jetzt befand ich mich im großen Saal des Maritim-Hotels Düsseldorf. Und in mir, dem Medienprofi, dem Meister des publikumswirksamen Auftritts, tobte der Sturm.

Das Raunen im Plenum drang gedämpft zu mir herüber. Unabhängig davon, dass es eigentlich Usus war, dass derjenige, der wie ich damals von der Liga vorgeschlagen wurde, auch zum Vizepräsidenten Leistungssport gewählt wird, spürte ich schon an jenem 21. September 2013, dass mir gegenüber nicht bloß Freunde saßen. Mit dem Papier „Amateure hoffen, Profis arbeiten" hatte ich nicht wenige der rund hundertfünfzig Anwesenden gegen mich aufgebracht. So viel stand fest.

Dem deutschen Handball ging es nicht sonderlich gut zu jener Zeit. Was sage ich … Der Verband lag am Boden! Nach fünfzehn Jahren unter dem damaligen Präsidenten Ulrich Strombach hatte sich der mitgliederstärkste Handballverband der Welt in einen tiefen Schlaf verabschiedet, die Strukturen waren verkrustet – und sportlich hatte die Nationalmannschaft, einstiges Aushängeschild des DHB, gerade einen neuen Tiefpunkt erreicht. Verblasst waren die großen Erfolge unter Bundestrainer Heiner Brand. Der EM-Titel und olympisches Silber im Jahr 2004 oder das goldene Wintermärchen von

2007 im eigenen Land wirkten im Herbst 2013 wie Relikte aus einer anderen, längst vergessenen Zeit.

Die Gegenwart sah düster aus. Platz elf bei der Weltmeisterschaft 2011, die damals schlechteste WM-Platzierung einer deutschen Mannschaft in der Geschichte, und die verpasste Olympiaqualifikation für die Sommerspiele 2012 hatten wir gerade irgendwie verwunden, da setzte es im Sommer 2013 den nächsten Tiefschlag: eine 25:27-Niederlage in Podgorica gegen die Feierabendhandballer aus Montenegro. Nie zuvor hatten wir eine Europameisterschaft verpasst, im elften Anlauf passierte es. Ein Debakel. Historisch schlecht waren wir.

Der damalige Bundestrainer Martin Heuberger, Nachfolger von Heiner, der seinen Job nach der WM-Schlappe von 2011 geräumt hatte, bekam vom scheidenden Präsidium eine Jobgarantie, was zur Folge hatte, dass es in der Szene noch mehr rumorte als ohnehin schon. Kretzsche, damals wie heute um kein kritisches Wort verlegen, brachte seine Fassungslosigkeit via Twitter zum Ausdruck: „Ist das bitter. Keine Ahnung, wie das geschehen konnte … Staatstrauer!" Alle auch nur halbwegs Handballinteressierten waren sich einig: Es war höchste Zeit für eine neue Geschichte. Und da kam ich ins Spiel.

Ich konnte die Trägheit des DHB-Tankers nicht mehr ertragen und wollte den Kahn unbedingt wieder flottkriegen. Der Ära Strombachs fehlte es nicht an Erfolgen, doch mittlerweile an einer Vision. Das Verhältnis des Verbands zur Bundesliga war an einem Tiefpunkt angelangt, die Arbeit mit aufstrebenden Talenten basierte mehr oder weniger auf Zufall. Nach dem umjubelten Titel 2007 gab es keine nachhaltige Entwicklung, nur noch Stagnation. Und auch den Klubs mangelte es an Mut, auf junge Spieler zu bauen und diese konsequent einzusetzen. Kurz: In meinen Augen musste sich eine Menge ändern.

Und da hockten sie nun, die Chefs der Landesverbände, die alteingesessenen Granden des deutschen Handballs, die Heiner Brands, Uli Strombachs und Hotti Bredemeiers, und zitterten angesichts dessen, was über sie hereinzubrechen drohte. Sie alle wussten: Es muss sich etwas ändern, und es ist gut, dass der Hanning kommt. Der kann das! Aber – auch das wussten alle – es wird mit ihm auch ziemlich anstrengend. Und damit sollten sie recht behalten.

Besonders eisig war mein Verhältnis zu Heiner. Vom Vertrauen und gegenseitigen Respekt unserer gemeinsamen Zeit, als ich ihm bis zur Jahrtausendwende als Co-Trainer bei der Nationalmannschaft zuarbeitete, war nicht viel geblieben. Heiner gehörte wie viele im Verband zu jener Kaste, mit der mir eine Erneuerung nicht möglich schien. Nicht weil ich sie nicht mochte. Sondern weil es Zeit für etwas Neues war. Auch wenn ich damals nicht ahnen konnte, welche grotesken Züge unsere Kommunikation wenig später annehmen würde, war die Beziehung zu Heiner schon im Herbst 2013 stark belastet. Uns fehlte die gemeinsame Basis, wir kämpften für unterschiedliche Ziele. Das war mir vor meiner Antrittsrede klar geworden, als ich ihn in einem Restaurant getroffen und versucht hatte, mit ihm zu reden. Über meine Rolle, über seine. Über meine Vision vom neuen DHB. Es war klar, unter mir, seinem einstigen Lehrling, wollte er partout nicht arbeiten. Das gab er mir klar zu verstehen.

Ich wusste natürlich schon damals: Die Reformpläne musste er als Frontalangriff auf ihn und seinen Kreis verstehen, allein mit dem Titel „Amateure hoffen, Profis arbeiten“ hatte ich das scheidende Präsidium düpiert. Ich stellte einfach alles in Frage. Mein Thesenpapier war ein Grenzübertritt. Mir ging es aber nicht um Machtspielchen, ich war überzeugt, dass Veränderungen notwendig waren.

Zu gern hätte ich Heiner und Co. meine Thesen vorab in Ruhe erläutert. Doch ein geplanter Termin in Leipzig wurde aus für mich fadenscheinigen Gründen abgesagt. Und so ergriff ich die Flucht nach vorn und ging den Weg über die Medien. Aber ich ahnte schon, was ich damit lostreten würde.

Welch tiefe Wunden das Papier offenlegte, zeigten die Reaktionen, die mich aus der ganzen Republik erreichten. Ich hatte offenbar die Baustellen, oder besser Schwachstellen, des Systems DHB benannt: die Führungsschwäche und die Verbandsstruktur, die Unprofessionalität der Landesverbände, die mangelhafte Jugendförderung, die fehlende individuelle Eliteförderung und die wackelige Finanzierung des Ganzen.

Auch wenn es viele noch immer nicht hören wollen: Achtzig Prozent meines damaligen Papiers sind inhaltlich das, wonach der Verband heute, im Jahr 2021, arbeitet. Ich hatte fleißige Helfer an meiner Seite. Helfer wie vor allem den zusammen mit mir neu gewählten Präsidenten Bernhard Bauer – ein kluger Kopf aus der Politik, dem der deutsche Handball einiges zu verdanken hat, dessen übersteigertes Geltungsbedürfnis ihm aber einige Monate später zum Verhängnis werden sollte …

Und damit zurück zu den Geschehnissen im Herbst 2013. In den Wochen vor dem Bundestag und dem für mich entscheidenden Auftritt vor den vielen Vollblutfunktionären gönnte ich mir ein Coaching. Frank Steffel, Präsident meines Klubs Füchse Berlin, ein langjähriger Vertrauter und bis heute einer meiner engsten Freunde, legte mir eine Schauspielerin ans Herz, die mir empfahl, bereits den Gang zur Bühne zu üben. So verrückt es klingt, aber es ging tatsächlich konkret um den Weg auf die Bühne, ums Treppensteigen. Am Abend vor dem Bundestag bin ich tatsächlich noch mal rein in den Raum und dreimal die Treppe rauf- und runtergegangen, habe mich ans Rednerpult gestellt und von dort in den Saal geschaut. Ich stellte mich auf einen Kampf ein.

Ich habe beileibe kein Problem damit, vor Menschen zu sprechen. Aber hier ging es ums Ganze. Ich hatte keine Wahl. Immer wieder hatte ich mir den Kopf darüber zerbrochen: Guckst du weiter zu und kritisierst nur von außen? So wie die Daniel Stephans oder Christian Schwarzers dieser Welt. Oder begibst du dich in den Ring? Mit den Füchsen Berlin hatte ich einen Verein von den Niederungen der zweiten Liga in die Champions League geführt. Doch Klubarbeit ist Klubarbeit. Da hast du andere Freiheiten – sofern deine Gesellschafter und Sponsoren das mittragen. Wenn du aber für einen Verband arbeitest, dann kannst du nicht von ihm leben, sondern du musst für ihn leben. Und genau das wollte ich. Ich wollte die Veränderung. Viele Jahre hatte ich in den Führungsgremien der Bundesliga mitgemacht, weil mir die Themen Jugend und Nachwuchs wichtig waren. Und genau dies war auch ein Grund für meine Bewerbung beim DHB. Ich wollte Veränderung für meine Jungs, die ich in Berlin trainierte. Veränderung für all die jungen Talente, die keine Chance in der Bundesliga bekamen. Veränderung der Strukturen des Verbands.

Und eine Veränderung des Auftretens. Eine Veränderung von der Basis her. Hätten wir einfach so weitergemacht, wäre der deutsche Handball auf Dauer abgehängt worden. Es brauchte jemanden, der neu denkt. Jemanden, der anders denkt. Und dieser jemand war ich.

Diese Gedanken bewegten mich vor der Aufführung – unterm Strich ist es ja nichts anderes als das, eine Aufführung. Und mir schlotterten die Knie.

Erinnerungen an meine Kindheit kamen mir in den Sinn. Frühsommer 1982, Waldorfschule in Essen, achte Klasse. Ich war gerade vierzehn Jahre alt und sollte den Barach, eine der Hauptrollen in *Turandot*, spielen. Die Aula war ausverkauft. Nach einigen in den Sand gesetzten Proben hatte ich auch die Generalprobe komplett verhauen. Noch kurz vor dem Auftritt wollte man mich absetzen. Bob, willst du nicht was anderes spielen, hieß es. Der Barach ist vielleicht eine Nummer zu groß für dich.

Dann kam der Tag der Aufführung. Den Ersatzmann hatten sie schon neben die Bühne gesetzt. Und siehe da, auf einmal lief alles wie am Schnürchen.

„Schweig! Verrat mich nicht!
Beim großen Lama, sprich! Wie bist du hier?"
„Durch ein Geschick der Götter, muss ich glauben,
Da es mich hier mit Euch zusammenführt.
An jenem Tag des Unglücks, als ich sah, [...]
Dass Ihr und König Timur, Euer Vater,
Im Treffen umgekommen. Meinen Schmerz
Erzähl' ich nicht; verloren gab ich alles.
Von Land zu Lande irrt' ich flüchtig nun
Drei Jahre lang umher, ein Obdach suchend,
Bis ich zuletzt nach Peking mich befunden.
Hier unterm Namen Hassan glückte mir's,
Durch treue Dienste einer Witwe Gunst
Mir zu erwerben, und sie ward mein Weib.
Sie kennt mich nicht; ein Perser bin ich ihr."

Proben, das war zeit meines Lebens so, gingen gern daneben. Doch wenn es drauf ankam, das lernte ich an jenem Tag im Frühsommer 1982, konnte ich mich auf meinen Instinkt verlassen. Seitdem höre ich in kniffligen Situationen nicht so sehr auf den Kopf, sondern den Bauch, das Gefühl.

So auch am 21. September 2013, einem Tag, der mein Leben verändern sollte. Ich, ganz züchtig im grauen Anzug mit grauer Weste und gestreiftem Hemd, stand an der Schwelle zur Bühne im Maritim-Hotel Düsseldorf, und die Erinnerungen an meine Kindheit flößten mir frische Energie ein.

Im nächsten Moment bin ich auf die Bühne – und habe einfach improvisiert. Ich habe mir das Mikrofon geschnappt, mich direkt in die Mitte gestellt und gesagt: „Leute, da ihr mich hinter dem Pult kaum sehen könnt, mache ich das besser von hier vorn." Es gab ein schallendes Gelächter – und damit war im Grunde alles erledigt, das Eis war gebrochen. Zehn Minuten Redezeit reichten, sie wählten mich. Ohne Gegenstimme. Ich wusste, worauf ich mich einlasse. Ich wusste, dass dies der Anfang von viel Arbeit sein würde, der Beginn eines Spiels, das größer war als jedes andere Spiel, das ich bis dahin gespielt hatte.

Bob und ich – eine komplizierte Geschichte
Von Stefan Kretzschmar

Bob Hanning. Wo soll ich da anfangen? Ein Egoist. Schlimmer noch, ein Egozentriker. Einer, der sich für den Nabel der Handballwelt, zumindest aber des deutschen Handballs hält. Ein Wichtigtuer, Marktschreier, Besserwisser, Provokateur, Selbstdarsteller, Gernegroß. Arrogant, anmaßend, geltungssüchtig, taktlos, geschmacklos, exzentrisch, größenwahnsinnig, machtbesessen, eigennützig, rücksichtslos, gewissenlos, gefühllos. Einer, der für Erfolg und Ruhm über Leichen geht.

Habe ich was vergessen? Bestimmt. Aber das hier soll schließlich kein Roman werden.

Vorurteile wie diese gab und gibt es über Bob Hanning zuhauf, und ich plaudere an dieser Stelle kein großes Geheimnis aus, wenn ich sage, dass nicht gerade wenige Leute in der Handballszene bis heute ein Bild von ihm haben, das sich in Teilen mit obiger Auswahl, quasi einem „Worst of", deckt. Von den Fans mal ganz zu schweigen. Bob Hanning ist zweifellos die umstrittenste Figur im deutschen Handball. Ein Typ, der total polarisiert. Das Problem dabei: Alle haben eine Meinung zu Bob, aber die wenigsten kennen ihn, wissen, was ihn wirklich antreibt und bewegt. Das wird sich mit diesem Buch sicher ändern. Was mich betrifft, habe ich seit einiger Zeit die Gelegenheit, Bob aus nächster Nähe zu erleben, und kann durchaus sagen: das Glück.

Ich will ehrlich sein und nichts beschönigen, denn das hat keiner von uns beiden nötig: Auch ich hatte viele Jahre lang keine sonderlich hohe Meinung von Bob. Weniger staatstragend ausgedrückt: Ich konnte diesen Hanning nicht leiden. In den besten Momenten war er mir egal, in den schlimmsten ging er mir richtig auf den Sack, insbesondere dann, wenn wir uns mal wieder in der Wolle hatten. Die Abneigung beruhte auf Gegenseitigkeit, was ziemlich praktisch ist, denn das macht es deutlich einfacher, jemanden abzustempeln, in eine Schublade zu stecken und dort zu lassen. Er kam mit meiner Art nicht klar, ich mochte die seine nicht, und weil wir beide nicht auf den

Mund gefallen sind, gab es ordentlich Beef. Man kann durchaus von einer feindlichen Koexistenz sprechen.

Wenn mir also jemand vor ein paar Jahren prophezeit hätte, dass ich mal ein Kapitel in einem Buch von Bob Hanning übernehmen und auch mit ihm zusammenarbeiten würde, erfolgreich, sehr eng, vertrauensvoll und obendrein harmonisch – zumindest meistens –, dann hätte ich dieser Person nicht widersprochen – ich hätte sie einfach ausgelacht. Vermutlich hätten wir gemeinsam gelacht. Über den Joke. Kann ja unmöglich jemand ernst meinen, so einen Schwachsinn: Hanning und Kretzschmar als Duo! Tja, jetzt ist dieser Schwachsinn mein Alltag.

Wie zur Hölle konnte das passieren? Gute Frage, lange Geschichte. Ich möchte sie einerseits möglichst kurz halten, muss aber schon etwas ausholen, um nachvollziehbar und verständlich zu machen, wie wir erst ziemlich beste Feinde wurden und schließlich ein eingespieltes Team werden konnten, in dem – und das ist eigentlich auch verrückt – nicht ich der Paradiesvogel bin.

Angefangen hat unsere gemeinsame Geschichte aus meiner Sicht bei den Olympischen Spielen in Sydney im Jahr 2000. Dort habe ich Bob, der damals als Co-Trainer von Heiner Brand dabei war und sich seinen olympischen Traum erfüllte, erstmals bewusst wahrgenommen, aber wie auch die meisten meiner Mitspieler nicht für voll genommen. Wir haben uns damals direkt bei seiner Ankunft im olympischen Dorf ein paar kreative Scherze auf seine Kosten erlaubt, die aus unserer Sicht total witzig, objektiv gesehen aber billig und böse waren. Ohne ins Detail gehen zu wollen: Sie bezogen sich auf Bobs Körperlänge, und ich bin rückblickend wahrlich nicht stolz darauf. Ich bin sicher, dass es ihn getroffen und auch für nachhaltige atmosphärische Störungen zwischen den beteiligten Parteien gesorgt hat.

Auf der anderen Seite gibt es da dieses Foto, auf das mich erst vor wenigen Jahren jemand aufmerksam gemacht hat. Es ist direkt nach unserem dramatischen Ausscheiden im Viertelfinale gegen Spanien aufgenommen worden, bei dem ich den entscheidenden Wurf an den Pfosten geknallt habe. Dieses Spiel war bekanntlich lange Zeit mein Trauma und hat mir unzählige schlaflose Momente bereitet. Ich sitze also wie ein Häufchen Elend am Spielfeldrand. Und neben mir steht Bob, den wir veralbert und verletzt hatten, legt die Hand auf meine Schulter und versucht, mir in meiner dunkelsten Stunde Trost zu spenden, mich aufzumuntern. Ich überlasse es jedem selbst, die Szene zu interpretieren, könnte mir aber vorstellen, dass dieses Bild nicht ganz zu jenem passt, das der ein oder andere von Bob Hanning im Kopf hat.

Ich habe keinerlei Erinnerung an diesen Moment. Null. Die Stunden nach der Schlusssirene sind ein schwarzes Loch in meinem Gedächtnis, bis heute. Ich kenne nur das Bild und habe mir so meine Gedanken gemacht. Es ist natürlich spekulativ, aber vielleicht wäre einiges, was in den fast fünfzehn Jahren danach zwischen uns passiert ist, nie derart eskaliert, wenn mir dieses Foto früher in die Hände gefallen wäre. Damit meine ich nicht, dass wir dann keinerlei Meinungsverschiedenheiten gehabt und auch offen ausgetragen hätten, aber es wäre womöglich einige Eskalationsstufen darunter abgegangen.

Ein Foto, das dagegen in den folgenden Jahren mein Bild von Bob prägte, und längst nicht nur meines, war der Schnappschuss in Napoleon-Montur, der in seiner Zeit als Trainer des HSV Handball entstanden ist. Ich fand die Aktion lächerlich und peinlich, allerdings bescherte sie nicht nur Bob, sondern auch seinem Klub jede Menge Aufmerksamkeit. Aber ich schaute damals nicht mit den Augen eines PR-Profis auf die Dinge, sondern als Spieler des SC Magdeburg. Während ich den HSV als sportlichen Konkurrenten wahrnahm, machte es mir das Napoleon-Bild wirklich schwer, diesen Hanning ernst zu nehmen.

Das änderte sich mit seinem Engagement in der Hauptstadt. Was niemand für möglich gehalten hätte und ich als Ur-Berliner erst recht nicht: Es gelang Bob, den dortigen heillos zerstrittenen Handballverband zu vereinen und hinter das Projekt Füchse Berlin zu bringen, in einer sehr bestimmenden Art und Weise – manche sagen: diktatorisch –, aber das Resultat gibt ihm recht. Details der Erfolgsgeschichte erspare ich mir, denn es ist Bobs Geschichte und an ihm, sie zu erzählen. Fakt ist, dass mit dem Aufstieg der Füchse in die Bundesliga der Kleinkrieg zwischen uns richtig losging.

Die riesige Rivalität zwischen Magdeburg und Berlin ist bekannt, und ich bin sicher, Bob wird ausführlich darlegen, wie sie gewachsen, immer mal wieder eskaliert ist, aber auch gepflegt wurde, denn sie bescherte den Duellen zwischen beiden Klubs besondere Aufmerksamkeit. Natürlich waren die Füchse und Hanning aus meiner Sicht – ich wurde im Jahr ihres Erstliga-Aufstiegs Sportdirektor beim SCM – zunächst Emporkömmlinge mit einem deutlichen Hang zum Größenwahn. In den ersten Jahren straften wir sie mit Niederlagen und Geringschätzung, als sie uns schließlich sportlich überholten, rächten sie sich dann mit einer in unseren Augen unerträglichen Hauptstadt-Arroganz.

Die ganze Sache hat sich immer weiter hochgeschaukelt, und alle Episoden ausführlich abzuhandeln, könnte fast ein eigenes Buch füllen. Es gab jedenfalls immer wieder gegenseitige Sticheleien, Seitenhiebe, Tiefschläge. Die ultimative Kriegserklärung war natürlich, als die Füchse uns Silvio Heinevetter ausspannten, und das auch noch mit Hilfe des bei uns geschassten Ex-Managers Bernd-Uwe Hildebrand, den Bob für seine Zwecke eingespannt hatte. Ich fand das skrupellos und nahm die Sache persönlich, aber es war zugegebenermaßen von Bob auch ausgesprochen clever eingefädelt und in der Sache ein weitsichtiger Schachzug. Längst nicht sein einziger.

Je besser die Füchse wurden, desto mehr nervte mich Bob, denn er machte verdammt viel richtig und dabei aus vergleichsweise wenig eine ganze Menge. Ich gebe zu, dass ich schon damals heimliche Bewunderung dafür hegte, wie er den Handball in meiner Geburtsstadt wieder groß machte, was vielleicht niemand anders geschafft hätte. Das hat mich einerseits gefreut, aber andererseits hat es mich, da will ich ganz ehrlich sein, auch angekotzt, dass es ausgerechnet diesem Hanning gelungen ist.

In unserer spannungsgeladenen Geschichte war meiner Meinung nach immer auch eine ordentliche Portion Neid im Spiel. Wir beide sind starke Charaktere und Menschen, die das Rampenlicht suchen, die Öffentlichkeit auch brauchen, Aufmerksamkeit durchaus genießen und nicht nur nach Erfolg streben, sondern auch nach Anerkennung. Manchmal kommt man sich dabei ins Gehege, denn die Bühne des

Handballs ist nicht sonderlich groß und Popularität durchaus auch eine Währung. Da werden schon mal die Ellenbogen ausgefahren, und es wird nicht immer in der Sache argumentiert oder gestritten, sondern auch mal in eigener Sache.

Man kann sich sicher meine Begeisterung vorstellen, als Bob ein paar Jahre später Vizepräsident des Deutschen Handballbundes wurde, denn nun musste ich mich mit diesem Typen in meiner Funktion als hauptberuflicher TV-Experte auch noch bei Länderspielen, großen Turnieren und allen wichtigen Fragen unserer Sportart herumschlagen. Dass Bob wenig später seinen Vereinstrainer Dagur Sigurdsson als Bundestrainer inthronisierte, brachte das Fass zum Überlaufen. Mit meiner öffentlichen Fachanalyse, die Personalie sei ein Affront und Armutszeugnis für den deutschen Handball, auch inhaltlich die falsche Wahl und überhaupt der Untergang des Abendlandes, lag ich zwar komplett auf der Linie der Handballszene hierzulande, aber letztlich mal so was von daneben! Und wer lachte zuletzt? Genau. Ich weiß nicht, ob Bob wirklich lachte und sich vor Genugtuung die Hände rieb, aber die bildliche Vorstellung reichte mir schon. Rückblickend muss ich zugeben, dass er zwar nicht in allen unseren Streitfragen richtig lag, aber für meinen Geschmack waren es deutlich zu viele, und ich fand natürlich, dass er es zu sehr raushängen ließ.

Wendepunkt in unserem spannungsgeladenen Verhältnis war die Europameisterschaft 2016. Dorle und ich fuhren mit dem Auto zum Finale nach Krakau, um die Mannschaft zu unterstützen. Schon im Vorfeld hatte ich lobende Worte für das Team und auch den Trainer gefunden, was Bob registriert hatte und bei einem Smalltalk vor Ort schmunzelnd anmerkte. Wir plauderten entspannt wie lange nicht. Vielleicht war es der perfekte Ort, Anlass und Zeitpunkt für uns beide, um zu realisieren, dass es nicht um Hanning oder Kretzschmar geht und wer was wann wie mal gesagt hat, sondern um den deutschen Handball. Um die Sache. Darum, die Kräfte zu bündeln für unseren Sport, weil wir alle in einem Boot sitzen und es höchste Zeit war, persönliche Animositäten und Eitelkeiten, zumindest was uns betraf, über Bord zu werfen.

Mit dem Erfolg der Nationalmannschaft unter Dagurs Regie wuchs auch meine Anerkennung für Bobs Arbeit, vor allem wurde mir klar, dass ich nicht jede Idee, jeden Plan oder jede Entscheidung doof finden und kritisieren musste, nur weil sie von Bob Hanning kam und er mit Leuten über Kreuz lag, die ich mag und sogar zu meinen Freunden zähle. Dorle spielte bei dieser Entspannungspolitik eine bedeutende Rolle, denn sie ist eine hervorragende Menschenkennerin und forderte von mir, meine Sichtweise auf den Menschen Bob Hanning grundsätzlich zu überdenken und das Bild, das sich über Jahre verfestigt hatte, in Frage zu stellen, die Perspektive zu wechseln, mich in ihn hineinzuversetzen. Auf Letzteres hatte ich ja richtig Bock ... Wir diskutierten viel. Dabei bekamen wir uns mehr als einmal richtig in die Wolle, weil ich das Gefühl hatte, dass sie mir in den Rücken fiel, und ich fragte Dorle, ob sie neuerdings als Anwältin von Bob Hanning tätig sei. Sie kann sehr hartnäckig sein. Und überzeugend.

Bob und ich haben nie offiziell Frieden geschlossen, uns nicht episch ausgesprochen oder gemeinsam betrunken. Es war ein Prozess. Wir telefonierten häufiger, wenn es um grundsätzliche Fragen des Handballs oder Einschätzungen ging, weil wir die Expertise des anderen schätzen. Wenn ich Spiele mit Beteiligung der Füchse kommentierte, konnte ich mich darauf verlassen, dass Bob mich in der Halbzeit draußen vor der Halle aufsuchte, weil er wusste, dass ich dort eine rauche, und wir fachsimpelten über das Spiel und scherzten. Ganz locker, von Mal zu Mal unbeschwerter.

Ausgelacht habe ich ihn trotzdem, als Bob mir im Sommer 2019 in einem Telefonat, in dem ich seinen Rat zu einer beruflichen Offerte einholen wollte, ziemlich unvermittelt den Job bei den Füchsen anbot. Ich hielt es für einen lockeren Spruch, einen Witz. Am nächsten Tag telefonierten wir erneut, und ich lachte nicht mehr. Bob meinte es erst. Ein paar Monate und viele Gespräche mit vielen Leuten später war meine Rückkehr in meine Heimatstadt, an deren grünem Rand ich seit einigen Jahren wohne, perfekt. Es war kein einfacher Schritt. Ich musste dafür auch über meinen Schatten springen.

Die offizielle Bekanntgabe hielten viele Leute für einen Scherz – und manche für einen schlechten. Für meine Entscheidung habe ich viel Applaus und Zuspruch, aber auch mächtig auf die Fresse bekommen. Vor allem aus Magdeburg, was nachvollziehbar ist. Und aus meinem Freundeskreis, zu dem viele ehemalige Handballer gehören, für die Bob ein rotes Tuch ist. Sie haben ihre Gründe. Gerade in den ersten Wochen nach der Unterschrift musste ich mir einiges anhören. Das war und ist nicht ganz einfach für mich. Ich sitze zwischen den Stühlen, und es kann sich jeder vorstellen, dass das nicht gerade der bequemste Platz ist.

Was den Job betrifft, bin ich genau dort, wo ich sein will. Es war der richtige Schritt.

Machen wir uns nichts vor: Bob ist ein Stratege, der sehr weit vorausschaut, viel weiter, als es in unserer Sportart üblich ist, in der das nächste Spiel immer nur drei, vier Tage entfernt ist. Mich nach Berlin zu holen, war anfangs eine ganz pragmatische Nummer, eine reine Business-Entscheidung von Bob, und das gilt ja auch für meine Seite. Ich denke, mittlerweile mag er mich auch. Das beruht auf Gegenseitigkeit.

Im Alltag erlebe ich Bob als unermüdlichen und leidenschaftlichen Arbeiter. Er hasst Mittelmaß und akzeptiert nicht, wenn jemand zu wenig aus seinen Möglichkeiten macht. Von den Menschen, mit denen er zusammenarbeitet, fordert er unheimlich viel – aber nie mehr, als er selbst zu geben bereit ist. Das klingt erst mal fair, aber man muss bedenken, dass Bob für den Handball lebt. Neudeutsch: 24/7. Ich kenne niemanden in unserem Sport, der härter arbeitet. Wenn der inflationär verwendete Zusatz „rund um die Uhr" auf jemanden zutrifft, dann auf Bob.

Wer mich kennt, der weiß, dass das nicht unbedingt meiner Vorstellung vom Leben entspricht. Ich könnte sein Leben nicht ansatzweise führen, hätte keine Lust, mich mit Haut und Haaren und allen Stunden des Tages dem Handball zu verschreiben. Um das zu erreichen, was er erreicht hat, müsste ich mein Pensum nicht verdoppeln. Sondern verzehnfachen. No way! Aber er akzeptiert mehr und mehr, dass es auch andere Wege gibt, die zum Ziel führen, als nur den Hanning-Weg, und ich für meinen Teil Freiheiten brauche, um meine Qualitäten ausspielen zu können. Das bedeutet nicht, dass die Füchse besser werden, wenn ich auf dem Golfplatz einen Birdie hinlege, aber ich habe auf dem Green mit dem Smartphone in der Hand schon so manchen Deal eingefädelt und Konflikte entschärft. Allerdings lässt Bob kaum eine Gelegenheit aus, mich daran zu erinnern, dass es immer etwas zu tun gibt. Er macht das sehr subtil, aber unmissverständlich.

Wir haben mittlerweile ein sehr respektvolles und vertrauensvolles Verhältnis. Natürlich gibt es auch mal Meinungsverschiedenheiten, die wir mit offenem Visier austragen, aber die Diskussionen gehen immer zivilisiert ab, sind meistens fruchtbar und letztlich auch bereichernd – und das meine ich nicht in monetärer Hinsicht!

Was die Arbeit angeht, passt kein Blatt Papier zwischen uns, und er hat mich in der Zeit unserer Zusammenarbeit bislang nicht ein einziges Mal enttäuscht oder nicht Wort gehalten. Wir ergänzen uns gut. Ich bin mehr der emotionale Typ, Bob der rationale. Wenn es die Situation erfordert, spielen wir Good Cop/Bad Cop. Als echten Bad Guy sehe ich ihn nicht.

Anders als oft behauptet, handelt Bob nicht zuerst aus persönlichen Motiven oder weil er jemanden besonders gut oder gar nicht leiden kann, sondern immer der Sache wegen. Das ist zumindest meine Erfahrung, seit wir Seite an Seite die gleichen Ziele verfolgen. Ich erlebe Bob als leidenschaftlich, aber zugleich kühl kalkulierend, wenn es sein muss, knallhart, aber nicht bösartig. Ich denke, manchmal fehlt es ihm an Gespür, was Worte und Entscheidungen bei einem Gegenüber anrichten können. Ich habe den Eindruck, er merkt oft gar nicht, wenn er jemandem vor den Kopf stößt. Er ist jedenfalls keiner, der ohne mit der Wimper zu zucken Leute absägt und pfeifend über Leichen spaziert. Bob ist kein Arschloch.

Er ist ein Macher und Entscheider, der sich nicht scheut, auch heiße Eisen anzupacken, wenn andere Leute herumeiern, sich lieber wegducken oder Konflikte aussitzen wollen. Er ist auch kein Verstecker oder Verpisser, sondern sagt einem die Meinung auf den Kopf zu, kann knallhart in seinem Urteil und seiner Ansprache sein. Manchmal gibt er es den Leuten mit der groben Kelle. Dabei übertreibt er es auch mal, und es kommt nicht gut an, zeigt aber meistens die gewünschte Wirkung.

Wenn er von dir überzeugt ist, dann steht er hinter dir. Dann hält er, wenn es sein muss, auch mal den Kopf für dich hin.

Bob ist ein Überzeugungstäter. Er trifft Entscheidungen nicht, um besser dazustehen oder dafür gefeiert zu werden, sondern weil er sie für richtig hält. Wer das nicht glaubt, sollte kurz mal nachzählen, wie oft Bob außerhalb der Berliner Stadtgrenzen für irgendetwas auf breiter Basis Beifall bekommen hat. Den Applaus gab es oft erst viel später – und meistens nicht für ihn. Er denkt und handelt, um den Sport voranzubringen.

Es gibt keinen besseren Beweis dafür als sein Engagement für den Nachwuchs. Da legt Bob einen regelrechten Fanatismus an den Tag. Wer sonst würde das denn in Doppelfunktion machen? Jeden Morgen die A-Jugend trainieren? Jeden Morgen um 7 Uhr in der Halle stehen? Am Wochenende Hunderte von Kilometer durch Deutschland zu Spielen fahren oder durch halb Europa zu allen möglichen Turnieren? Das macht er aus Leidenschaft, aus Freude, nicht aus Kalkül oder Berechnung, was ihm ja viele vorwerfen. Er hat in Berlin ein Nachwuchsleistungszentrum aufgebaut, das in Deutschland seinesgleichen sucht und auch in Europa zu den besten gehört. Davon profitieren am Ende auch die Nationalmannschaft und damit letztlich der gesamte Handball hierzulande, für den Bob verdammt viel getan hat – und dabei meiner Meinung nach weit mehr gegeben als zurückbekommen hat. Der DHB wird es schwer haben, ihn zu ersetzen, und müsste eigentlich zwei Leute als Nachfolger einstellen.

Bevor mir jemand Schmeichelei oder Arschkriecherei vorwirft und mir auch noch eine bezahlte Autorenschaft (nein, leider) unterstellt wird: Bob ist zweifellos ein eigenwilliger und kein einfacher Typ, das wissen wir alle, und das weiß er selbst. Aber das bin ich auch nicht. Wer ist das schon?! Und natürlich bin ich nach wie vor nicht immer mit allem einverstanden, was er sagt und auch wie – und in welchem Pullover.

Ja, die Pullover ... Und die Sakkos. Und Hemden. Ich muss darauf zu sprechen kommen, weil es direkten Einfluss auf mein Leben hat. Ich weiß nicht, ob es jemandem aufgefallen ist, aber seitdem ich mit Bob zusammenarbeite, trage ich nur noch einfarbig. Schwarz, Weiß und wenn ich mal was ganz Verrücktes machen will: Grau. Ich traue mich schon gar nicht mehr, etwas Buntes anzuziehen, aus Angst, jemand könnte sagen, ich mache das nur, um meinem Chef zu gefallen. Über Geschmack lässt sich bekanntlich streiten, und wenn ich heute Fotos von mir aus den 90ern angucke, dann sitze ich beim Thema Mode sicherlich im Glashaus, aber an manchen Spieltagen erscheint Bob in einem Aufzug in der Halle, der sogar einer Schaufensterpuppe die Schamesröte auf die Plastikwangen treiben würde. Ich darf das sagen. Mittlerweile kann Bob nämlich über sich selbst lachen, ziemlich herzhaft sogar.

Viele Leute regen sich ernsthaft über seine Outfits auf. Fakt ist auch: Sie reden darüber. Wer die Pullover wirklich für ein gravierendes Problem im deutschen Handball hält, sollte auch bedenken, dass es in diesem Land Millionen von Menschen gibt, die keine Ahnung von Handball haben, geschweige denn den Namen eines Nationalspielers kennen. Aber sie kennen den Typen mit den bunten Pullis.

Tja, jetzt ist mein Beitrag doch beinahe ein Roman geworden. Ich hätte es kurz und mir einfach machen können. Ein paar warme Worte, fertig, nach dem Motto: Früher fand ich ihn scheiße, heute ist er ein geiler Typ. Aber das hätte erstens wie eine Pflichtübung ausgesehen, eine Gefälligkeit. Vor dem Hintergrund unserer komplizierten Vorgeschichte wäre eine knappe Würdigung auf ein, zwei Seiten Papier einfach nicht glaubwürdig gewesen – und es wäre der Person Bob Hanning auch nicht gerecht geworden.

Ich kann und will niemanden zwingen, Bob Hanning toll zu finden. Aber ich würde mir wünschen, für ihn, dass sich der ein oder andere die Mühe macht, genauer hinzuschauen, wer in den schrillen Pullovern und was hinter der großen Klappe steckt. Ich habe den zweiten Blick jedenfalls nicht bereut. Je weiter wir uns angenähert haben, desto mehr ist mein Respekt für sein Engagement für den Handball, aber auch meine Sympathie gewachsen. Ich bin der lebende Beweis, dass Bob nicht nachtragend ist. Ich war viele Jahre lang sein vielleicht größter, eindeutig aber sein lautester Kritiker. Er hat mich überzeugt. In meinen Augen ist Bob Hanning ein ganz Großer. Trotz der Pullover. Punkt.

Geschrieben von Nils Weber

II. Erfolg ist planbar – aber aller Anfang ist schwer

Hochhaus-Träume: Kirmes in den Siebzigern oder Wie alles anfing

Es begann auf einer Fensterbank in Essen. Norbertstraße 1, Hochhaus, zehnter Stock. Bei Tante Michael. Meine Mutter arbeitete zu jener Zeit besonders viel. Sie verbrachte unzählige Stunden in der Universität, um für ihren Psychologie-Abschluss zu lernen. Und so gab es immer wieder Zeiten, in denen keiner zu Hause war und ich nach der Schule zu unserer Nachbarin, einer älteren Dame, ging. Tante Michael kümmerte sich rührend um mich. Sie kochte für mich und spielte mit mir stundenlang Matchbox-Autos. Am liebsten saß ich auf ihrer hellen Marmorfensterbank in der Stube. Von dort oben hatte man einen tollen Ausblick. Ich fühlte mich wie im Riesenrad. Vor unserem Haus passierte über das Jahr hinweg so allerhand, das Allergrößte war die Kirmes auf dem großen Parkplatz, die zweimal jährlich bei uns Station machte. Das Gewirr von Menschen, die bunten Lichter, das Gefühl von großer Welt: Ich liebte es. Manchmal gingen wir nach unten, um eine Runde über den Platz zu drehen. Ich bekam Zuckerwatte und Popcorn und durfte Karussell fahren. Je höher und schneller, desto besser. Der Rummel war aber längst nicht alles, was mir der Ausblick aus Tante Michaels Stubenfenster bot. Jenseits des Parkplatzes lag linker Hand die Grugahalle. Die Gedanken des kleinen Bob begannen zu fliegen, wenn ich an die sportlichen Schlachten dachte, die dort Woche für Woche geschlagen wurden. Erst waren es die Handballer von SC Phönix Essen, die in der Grugahalle regelmäßig um Bundesliga-Punkte kämpften, später dann der legendäre TuSEM, der dort seine Meisterschaften errang.

Wenn du im Ruhrpott mit Blick auf die Grugahalle aufgewachsen bist, dann war der TuSEM schnell das Größte. Natürlich wollte ich Handballprofi werden! Irgendwann suchte ich die Telefonnummer des Jugendabteilungsleiters raus und rief bei ihm an. „Ich will Torwart werden", sagte ich und verwies auf meine astzarten Reflexe. Zwei Tage später stand ich zum ersten Mal in der Halle.

Meine Mutter Layla war darüber nicht sonderlich begeistert. Nicht, dass sie ein Problem damit gehabt hätte, dass ich die Sache selbst in die Hand genommen hatte, sie hat meine Begeisterung für den Handball schlicht nicht verstanden. Sport spielte bei uns überhaupt keine Rolle, er war nicht existent. Selbst Fußballübertragungen im Fernsehen wurden im Hause Hanning ignoriert. Meine Mutter und auch ihr neuer Mann, mein Stiefvater Wolfgang, haben unheimlich viel gelesen und gearbeitet. Sie legten großen Wert auf Erziehung, achteten auf Tischmanieren und vermittelten mir Werte im Umgang mit Menschen. Aber Sport? Nie! Gerne hätten sie es gesehen, dass ich die Zeltfabrik meiner Großeltern mütterlicherseits übernehme. Das Unternehmen in Kassel-Wilhelmshöhe mit fast tausend Mitarbeitern genoss Weltruf. Und ich war nach dem Tod meines Bruders Tobias, der wenige Wochen nach seiner Geburt an einer Hirnhautentzündung starb, das einzige Enkelkind. Doch ich hatte andere Dinge als die Unternehmensnachfolge im Kopf. Meine Gedanken drehten sich von Anfang an um Handball.

Ich war, das musste ich allerdings schnell einsehen, eher minderbegabt fürs Handballspielen. Und auch minderbemittelt – allein aufgrund meiner Körpergröße, die selbst zu besten Zeiten 1,68 Meter nicht überstieg. Die goldene Regel im Zusammenspiel von Abwehr und Torhüter, die typische Aufteilung in eine Torwart- und eine Blockecke, war bei uns außer Kraft gesetzt. Bei uns gab es nur oben und unten. Für oben fehlten bei mir leider die entscheidenden Zentimeter, deswegen musste ich zumindest unten meinen Kasten sauber halten. Meine unbändige Lust schmälerten die schwierigen Voraussetzungen nicht im Geringsten. Nichts tat ich lieber, als durch mein Tor zu segeln, auch wenn die Bälle häufig links und rechts oben einschlugen, ohne dass ich auch nur ansatzweise eine Chance gehabt hätte, eine Hand an den Ball zu bekommen. Wenn ich dann doch mal einen Wurf pariert hatte, drehte ich mich dreimal um die eigene Achse und feierte mich wie einen Weltmeister, bevor ich den Ball zum Gegenstoß rausspielte. Mein Potenzial reichte noch für die Essener Stadtauswahl und für ein Training in der Niederrheinauswahl. Das lag aber auch nur daran, dass die Mannschaft bei uns im Leistungszentrum trainierte und sie einen Torwart brauchte. Irgendwann musste ich dann jedoch einsehen, dass meine Bemühungen nicht zielführend waren und es für mich bis ganz nach oben als Handballer nicht reichen würde. So begann ich schon im Alter von 14 Jahren, Jugendmannschaften zu coachen, meine Prioritäten verschoben sich: Ich wollte es nun als Trainer an die Spitze schaffen. Dafür studierte ich Taktiken und Trainingsformen, Wurfbilder und Abwehrsysteme. Mir hat es schon als Kind viel Freude bereitet, gemeinsame Ziele zu verfolgen und Strategien zu entwickeln. Während die anderen auf Partys gingen und Mädels abschleppten, tüftelte ich an Trainingsplänen und träumte von Titeln und Triumphen.

So gut ich beim Sport in der Halle funktionierte, so schleppend lief es in der Schule. Das begann schon in der Waldorfschule, als ich ein Instrument lernen sollte. Ich bekam die Leier in die Hand gedrückt, wusste aber nichts damit anzufangen. Ich hatte keinerlei Begabung, keinen blassen Schimmer von Noten, und auch keine Lust. Meine Mutter brachte dafür kein Verständnis auf. Jeden Nachmittag schickte sie mich aufs Zimmer, wo ich eine Viertelstunde üben musste. Weil mir das mit den Noten partout nicht gelingen wollte, bekam ich an die einzelnen Saiten der Leier Farbfäden und spielte nicht G, H, C, sondern Rot, Gelb, Schwarz. Ich hatte überhaupt kein Gefühl für Töne und Rhythmus und auch null Ehrgeiz, daran etwas zu ändern. Musik war beileibe nicht das einzige Fach, das auf der Strecke blieb. Egal, ob Mathe, Deutsch, Englisch oder Russisch – Schule war nicht meins. Mir fehlte die Motivation, denn ich habe immer nur das gerne gemacht, worin ich einen Sinn sah. Mich interessierte das Ergebnis schon in frühen Jahren mehr als das Erlebnis. Sehr zum Leidwesen aller Beteiligten um mich herum. Die Pädagogen sind an mir verzweifelt. Meine Eltern auch.

Und doch blicke ich mit Freude zurück auf diese Zeit. Ich bin ausgesprochen gern in die Waldorfschule gegangen. Ich genoss die persönliche Zuwendung der Lehrer und die Nestwärme, die mir das stets wertschätzende System entgegenbrachte. Ich durfte sein, wie ich sein wollte, und konnte mich als Person völlig frei entwickeln. Der Bob, wie man mich heute kennt, ist auch und zu großen Teilen in der Freien Waldorfschule Essen gemacht worden. Dafür bin ich sehr dankbar.

Auszug aus Hannings Zeugnis der Freien Waldorfschule in Essen zum Abschluss des achten Schuljahres am 14. Juli 1982:

> *„Seine schriftlichen Leistungen in den Mathematikepochen befriedigten ihn selbst nicht, da er gleich im Nachhinein erkannte, dass er die Aufgaben zu oberflächlich und flüchtig angepackt hatte und mit mehr Ruhe und Konzentration zu besseren Ergebnissen gekommen wäre. Wirkliche Verständnisschwierigkeiten tauchten nur dann auf, wenn Robert durch die Besprechungen und Verhandlungen außerschulischer Aktivitäten – hier zeigte er sich als außerordentlich talentierter Organisator – stark abgelenkt wurde."*

Langeweile kannte ich nicht. In der Schule und auch zu Hause gab es immer etwas zu tun. Wir waren inzwischen umgezogen, und meine Mutter hatte ihre eigene Praxis als Psychologin bei uns im Haus. Hin und wieder nahm ich die Anrufe der Patienten entgegen, die abends schon mal auf unserem Privattelefon durchklingelten, und versuchte mich als Therapeut. Ich hörte mir die Ängste und Sorgen der Menschen an und fand es ungemein spannend, wie die Leute sich mir anvertrauten. Berührungsängste oder gar Furcht hatte ich keine. Im Gegenteil, es bereitete mir Freude, Menschen zuzuhören und gemeinsam an Lösungsstrategien zu arbeiten. Sogar bei Tablettendosierungen legte ich mich fest. Wenn du eine Psychologin und einen Neurologen jeden Tag um dich herum hast und bei den Mahlzeiten ständig den Gesprächen über medizinische Themen lauschst, bekommst du eine Menge mit. In einer Lehrerfamilie aufzuwachsen, ist sicherlich eine Herausforderung. In einer Familie mit einer Psychologin und einem Neurologen groß zu werden, ist, wie ich mit Fug und Recht behaupten kann, eine noch größere Herausforderung. Natürlich war ich zu einem Teil immer auch Patient.

Viele Stunden und Tage meiner Kindheit verbrachte ich übrigens mit meiner Liebe zu den Fußballern von Hertha BSC. Berlin ist im Pott natürlich ein absolutes No-Go, keine Sau interessiert sich für Hertha BSC. Aber ich hatte eine Schwäche für Erich Beer, der Anfang der siebziger Jahre für Rot-Weiss Essen an der legendären Hafenstraße gespielt hatte und im Ruhrgebiet ein Held unserer Generation wie Ente Lippens war. Vor allem mochte ich den Namen, er klang so schön nach Teddybär. Und da dieser Teddybär in meiner Jugend für die Hertha auflief, verschlang ich alles, was mit der Hertha zu tun hatte. Wenn im Radio Übertragungen liefen, zeichnete ich sie mit dem Kassettenrecorder auf, und jeden Montag, direkt nach dem Wochenende, flitzte ich zum Büdchen um die Ecke und kaufte mir von meinem Taschengeld die *Berliner Morgenpost*, um alles über das zurückliegende Spiel der Hertha zu erfahren. Ich schnitt sämtliche Artikel aus und heftete sie fein säuberlich in einer Mappe ab.

Weil mir das Fan-Dasein aus der Entfernung nicht reichte, rief ich bald auch regelmäßig in der Berliner Geschäftsstelle an, um die Ereignisse vom Wochenende zu besprechen und zu erfahren, wie es um den Kader stand, wer verletzt war und um mir die neueste Ausgabe des Stadionheftes schicken zu lassen. Die Hertha-Mitarbeiter waren immer sehr nett zu mir, ich hatte den Eindruck, sie freuten sich sogar über meinen Anruf. Leider wurde mir nach ein paar Wochen die Telefonrechnung zum Verhängnis. Meine Mutter fiel vom Stuhl, als sie 700 Mark auswies. Natürlich stellte sie mich zur Rede. Ich verteidigte mich mit dem Argument, dass andere Jungs bei irgendwelchen Schmuddel-Hotlines anriefen, ich lediglich bei Hertha BSC.

Meine Penetranz sollte sich auszahlen. Denn eines Tages erhielt ich den Brief aller Briefe, eine Freikarte für das Fußballspiel Fortuna Köln gegen Hertha BSC. Eine Einladung von Hertha-Präsident

Wolfgang Holst höchstpersönlich! Wahrscheinlich hatten die Mitarbeiter auf der Geschäftsstelle Mitleid mit diesem Irren aus dem Ruhrgebiet. Die Einladung steckte an einem Montagmorgen völlig unvermittelt im Postkasten. Das Problem: Der Brief hatte Verspätung, das Spiel hatte bereits am Samstag stattgefunden. Da hatte selbst meine für den Fußball verlorene Mutter ein Einsehen und kümmerte sich um einen neuen Termin für mich. Das Hertha-Spiel bei der SG Wattenscheid 09 am 1. Mai 1981 wurde zu einem echten Highlight. Meine Eltern fuhren mich ins altehrwürdige Lohrheidestadion, wo mich Präsident Holst in Empfang nahm und sich in den folgenden Stunden rührend um mich kümmerte. Gemeinsam schauten wir das Spiel von der Sitzplatztribüne aus an, und ich war so aufgeregt, dass ich nicht mal die Bratwurst runterbekam, die Holst mir spendierte. Und als wäre das alles nicht schon aufwühlend genug gewesen, durfte ich nach dem Spiel sogar mit in die Kabine. Kabine von Hertha BSC – mehr ging nicht! Mit Trainer Uwe Klimaschefski und Torhüter Gregor Quasten sprechen! Wieder zu Hause beim Abendessen war ich so durch den Wind, dass ich nicht mal mehr wusste, wie das Spiel ausgegangen war. Es war für mich das bis dato größte Erlebnis meines Lebens. Meine Liebe zur Hertha war von dem Tag an auf immer und ewig besiegelt.

Es sind gute und unbeschwerte Erinnerungen an meine Essener Kindheit in den siebziger und achtziger Jahren. Ich bin zwar ein Scheidungskind, aber es hat mir an nichts gefehlt. Meine Eltern brauchten nie einen Richter oder Anwalt, um ihre Angelegenheiten zu regeln. Ich habe nie einen Streit zwischen den Beteiligten mitgekriegt, das rechne ich ihnen hoch an. So konnte ich sowohl zu meinem leiblichen Vater Manfred als auch zu meinem Stiefvater Wolfgang eine gute Beziehung aufbauen. An Wolfgang bewundere ich, dass er in dem natürlichen Spannungsfeld unserer Familienkonstellation stets für die richtige Balance sorgte. Für meine Mutter war er der beste Ehemann, den ich mir vorstellen konnte. Für mich war er schon damals ein Ruhepol und ist mir bis heute ein liebevoller Begleiter und echter Freund geblieben. Alle meine psychologischen Themen und auch die meiner Freunde besprechen wir regelmäßig.

Mein großes Problem damals blieben die schulischen Leistungen. Es war der Wunsch meiner Eltern, dass ich nach der neunten Klasse aufs Essener Helmholtz-Gymnasium wechselte – raus aus der Komfortzone Waldorfschule, rein in das staatliche Bildungssystem. Meine Eltern waren der Meinung, dieser Wechsel täte mir gut. Und auch ich sehnte mich nach einer neuen Herausforderung. Doch es war ein echter Kulturschock. Mein Vorwissen reichte hinten und vorne nicht aus, mein wenig ausgeprägter schulischer Fleiß und die fehlende Leistungsbereitschaft taten ihr Übriges. Das erste Jahr nach dem Wechsel musste ich wiederholen, später blieb ich ein weiteres Mal sitzen. Und doch hielt ich durch. Ich hatte das Glück, dass ich schnell zum Schulsprecher gewählt wurde und viele tolle Freunde hatte, die mir halfen und mich irgendwie durchzogen. Manfred Kluge war so einer. Ich schaffte die Schokokussbrötchen für uns ran und literweise Cola, er erledigte die Schulaufgaben. Manfred malte Bilder für mich, machte meine Mathehausaufgaben und schrieb wunderbare Aufsätze. Wann immer ich Hilfe brauchte, er war da.

Zu meinen Komplizen gehörten zudem die Kollegen der Schülervertretung. Für die Mathearbeiten bei Herrn Schröder entwickelten wir das Bob-System, und das ging so: Immer, wenn eine Klausur anstand, bekam ich urplötzlich starken Schnupfen, und da wir den Papierkorb vor Beginn der Stunde aus dem Klassenraum in den Flur verfrachtet hatten, musste ich notgedrungen vor die Tür gehen, um dorthinein statt einer Rotzfahne eine Abschrift der Klausuraufgaben zu deponieren. Meine Helfer fischten sie heraus, rechneten die Aufgaben in Windeseile durch und hinterlegten ein paar Minuten später die Seiten mit den Lösungen. Auf diese Weise hielt ich ein paar Jahre durch. Jede bestandene Prüfung bedeutete für mich, eine Woche in Ruhe Training machen zu können. Ich lebte in meiner Parallelwelt Sport, da hatte die Schule nicht viel entgegenzusetzen.

Kanalisiert wurde meine Begeisterung für den Sport in jener Zeit von Petre Ivanescu. Noch heute bewirkt allein der Name bei mir eine Gänsehaut. Ivanescu gehört zu den ganz Großen in der Geschichte des Handballs, er sammelte Titel wie andere Leute Briefmarken.

Als Spieler gewann Ivanescu zweimal die Weltmeisterschaft, als Trainer prägte er über zwei Jahrzehnte hinweg die Bundesliga. Ivanescu wurde mit dem VfL Gummersbach und TuSEM Essen mehrfach deutscher Meister, feierte DHB-Pokalsiege und Europacup-Triumphe. Vor allem aber war er mein Sportlehrer auf dem Gymnasium und damit so etwas wie mein sportlicher Ziehvater. „Beweg dich, Kartoffelsack", rief er mir gern zu, wenn ich mal wieder zu steif in meinem Tor stand. Kartoffelsack – ein Begriff, den ich heute noch häufig benutze und dabei an meinen alten Lehrmeister denke. Ivanescu hat mich manchmal auch an den Ohren gezogen, freundschaftlich natürlich. Oder mir mit einem Lachen im Gesicht einen väterlichen Klaps gegeben. Ivanescus Engagement ging weit über den Unterricht hinaus. In den Ferien nahm er mich häufig mit zum Training nach Dormagen. Auf den Fahrten dozierte er über den Handball in der Theorie, in der Halle durfte ich dann bei ihm hospitieren. Ivanescu war ein großes Vorbild für mich. Später schaute ich mir auch viel von anderen Trainern ab. Ich lernte von Arno Ehret, dem früheren Sportdirektor beim Deutschen Handballbund, und von Rolf Brack, mit dem ich auf dem Boden im Sacher-Café in Wien mit Kaffeesahne Spielzüge nachspielte. Den Drang, jeden Tag etwas Neues zu lernen, verspüre ich noch heute.

Ob beim Schummeln in der Schule oder als Parkplatzeinweiser im Parkhaus bei uns gegenüber, wo ich gelegentlich mein Taschengeld aufbesserte: Pfiffig war ich immer. Nur bei den Mädchen wollte mein Charme nicht recht zünden, was vielleicht auch daran lag, dass ich lange Zeit überhaupt kein Interesse an ihnen hatte. Noch mit dreizehn vertrieb ich mir die Nachmittage, an denen kein Training war und die Kumpels keine Zeit hatten, mit meinen heißgeliebten Matchbox-Autos. Stundenlang saß ich in meinem Zimmer und spielte und spielte und spielte. Umso genauer erinnere ich mich an einen Abend, an dem mir die Autos total egal waren, denn ich war tierisch verschossen. Gudrun hieß meine Angebetete. Wir waren beide vierzehn. Ich hatte mir für die Fete extra die Long Version von *The Power of Love* von Frankie Goes to Hollywood besorgt, acht Minuten und neun Sekunden pure Romantik. Damit wollte ich die hübsche Gudrun im Sturm erobern, doch die Sache ging nach hinten los. Kaum hatte ich die Platte aufgelegt, schnappte mein größter Konkurrent zu und tanzte mit Gudrun durch die Nacht. Das war zu viel für mich, aus Frust betrank ich mich hemmungslos. Es blieb bis heute einer meiner wenigen Alkohol-Abstürze, was auch an der Erziehung meiner Eltern lag. Sie ließen mich meine Erfahrungen machen, bestanden nur darauf, dass wir keine Geheimnisse voreinander hatten.

Ein paar Heimlichkeiten mussten aber sein. Und sie betrafen – natürlich – die Schule. Ein vernünftiges Abitur war meinen Eltern sehr wichtig, deswegen gaben sie viel Geld für Nachhilfe aus. Nachhilfe, die ich in vielen Fächern nötig hatte – in einigen aber nie bekam. So wählte ich in der Oberstufe Latein ab, ohne dass meine Eltern Wind davon bekamen. Ein Student, der von meinen Eltern engagiert und bezahlt wurde, sollte mir bei dem ungeliebten Fach unter die Arme greifen. Ich bot dem jungen Mann daraufhin einen Deal an: „Entweder", sagte ich, „lassen wir das Thema auffliegen. Das ist schlecht für dich, denn du bekommst keine Kohle mehr. Und schlecht für mich, denn dann bekomme ich unnötigen Stress. Oder wir spielen in den Nachhilfestunden Bauernskat, teilen uns das Geld, und alles ist gut." Und so spielten wir über drei Monate dienstags Bauernskat, mit Latein hatte ich nichts mehr am Hut.

Meine Eltern hatten es gut gemeint, aber mein Leben bestand zu diesem Zeitpunkt praktisch nur noch aus Handball. Ich schrieb mich für frei erfundene Theater-AGs in der Schule ein, nur um die Nachmittage in der Halle stehen und heimlich Training geben zu können. Mit achtzehn zog ich aus. Als ich beim ersten Versuch durchs Abitur rasselte, gab ich auf. Ich hatte keine Lust mehr. Mein Vater fragte mich, was ich denn machen wolle. „Ein Sportgeschäft eröffnen und Bundesligatrainer werden", sagte ich. Er überlegte eine Weile und sagte mit ernster Miene: „Ich glaube daran und unterstütze dich. Aber wenn du es machst, mach es richtig. Mach eine Ausbildung zum Kaufmann und deine Trainerlizenzen." Und das tat ich. Ich zog los, die Handballwelt zu erobern.

Auszüge aus Bob Hannings Schulzeugnissen der Freien Waldorfschule in Essen, jahrzehntelang verwahrt im Safe seiner verstorbenen Mutter Layla.

„Roberts quirlige Verspieltheit, seine Schalkhaftigkeit, Anhänglichkeit [...] und sein niedliches Aussehen brachten es mit sich, dass er am Anfang seiner Schulzeit etwas in die Rolle des possierlichen Klassenkaspers gedrängt wurde, in der er sich auch gefiel und in die er leicht zurückfiel, wenn die Erwachsenen ihn nicht liebevoll energisch in seine Grenzen wiesen." (Bericht des Klassenlehrers, 1. Schuljahr)

„Robert kann tatsächlich mehr, als er immer wieder von sich annimmt. Neue Gedichte hat er sich fast fehlerlos eingeprägt." (Russisch, 3. Schuljahr)

„Robert sollte sich jetzt doch der Flöte intensiver widmen, damit die Finger endlich die richtigen Löcher und Töne finden. Er möchte doch sicher auch die Noten entzaubern lernen?" (Musik, 3. Schuljahr)

„Robert hat ein gesundes Selbstvertrauen und eine nicht zu überhörende Stimme, wenn er sich zum Anwalt irgendwelcher Unternehmungen oder Klassenkameraden macht." (Bericht des Klassenlehrers, 4. Schuljahr)

„Robert war jede Stunde aufs Neue bemüht, das Stricken zu erlernen. Schnell war es wieder vergessen, und so konnte der ersehnte Tennissocken nur zu einer Knöchelbedeckung heranwachsen." (Handarbeit, 5. Schuljahr)

„Auch seine beflissentliche Freundlichkeit täuscht nicht darüber hinweg, dass er sich kaum musiktheoretische Kenntnisse aneignete und im Flöten noch unsicher ist." (Musik, 5. Schuljahr)

„Robert konnte schon recht fleißig mitarbeiten. Seine außerordentliche Gabe bestand aber darin, andere zu finden, die für ihn arbeiteten." (Handwerk, 5. Schuljahr)

„Robert verpulverte seine Kräfte mit Vorliebe in Staffel- und Ballspielen. Bei Letzteren ‚glänzte' er durch – für ihn erfreuliche – Fang- und Wurfkünste. Zur Arbeit an den Geräten wären ihm oftmals noch eine Portion Ruhe und Besonnenheit zu wünschen gewesen." (Sport, 5. Schuljahr)

„Roberts liebenswertes Wesen, dessentwegen er bei allen beliebt und gern gesehen ist, musste einen sehr oft über vieles andere hinwegtrösten. Sehr erfreulich war es, dass er immer von Neuem bemüht war, seine Aufmerksamkeit nicht nur seinen wichtigen Privatangelegenheiten und Verabredungen, sondern auch dem Unterrichtsgeschehen zuzuwenden." (Bericht des Klassenlehrers, 5. Schuljahr)

„Für Robert wünschte man sich manchmal eine eiserne Ritterrüstung und dazu einen eisernen magnetischen Stuhl, der ihn an seinem Platz festhielte. Beides gab es leider nicht, und so ließ er sich, um Vorwände nie verlegen, nur allzu gerne von anderen Magneten in die verschiedensten Richtungen ziehen – möglichst weit von dem zu malenden Bild, der zu zeichnenden Karte oder dem zu schreibenden Aufsatz entfernt!" (Bericht des Klassenlehrers, 6. Schuljahr)

„Robert hat in diesem Jahr gelernt, wenn er sich beobachtet fühlte, schnell so zu tun, als ob er arbeiten würde. In der übrigen Zeit hielt er manches Schwätzchen und trieb allerlei Unsinn. Ob der Löffel, an dem er schon zwei Jahre arbeitet, wohl im nächsten Jahr endlich fertig wird?" (Handwerk, 6. Schuljahr)

„Mit kindhaft-schelmischer Diplomatentaktik versucht Robert seine Spielpläne gegen die Arbeitspläne im Garten oder in der Werkstatt durchzusetzen." (Gartenbau, 7. Schuljahr)

„Robert konnte sich nur zögernd mit harter Gartenarbeit anfreunden. Viel lieber verbreitet er durch allerlei Erzählungen und Witze gute Stimmung." (Gartenbau, 8. Schuljahr)

Bob-Store und Bundesliga: Der Deal mit meinem Vater

Eigenes Sportgeschäft und Bundesligatrainer: Der Deal mit meinem Vater Manfred war mutig, aber auch eine Art Selbstverpflichtung, denn seine Unterstützung bedeutete mir sehr viel. Ich wollte ihn nicht enttäuschen. Er selbst hatte die Karriere gemacht vom Tellerwäscher zum Millionär, war Hilfsarbeiter auf dem Bau gewesen, ehe er in der Abendschule sein Abitur nachgemacht und studiert hatte und schließlich zum Vorstandsvorsitzenden eines Großkonzerns aufgestiegen war. Mit alternativen Lebensläufen, wie ich ihn plante, kannte er sich also bestens aus. Mein Vater vertraute mir – und das gab mir für die folgenden Jahre enorm viel Sicherheit und Kraft.

Ich begann meine Ausbildung zum Einzelhandelskaufmann in einem gut sortierten Sportfachgeschäft in Recklinghausen. Für mich bedeutete das zunächst eine große Umstellung. Die Sechstagewoche im Betrieb in Kombination mit der Berufsschule schlauchte ganz schön. Glücklicherweise bekam ich vom damaligen Abteilungsleiter viele Freiheiten, um meine Karriere neben der Karriere weiter forcieren zu können. Die vielen Trainingseinheiten und die regelmäßigen Spiele am Wochenende mit meinen Jugendteams ließen sich mit gutem Zeitmanagement irgendwie wuppen. Tagsüber stapelte ich Schuhkartons, sortierte Lagerbestände und erledigte andere Hiwi-Arbeiten, abends durfte ich meiner Leidenschaft in der Sporthalle frönen.

Meine ersten Erfahrungen als Trainer im Herrenhandball hatte ich damals längst gesammelt. Nie werde ich mein Debüt bei den Männern der HSG Am Hallo Essen vergessen. Tief im Winter hatte der Verein SOS gefunkt: Die Lage in der Bezirksliga schien angesichts des letzten Tabellenplatzes bei nur noch acht ausstehenden Saisonspielen ziemlich aussichtslos. Mangels Alternativen klopften sie bei mir an. Und ich sagte zu. Ich war im Handball noch keine große Nummer, nannte aber eine Bedingung: „Die Mannschaft muss am Rosenmontag zweimal trainieren.“ Training an Karneval? Das war im Freizeitsport, zumal tief im faschingsverrückten Westen, natürlich ein absolutes Tabu. Doch ich wollte sehen, ob die Mannschaft den Willen hatte, den Weg mit mir zu gehen. Das Team willigte ein. Wir gewannen sieben der acht ausstehenden Spiele und hielten die Klasse. Schon damals, ich war gerade zwanzig geworden, legte ich ein besonderes Augenmerk auf Werte. Hingabe für den Handball und Einsatzwille in jedem Training waren mir genauso wichtig wie Verlässlichkeit und Pünktlichkeit. Ob Rechtsanwalt mit eigener Kanzlei oder Langzeitstudent mit Freizeit im Überfluss: In der Sporthalle machte ich nie einen Unterschied, Extrawürste gab es für keinen.

Im Sportgeschäft in Recklinghausen erkannte man schnell, dass der Hanning gut verkaufen konnte. Im Winter brachte ich Skisachen an den Mann, im Frühling, Sommer und Herbst vor allem Sportschuhe. Das machte mir Spaß, und ich lernte schnell, wie man Kunden glücklich macht. Es dauerte nicht lange, da verkaufte ich besser und mehr als alle anderen. Ich bekam Provisionen, die ich immer direkt an die Kollegen weiterreichte, da ich mir meiner Privilegien mit dem vielen Handball bewusst war und diese nicht aufs Spiel setzen wollte. Zwei Jahre lang ging das so. Ich bretterte in meinem türkisfarbenen BMW von A nach B nach C und wieder zurück. Das Dreieck zwischen meinem Wohnort Essen, dem Laden in Recklinghausen und Bochum-Riemke, wo ich inzwischen die A-Jugend trainierte, fuhr mein Wagen praktisch von allein.

Der Eifer, den ich in meine Ausbildung steckte, hielt sich in Grenzen. Ich betrachtete sie von Beginn an als Mittel zum Zweck. Natürlich lernte ich das kleine Einmaleins der betrieblichen Wirtschaft und des Verkaufens, es ging in den zwei Jahren jedoch primär darum, meine Trainerlaufbahn anzuschieben. Im Betrieb ließ ich mich zum Nachwuchsbetriebsrat wählen, weil ich dann häufiger freigestellt wurde und mehr Zeit hatte, an meinen Trainingskonzepten zu feilen und die Punktspiele vorzubereiten. Und auch in der Berufsschule fehlte ich mehr, als dass ich anwesend war. Schnupfen, Halsschmerzen, Schüttelfrost – um eine Ausrede war ich nie verlegen. Am Ende, das möchte ich betonen, profitierten aber alle Seiten davon und waren zufrieden. Im Laden verkaufte ich, wenn ich da war, wie ein Weltmeister.

Richtig glücklich machte mich die Ausbildung aber nicht. Im Handball konnte ich mich nach Feierabend austoben. Zu gerne hätte ich mich parallel auch im Betrieb weiterentwickelt. Stattdessen hatte ich das Gefühl, dass mein Talent nicht wirklich gefördert wurde. Ich verkaufte zwei Jahre lang Schuhe wie kein Zweiter, die begehrten Fortbildungslehrgänge bekamen aber immer die anderen. Ich hielt still – bis zum Ende der Ausbildung. Als mich der Filialleiter zum Abschlussgespräch in sein Büro bestellte und fragte, wie es mir gefallen habe, platzte es aus mir heraus. „Herr Iwanski", sagte ich zu ihm, „ich habe von Ihnen gar nichts gelernt. Und wenn ich doch etwas gelernt habe, dann ist es die Tatsache, dass ich die Dinge nie so machen würde, wie Sie sie machen." Meinem Gegenüber fiel die Kinnlade runter. Ich erklärte ihm, dass ich von seiner Art der Unternehmensführung enttäuscht sei, und schwor mir, dass ich es als Chef anders machen würde, sobald ich die Chance dazu bekommen würde. Und diese Chance sollte bald kommen …

Im Handball kannte meine Karriere in jener Zeit nur eine Richtung: nach oben. Gut kann ich mich noch an meine erste richtige Vertragsverhandlung erinnern. Der TV Cronenberg, mein Heimatverein aus Jugendtagen, kam auf mich zu. Nachdem Tura 86 Essen mich zwischenzeitlich abgeworben und ich meine diversen Nachwuchsmannschaften in sechs Jahren zu acht Aufstiegen geführt hatte, wollten mich Cronenbergs Handball-Chef Peter Becker und der damalige Jugendwart Günther Risse von einer Rückkehr überzeugen. Peter fragte mich, was ich denn wert sei und bei ihm verdienen wolle. 80 Mark im Monat war damals der gängige Kurs für Jugendtrainer wie mich. Ich wollte 450. Der Jugendleiter war außer sich und polterte drauflos. Eine Unverschämtheit sei das, eine bodenlose Frechheit. Peter Becker gab sich indes diplomatisch und fragte mich, wie sich dieser Betrag zusammensetzen würde. Ich erklärte ihm meine Rechnung: „150 Mark für das, was ich früher in meiner ersten Zeit bei Cronenberg nicht bekommen habe. 150 Mark dafür, dass du mich damals hast gehen lassen. Und 150 Mark für den Job, den ich jetzt bei euch machen werde." Becker und Risse zogen sich zu Beratungen in die Küche zurück – und sagten zehn Minuten später per Handschlag zu. Das Geld gab es fortan jeden Monat im braunen Tütchen. Ich war der teuerste Jugendtrainer weit und breit. Und war jeden Cent wert. Mit der A-Jugend schafften wir auf Anhieb den Aufstieg in die Oberliga. Kurz darauf, es war im Sommer 1991, machte ich die Trainer-B-Lizenz und übernahm die 1. Herrenmannschaft des Klubs in der Verbandsliga.

Der sportliche Erfolg sollte sich auch bei Cronenbergs Männern schnell einstellen, doch dafür brauchte es jemanden, der unpopuläre Entscheidungen traf. Und dieser jemand war ich. Jahrelang hatte das Team vergeblich versucht, den Aufstieg in die vierte Liga zu verwirklichen. Die Spieler waren durchweg älter, hatten ihren Leistungszenit schon um ein paar Jahre überschritten, und es fehlte ihnen die Gier auf Erfolg, die du unbedingt brauchst, wenn du etwas erreichen willst. Jeder Spieler bekam am Monatsende sein Lohntütchen und war damit zufrieden, Leistungsanreize gab es keine. Und so dümpelte Cronenberg ohne große Anstrengungen, aber auch ohne großen sportlichen Anspruch in der fünften Liga herum. Ich sah sofort, dass die hohen Klubziele mit dem vorhandenen Team unerreichbar sein würden. Es musste ein personeller Schnitt her – und mit diesem Gedanken bin ich in meiner ersten Einheit ins Training marschiert. Die Spieler schauten mich erwartungsfroh an, als ich sie zu meiner Antrittsrede im Mittelkreis versammelte. Doch ich verlor keine großen Worte und verteilte stattdessen den Trainingsplan für die kommenden Wochen der Saisonvorbereitung. Es waren exakt fünf weiße Din-A-4-Zettel für exakt jene fünf Spieler, mit denen wir weitermachen wollten. Für alle anderen war in der ersten Mannschaft Schluss. Die Jungs schauten völlig entgeistert in die Runde, so etwas hatte keiner für möglich gehalten. Es folgte eine Revolte der Aussortierten mit Krisensitzung und allem Pipapo. Doch ich ließ mich nicht von meinem Weg abbringen, zog einige A-Jugendliche hoch, holte die besten zehn Spieler aus den umliegenden Vereinen und zog mein Ding durch. Wir stiegen auf Anhieb in die Oberliga auf.

Auch im zweiten Jahr lief es wie am Schnürchen. Wir hatten zahlreiche junge talentierte Spieler im Kader, aber auch einige erfahrene Recken, mit denen ich mich als Trainer weiterentwickeln konnte. Beseelt vom Traum des direkten Durchmarschs von der fünften in die dritte Liga, spielten wir eine famose Saison. Wir spielten so gut, dass es für uns schon am vorletzten Spieltag tatsächlich um den Aufstieg in die Regionalliga ging. Wir hatten nur fünf Minuspunkte und mussten nun nur noch im Showdown gegen den Tabellenzweiten Sportring Solingen-Höhscheid, die spätere SG Solingen, bestehen. Das Spiel geriet zu einem Drama. Die Partie wogte hin und her, und in die letzte Minute ging es mit einem Unentschieden. Kurz vor der Schlusssirene gelang uns aber das vermeintlich erlösende Siegestor. Doch es waren noch zwölf Sekunden zu spielen. Ich schaute zur Anzeigetafel, dann blickte ich rüber zur Uhr auf dem Zeitnehmertisch – und sprintete los. Wie von Sinnen lief ich jubelnd quer über das Spielfeld und umarmte den Schiedsrichter. Der war völlig perplex. Die Uhr tickte Sekunde für Sekunde runter. Bis die Unparteiischen merkten, was vor sich ging, war die Zeit abgelaufen, und wir hatten ungeachtet der Proteste des Gegners gewonnen. Ich erhielt im Anschluss die Rote Karte wegen unsportlichen Verhaltens, doch unterm Strich stand der zweite Aufstieg im zweiten Jahr. Ab ging es in die Regionalliga.

Cronenberg war mein sportlicher Durchbruch. Mit fünfundzwanzig Jahren! In der westdeutschen Handballszene kannte man nun meinen Namen. Und so wurde auch ein gewisser Klaus Schorn auf mich aufmerksam. Noch heute bekomme ich weiche Knie, wenn ich an damals zurückdenke. Klaus Schorn – das war in der Handballwelt seinerzeit einer der ganz großen Namen, weit über die Grenzen des Ruhrgebiets berühmt und berüchtigt. Schorn prägte als Manager die fetten Jahre von TuSEM Essen, führte den Klub zu drei deutschen Meisterschaften, gewann dreimal den DHB-Pokal und den Europacup. Und dieser Klaus Schorn stand plötzlich bei mir auf der Matte.

Die Motive von Schorn waren eindeutig. Er wollte der fulminanten Entwicklung des Emporkömmlings aus dem Essener Westen nicht tatenlos zusehen. Als Patriarch, der den Klub nach Gutsherrenart führte, duldete er keinen zweiten erfolgreichen Verein neben seinem in der Stadt. Also versuchte er, den für das kleine Handballwunder in Cronenberg Verantwortlichen kurzerhand abzuwerben, koste es, was es wolle. Er machte mir ein wahrlich unmoralisches Angebot: 100 000 Mark! Und das zwei Jahre lang. Als Co-Trainer! Im Jahr 1993 war das absurd viel Geld für einen Job im Handball. Und auch heute noch bekommt vermutlich kein Co-Trainer in der Bundesliga ein solch fürstliches Gehalt. Mir blieb also keine Wahl. Aber ich bestand bei meiner Zusage auf einer Sondervereinbarung, in der es für mich um viel mehr ging als Geld: Ich würde den Job nur unter der Bedingung übernehmen, dass ich parallel die A-Jugend des TuSEM trainieren durfte. Schorn willigte ein. Während Cronenberg in den Folgejahren leider runtergereicht wurde bis in die Bezirksliga, bekam ich die Chance, mich mit ungeahnten Mitteln der Jugendarbeit zu widmen.

Auch im Geschäftlichen nahm mein Leben richtig Fahrt auf, indem ich den Traum vom eigenen Sportgeschäft verwirklichte. Nach der Ausbildung eröffnete ich in einer Seitenstraße in Essen-Cronenberg „Bobs H2O-Store". Es war das damals kleinste Sportgeschäft in Essen, ein Minilädchen mit rund 25 Quadratmetern, in dem ich ausnahmslos Klamotten des dänischen Sportartikelherstellers H2O verkaufte. H2O war bunt und schrill und ausgefallen, das gefiel mir. Das Geschäftsmodell war so einfach wie genial: Ich stellte einige Handballer an – lokale Prominenz, wenn man so will –, die unsere Sachen vor allem in die Vereine verkauften. Geöffnet hatten wir nur halbtags: mittwochs und samstags am Vormittag. Montags, dienstags, donnerstags und freitags jeweils am Nachmittag. Den Mannschaften war das egal, sie rannten uns die Bude ein. Halb Essen lief schon bald in unseren Klamotten rum, denn wir statteten schnell ganze Vereine aus – auch weil wir an den Samstagen etwas Besonderes anboten: Wir mieteten die kleine Kneipe hinter dem Laden, zu der es einen direkten Zugang gab, und luden unsere Kunden zum Frühschoppen ein. Erst räumten die Leute bei uns die Regale leer, dann gab es bei Frau Rüssel, so hieß die Wirtin, ordentlich zu trinken. Das ganz große Geschäft machten wir aber regelmäßig zum Supersale am Nikolaustag. Jedes Jahr am 6. Dezember bestellte ich bei Frau Rüssel ein Büfett mit Hähnchen, Fritten und Currywurst satt – und hinterher war der Laden leergekauft. Es dauerte nicht lange, da machten wir mit dem Laden den zweitgrößten Umsatz von allen H2O-Deutschland-Stores. Nach ein paar Jahren verkaufte ich den Laden wieder – die eine Hälfte des Versprechens an meinen Vater hatte ich eingelöst.

Handeln, nicht warten! Vom Jugendcoach zum Weltmeister-Macher

In meinem Handballleben gab es nach dem Wechsel nach Essen zwei Stränge: den des Co-Trainers der Bundesligamannschaft und den des Jugendtrainers. Der TuSEM-Nachwuchs sträubte sich zunächst gegen mich. Die Jungs hatten Vorbehalte, hatte ich doch zuvor jahrelang ihren ärgsten Rivalen gecoacht. Und so bot ich ihnen einen Deal an: „Gebt mir sechs Wochen", sagte ich: „Wenn euch das Training gefällt, bleibt ihr da. Gefällt es euch nicht, höre ich sofort auf." Es wurde nie wieder zu einem Thema.

Die Bundesliga war die ganz große Bühne. Sie versprach Glamour, Stars und Sternchen. Sie bedeutete viele Fans und noch mehr Geld. Doch von Anfang an war mir die A-Jugend wichtiger. Co-Trainer unter Jürgen Hahn – das war für mich zuschauen, lernen, helfen und Fuß fassen im Profi-Business. In der A-Jugend konnte ich mich hingegen frei entfalten und einen Verein, der bis dato nicht wirklich auf die Jugend gesetzt hatte, in die Spur bringen. Ich war mir sicher, dass leidenschaftliche Nachwuchsarbeit, wenn man sie ernsthaft betreibt, auch bei TuSEM Essen funktioniert. Ich wollte deutscher Meister werden!

Für dieses Projekt guckte ich mir zwei Spieler aus, die ich schon länger auf dem Radar hatte. Zum einen war da dieser kraftvolle junge Bursche aus Wermelskirchen namens Torsten Jansen. Zum anderen gab es den hochtalentierten Linkshänder Florian Kehrmann aus Neuss, dessen Eltern ich aber erst noch überzeugen musste, ihren wohlbehüteten Sohn nach Essen ziehen zu lassen. Florian selbst wollte unbedingt, doch das Problem waren seine schulischen Leistungen. Es gab damals noch keine Sportinternate wie heute, also traf ich mit den Eltern Kehrmann eine Vereinbarung: Würden die schulischen Leistungen abfallen, würde er umgehend zu seinem Heimatklub HG Büttgen zurückkehren. Florians Leistungen stabilisierten sich glücklicherweise, sodass er fortan für Essen auflief.

Bezahlt machte sich in dieser Situation das gute Verhältnis, das ich seit jeher zu den Eltern der mir anvertrauten Spieler pflegte und noch heute pflege. Der Kontakt zu den Jansens und Kehrmanns überdauerte die Jahre. Die Jansens, das werde ich nie vergessen, luden mich häufig zu belgischen Waffeln mit heißen Kirschen und Sahne ein, von Florians Mutter bekomme ich in der Adventszeit bis heute selbstgebackene Weihnachtsplätzchen, versehen mit den Worten „Für meinen Lieblingstrainer“, nach Berlin geschickt, und wenn es mich an den Niederrhein verschlägt, darf ich immer auf einen Teller Hühnerfrikassee, mein Leibgericht, bei den Kehrmanns, vorbeikommen.

Dass Florian Kehrmann und Torsten Jansen die deutsche Handball-Nationalmannschaft vierzehn Jahre später zum Weltmeistertitel werfen würden, konnte ich damals nicht ahnen. Aber ihr überragendes Talent war unverkennbar. Beide wurden schnell zu Leistungsträgern, mit denen wir Individualtrainingslager abhielten, um sie fit für den Kampf um die Deutsche Meisterschaft zu machen. Toto, daran erinnere ich mich noch gut, hasste das Lauftraining wie die Pest. So flink und explosiv er im Tempogegenstoß war, so sehr verfluchte er die Aschenbahn. Er ging lieber in die Muckibude, Krafteinheiten waren für ihn das Größte. Also begann ich, seine Vorliebe für Hanteln und Gewichte nutzend, ihn in der Abwehr auf der Halbposition einzusetzen, wo eine geschickte Zweikampfführung in Verbindung mit einer gewissen körperlichen Präsenz unabdingbar ist. Dieser Schachzug hatte den Vorteil, dass unser Halb-Angreifer in der Defensive auf außen geparkt wurde und damit wichtige Kräfte für die Offensive sparen konnte. Zudem startete Toto von der Halbposition in der Deckung aus schneller in den Gegenangriff als alle anderen. Dieses Rezept sicherte uns schon damals Tore am Fließband – und sollte auch später beim WM-Triumph der deutschen Nationalmannschaft 2007 bekanntlich noch wunderbar funktionieren.

1994 spielten wir mit Essen eine überragende Saison mit der A-Jugend und erreichten am Ende tatsächlich das Endspiel um die Deutsche Meisterschaft. Gegner im Finale war der SC Magdeburg, das Hinspiel in Magdeburg konnten wir hauchdünn mit 17:16 für uns entscheiden. Und nun hing alles am Rückspiel in eigener Halle. Essen war nie vorher und bislang auch nicht hinterher Deutscher

A-Jugend-Meister geworden. Doch ausgerechnet an jenem Nachmittag brachten wir unser Leistungsvermögen zunächst nicht auf die Platte. Der große Traum schien beim Halbzeitstand von 5:8 weit weg. Unser Spiel war miserabel. Ein Katergefühl begann sich breitzumachen. Mit hängenden Köpfen schlich die Mannschaft zur Halbzeitpause in die Kabine. Ich war sauer, auf mich, auf die Mannschaft und darüber, dass ein ganzes Jahr harter Arbeit umsonst gewesen sein sollte. In mir brodelte es, so sehr, dass ich vor versammelter Mannschaft mit voller Wucht eine Wasserflasche aus Glas gegen die Kabinenwand schleuderte. „Seid ihr noch ganz dicht", schrie ich die Jungs an, die wie paralysiert auf den Scherbenhaufen am Boden blickten, „was spielt ihr für eine Scheiße!" Noch heute erzählen Torsten Jansen und Florian Kehrmann von meinem Tobsuchtsanfall. Es war ein völlig irrer Auftritt von mir, der jedoch auf wundersame Weise Wirkung zeigte. In der zweiten Hälfte startete die Mannschaft eine furiose Aufholjagd. Die 1200 Fans auf den Rängen tobten und kreischten und verwandelten die Halle am Lührmann-Wald in ein Tollhaus, als wir 100 Sekunden vor dem Ende den umjubelten Ausgleichstreffer erzielten: 15:15 – wir waren Deutscher Meister! Der Gewinn des Euro-City-Cups als Co-Trainer mit der Männermannschaft rundete eine wunderbare erste Saison für mich bei TuSEM Essen ab.

Diese Erfolge sollten für mich leider die letzten schönen Erinnerungen an meine Zeit in Essen werden. In der ersten Mannschaft rumorte es, die Spieler wollten nicht mehr mit ihrem Trainer Jürgen Hahn arbeiten, und auch ich fand mit ihm keine gemeinsame Basis mehr. Hahn war der Auffassung, dass ich als sein Co-Trainer in erster Linie die Aufgabe hätte, den Hof des Cheftrainers, also seinen, auszufegen. Darauf hatte ich aber keine Lust mehr. Loyalität steht für mich bis heute über allem, die zurückliegenden Monate der Zusammenarbeit hatten mich aber mürbe gemacht. Ich konnte mich einfach nicht mehr mit dieser Rolle identifizieren. Ich brauchte einen neuen Impuls. Klaus Schorn versuchte, mich zu halten, doch mein Entschluss stand fest: Im Sommer 1995 verließ ich nach zwei erfolgreichen Jahren den TuSEM in Richtung Solingen – und nahm „meine" jungen Wilden, darunter auch Toto Jansen und Flo

Kehrmann, die in Essens Bundesligamannschaft keine Perspektive aufgezeigt bekamen, mit.

Solingen. Ausgerechnet Solingen! Jener Klub also, dem ich zwei Jahre vorher den Aufstieg verbaut hatte, sollte mich in den folgenden fünf Jahren prägen wie kein Verein zuvor. Solingen war meine erste Trainerstation als Alleinverantwortlicher einer Männermannschaft im Leistungssport, in Solingen wurde ich als Coach erwachsen, und Solingen wurde zum Ausgangspunkt meiner Karriere beim DHB. In der Solinger Zeit, eine in der Rückschau wunderbare Zeit, erhielt ich 1997 das Angebot von Heiner Brand, als sein Co-Trainer bei der Nationalmannschaft einzusteigen. Die Aufgabe in Solingen war knifflig: Aus einem Verein, der gerade seine erste Saison in der dritten Liga hinter sich gebracht hatte, sollte ein Bundesligist werden. Dass es am Ende trotz Bundesligaaufstiegs auf so bittere Weise und abrupt enden würde, war nicht absehbar. Aber der Reihe nach.

Ich startete sogleich durch, von 0 auf 100, eine Anlaufphase brauchte ich nicht. Nicht zuletzt Kehrmann und Jansen hatten ihren Anteil daran, dass wir uns gleich im ersten Jahr die Staffelmeisterschaft sicherten. In der folgenden K.-o.-Runde ließen wir nichts anbrennen und schafften den Aufstieg in die 2. Bundesliga. Flo und Toto waren ungemein fleißig, enorm erfolgshungrig und marschierten auf dem Feld stets voran. Allmählich war klar, dass die beiden bald zu den ganz großen Nummern im deutschen Handball zählen würden.

Ich fühlte mich im Bergischen Land von Anfang an pudelwohl und genoss die tägliche Arbeit mit meinem lernwilligen Team. Viel Zeit, um uns in der 2. Liga zu akklimatisieren, brauchten wir nicht. Nach zwei zehnten Plätzen schafften wir in der Saison 1998/99 den Sprung auf Rang fünf – ehe wir zur Jahrtausendwende den ganz großen Wurf landeten. Ohne Florian Kehrmann, der im Sommer 1999 zum TBV Lemgo in die Bundesliga gewechselt war, führte ich den Klub ins Oberhaus des deutschen Handballs. Dort allerdings absolvierte ich mit ihm kein einziges Spiel mehr.

Die Situation war grotesk: Die Saison 1999/2000 war noch in vollem Gange, und Solingen war im Begriff, erstmals in der Vereinsgeschichte in die Bundesliga aufzusteigen. Doch im Verein bildete sich eine Front gegen mich. Es gab Meinungsverschiedenheiten mit einigen Entscheidern über die künftige Ausrichtung der SG. Zeitgleich zettelten ein paar ältere Spieler einen Kleinkrieg mit mir an, da sie sich von mir nicht genügend wertgeschätzt fühlten – mein Fokus lag halt auf den jungen Spielern! Die Attacken kamen nicht von ungefähr mitten im Aufstiegskampf und sorgten auch deshalb für Wirbel, weil der Verein den Vertrag mit mir gerade um zwei Jahre verlängert und ich ein Angebot vom VfL Gummersbach aus der Bundesliga ausgeschlagen hatte. Die Fronten verhärteten sich aber schon bald derart, dass eine gewinnbringende Zusammenarbeit nicht mehr sinnvoll schien. Wir einigten uns auf eine Trennung nach Saisonende. Die jungen Spieler waren fassungslos. Als ich mich in der Kabine zu Michael Hegemann, der später wie Kehrmann und Jansen zu den 2007-Weltmeistern gehörte, setzte, hätte ich selbst Tränen vergießen können. Wir waren total niedergeschlagen, auch die Fans: Beim nächsten Heimspiel hielten sie als Ausdruck ihres Protests Schilder mit aufgemalten Fragezeichen in die Höhe. Noch heute klatschen die Solinger Zuschauer Beifall, wenn ich mit den Füchsen Berlin in der Klingenhalle aufkreuze.

Die Spieler, die sich beim Vorstand gegen mich ausgesprochen hatten, bekamen natürlich ein schlechtes Gewissen. Wie sie mir auf der Zielgeraden des Aufstiegsrennens in die Augen schauen und weiter Gas geben sollten, um den Traum von der Bundesliga nicht zu gefährden, war aber nicht mein Problem. Ich ging keinem Konflikt aus dem Weg und setzte weiter konsequent auf die Jungen. Mit Erfolg. Dank eines Zählers Vorsprung sicherten wir uns den Aufstieg vor Frisch Auf Göppingen. Wir feierten eine zünftige Meistersause, bei der die ganze Stadt auf den Beinen war – und damit war das Kapitel Solingen für mich beendet.

Können statt Wissen: Erste Schritte in der Bundesliga

Ich kann nicht viel. Aber was ich kann, das kann ich besser als alle anderen. Das war meine Einstellung. Immer und in jeder Lebenslage. Vor allem aber als Handballtrainer. Von der Bezirksliga bis in die Bundesliga: In meinem Trainerleben bin ich in jede Liga aufgestiegen. Menschen zu fördern und zu begeistern, das habe ich immer gekonnt. Und ich habe den Mut, Entscheidungen zu treffen. Ich spiele in der Spielbank nicht auf Rot oder Schwarz, ich spiele auf Zahl. Natürlich lag ich manchmal vollkommen daneben. Den Fehler, den ich in all den Jahren im Trainergeschäft nicht gemacht habe, den gibt es nicht. Aber ich war durch meinen Wissensdurst eben auch immer eine Spielklasse besser als die, in der ich gearbeitet habe. So konnte ich meine Fehler meist gut kompensieren. Ich war schon bereit für die Verbandsliga, arbeitete aber noch in der Landesliga. Ich war bereit für die Regionalliga, arbeitete aber noch in der Oberliga. Ich war bereit für die Bundesliga, coachte aber noch in der zweiten Liga. Ich war meiner Zeit immer ein Stückchen voraus, hatte dadurch den kleinen, entscheidenden Vorsprung – und genau das war mein Erfolgsrezept.

Nach dem Aufstieg mit Solingen erreichten mich im Sommer 2000 zahlreiche Anfragen, und ich entschied mich für die Aufgabe beim HC Wuppertal. Das Team war zwar schon vor dem Saisonstart insolvent und handballerisch praktisch ohne jede Chance, doch für mich als blutigen Bundesliga-Anfänger vielleicht genau das Richtige. Dachte ich zumindest. Die Aufgabe reizte mich, zudem stand ich bei Geschäftsführer und Vereinsmäzen Horst Wingenroth im Wort, der den Klub sauber abwickeln wollte. Schnell musste ich feststellen, dass in Wuppertal sportlich nichts zu holen war. Wir beendeten die Spielzeit auf dem vorletzten Platz. Abgeschlagen. Abgestiegen. 14 Punkte fehlten uns am Saisonende zum rettenden Ufer, wobei schon Monate vorher klar war, dass sich das Team im Sommer auflösen würde.

Eine solche Bruchlandung wie in Wuppertal hatte ich im Handball lange nicht erlitten. Fünfzehn Jahre lang, um genau zu sein. Ich erinnere mich an das grandiose Scheitern bei meiner Basisschulung für die C-Lizenz, der Prüfung zur einfachsten aller Trainer-Lizenzen, also ganz am Anfang meiner Karriere. In solch einer Prüfung geht es darum, eine praktische Aufgabe in der Trainingsgestaltung zu lösen, von der man sehr kurzfristig erfährt. Mein Glück an jenem Tag war, dass ich direkt nach der Mittagspause an der Reihe war und der Prüfer die Zettel mit der Aufgabenbeschreibung in der Halle vergessen hatte, ehe er zu Tisch ging. Ich hingegen verbrachte die Pause in der Halle und konnte mich in aller Seelenruhe auf den geforderten Angriffsspielzug gegen eine 6:0-Abwehr vorbereiten. „Junge, das ist eine glatte Eins", sagten sie zu mir, als ich stolz meine Lösung präsentiert hatte, „aber du bist trotzdem durchgefallen." Ich verstand die Welt nicht mehr. Es war schließlich nicht bloß ein Spielzug, den ich von der Demomannschaft spielen ließ. Wir nahmen eine weitere Variante hinzu, zeigten also eine komplette Spielkonzeption. Das Thema war damit aber verfehlt, weil ich die Aufgabe übererfüllt hatte. Ich war durchgefallen und musste acht Wochen später zur Nachprüfung anrücken.

Im Fall von Wuppertal war eine Nachprüfung nun aber leider nicht möglich, und so stürzte ich mich direkt ins nächste Projekt: Das Traineramt bei der SG Willstätt/Schutterwald. Ich fühlte mich auf Anhieb pudelwohl in der sonnenreichsten Region Deutschlands. Ich wohnte in Langhurst, einem Ortsteil des 7000-Seelen-Städtchens Schutterwald, nur einen Steinwurf von der französischen Grenze entfernt. Natürlich war das nicht Hamburg oder Berlin und auch nicht Essen oder Bochum. Dort gab es keine Hochhäuser oder Graffiti an den Wänden. Die Zeit schien irgendwie stehengeblieben. Das war besonders. Und ich mochte das – obwohl ich bald erkennen musste, dass der Klub in schweren Turbulenzen steckte. Mit TV 08 Willstätt und TuS Schutterwald hatten sich kurz zuvor zwei Vereine zu einer Spielgemeinschaft zusammengeschlossen, die eigentlich nicht zusammengehörten. Es trafen zwei völlig unterschiedliche Konzepte und Mentalitäten aufeinander, und man hatte mich geholt, um diese Rivalität auszugleichen. Das war gar nicht so einfach. Denn trotz treuer Sponsoren und seriöser Geschäftsleute aus der Region gab es immer wieder Probleme mit dem Geld. Und auch sportlich hatten wir, zurückgeworfen durch etliche Verletzungen, schwer zu kämpfen. Mir war bald klar, dass der Klassenerhalt mit dieser Mannschaft unter diesen Voraussetzungen meine bis dato schwierigste Mission werden würde.

Da kam mir das HDI-Modell wieder in den Sinn, von dem ich erstmals während meiner A-Lizenzausbildung bei Peter Feddern und Günter Klein 1994 in Kaiserau gehört hatte. Ich war total fasziniert von der Theorie, die das Gehirn, simpel ausgedrückt, in vier Teile unterteilt: das rationale Ich, das organisatorische Ich, das fühlende Ich und das experimentelle Ich. Das rationale Ich vergleiche ich gern mit einem Chirurgen. Er denkt analytisch-logisch und ist durch und durch Realist. Das organisatorische Ich ist hingegen vor allem strukturiert, geplant und pünktlich – so wie beispielsweise ein weltweit operierender Logistiker. Dann gibt es das experimentelle Ich, das risikofreudig denkt und die Sachen kreativ und intuitiv angeht. Und als Viertes bleibt das fühlende Ich, das hilfsbereit ist, mitfühlend, gefühlsbetont. Das assoziiere ich gern mit einer Krankenschwester. Laut HDI-Modell lässt sich die Persönlichkeit eines Menschen beziehungsweise die Dominanz der Quadranten bei einer Person relativ einfach durch Fragebögen bestimmen. Das ist superspannend. Man kann dann ziemlich schnell sehen, was man für ein Typ ist. Auch ich ließ mich im Rahmen meiner Trainerausbildung analysieren. Das Ergebnis meines damaligen Tests nutzt Günter Klein bis zum heutigen Tag als Beispiel für seine Lehrgänge, denn ich hatte ein komplettes Viereck. Nicht dass wir uns falsch verstehen: Das Ganze hat nichts mit Intelligenz zu tun – aber es sagt doch etwas über einen Menschen aus.

Genau daran dachte ich nun im Abstiegskampf mit der SG Willstätt/Schutterwald. Ich schnappte mir also meine beiden Schlüsselspieler – zum einen Daniel Kempf, unser Schutterwälder Eigengewächs, zum anderen Branko Kokir, unseren Starspieler aus Serbien – und machte mit ihnen den Test. Kempfs Ergebnis lag komplett im roten Bereich mit ein bisschen Blau. Kokir war extremst blau mit ein bisschen Rot. Daraus leitete ich meine Strategie für die entscheidenden Wochen der Bundesliga-Rückrunde ab. Während ich mit Branko ganz viel Video schaute und die kommenden Spiele genauestens analysierte, ging ich mit Daniel Kaffee trinken. Selbstverständlich gab ich ihm die Videos auch mit, doch ich verlor kaum ein Wort darüber. Wir sprachen stattdessen über Emotionen und Leidenschaft und die Liebe zu unserem Verein. Diese Herangehensweise sollte sich auszahlen. Kempf und Kokir führten uns zum Erfolg und verzückten die Fans. Erst besiegten wir den SC Magdeburg, dann den THW Kiel, und schließlich holten wir auch noch einen Punkt gegen den damals großen VfL Gummersbach. Die Basis für den Klassenerhalt war gelegt. Dass wir uns durch ein Unentschieden am letzten Spieltag bei der SG Wallau/Massenheim tatsächlich auf Platz 15 retteten und dank des um zehn Treffer besseren Torverhältnisses der Relegation entkamen, werde ich nie vergessen.

Leider geriet mein Abschied von der SG Willstätt/Schutterwald ein halbes Jahr später alles andere als rühmlich. Wenn ich mir etwas in meinem Trainerleben nicht verzeihe, dann diesen einen folgenreichen Abend im Dezember 2002 in Willstätt.

Auszug aus einem Artikel von *Baden Online*, einem regionalen Nachrichtenportal des *Offenburger Tageblatts*, vom 13. März 2001 – rund vier Monate bevor Bob Hanning seine Arbeit bei der SG Willstätt/Schutterwald aufnahm:

> *„Auf die SG wartet also ein Workaholic. […] Er ist sehr kommunikativ, schlagfertig und hat klare Vorstellungen, die er mit Volldampf verfolgt. Hanning spricht die Sprache der Jugend, ohne den Umgang mit alten Haudegen zu scheuen. Napoleonische Züge, die man ihm aufgrund seiner geringen Körpergröße gelegentlich nachsagt, werden von Spielern, die ihn kennen, bestritten. […] Das Finanzielle ist für ihn nicht ausschlaggebend. Er bringt das totale Engagement. Im Vordergrund steht für ihn die Arbeit mit jungen Spielern, die hungrig und leistungswillig sind und in anderen Vereinen nicht so zum Zuge kamen."*

III. Ich, Napoleon – Hamburger Lehrjahre

Schmutziges Ende, sauberer Anfang: Hamburg, da bin ich

Ich kochte vor Wut. Wir hatten das Abstiegsduell gegen GWD Minden an jenem 15. Dezember 2002 zwar in letzter Sekunde mit 29:28 gewonnen, doch eine ganz miese Leistung gezeigt. Meine Nerven waren derart strapaziert, dass in mir sämtliche Sicherungen durchbrannten. „Ich habe keine Lust mehr!", wütete ich auf der anschließenden Pressekonferenz. Wir hatten eine zwischenzeitliche Führung von sechs Toren verspielt, und es war pures Glück, dass wir die Partie am Ende für uns entscheiden konnten. Aus lauter Frust schüttete ich mir direkt nach dem Spiel gegen jede Gewohnheit erst mal einen halben Liter Bier rein, bevor ich mein Statement abgab. Auf der Pressekonferenz redete ich mich halb betrunken um Kopf und Kragen. „Ich bin vollkommen fertig und brauche eine Pause", diktierte ich den Journalisten in die Blöcke. Ausgebrannt? Der Hanning? Nach einem Sieg? Mäzen Helmut Hilzinger, der meinen wirren Auftritt im Hinterzimmer der Hanauerlandhalle mit aschfahlem Gesicht verfolgte, traute seinen Ohren nicht. Er und eigentlich der ganze Klub mussten sich von mir öffentlich düpiert fühlen.

Als ich am späten Abend im Bett lag und den Tag Revue passieren ließ, wurde mir klar, dass ich einen Fehler gemacht und mich grob unsportlich verhalten hatte. Mein Auftritt war unentschuldbar. Bei der Krisensitzung mit den Willstätter Klubchefs am nächsten Morgen, die natürlich nicht ausbleiben konnte, kämpfte ich darum, wenigstens die beiden verbleibenden Spiele bis zum Jahreswechsel beim THW Kiel und bei Wallau-Massenheim coachen zu dürfen, um die Hinserie zu einem würdigen Ende zu bringen. Die Vereinsführung der SG Willstätt/Schutterwald dachte aber nicht im Traum daran, mich auch nur noch einen einzigen Tag weitermachen zu lassen. Mein Vertrag wurde mit sofortiger Wirkung aufgelöst. Die Leute fühlten sich verraten. Und ich konnte sie verstehen.

Exakt 75 Minuten nachdem die Trennung von Willstätt auch formal vollzogen war, klingelte mein Telefon. Es war Montagabend, 23.30 Uhr, ich weiß es noch genau. Winfried Klimek, damaliger Hauptgesellschafter des HSV, war am anderen Ende der Leitung. „Bob", sagte er, „ich habe gerade Anders Fältnäs entlassen, du musst sofort kommen. Wir können nicht warten. Entweder du kommst jetzt, oder ich hole einen anderen Trainer." Jetzt? Sofort? Tatsächlich, ich sollte das Training beim HSV bereits am nächsten Tag leiten. Und zwei Tage später, am Mittwoch, beim Bundesligaspiel gegen den SC Magdeburg auf der Hamburger Bank sitzen. Mir wurde schwindelig. In Willstätt wusste keiner vom Angebot aus Hamburg, das mir seit längerem vorlag. Die HSV-Bosse wollten mich zum Beginn der Rückrunde im Februar als Trainer verpflichten. Natürlich war das für mich enorm reizvoll – aber eben erst zur Rückrunde!

Die Gedanken in meinem Kopf fuhren Achterbahn. Ich suchte Rat bei Thomas Kastler, einem befreundeten Journalisten. Wir verbrachten den Abend in der legendären Roxibar am Offenburger Stadtbuckel. Bei Gin Tonic diskutierten wir die heikle Situation wieder und wieder. Dabei ging es nicht darum, dass ich zum HSV wechselte, sondern um die Frage, ob der Zeitpunkt moralisch vertretbar war. Die Antwort lag auf der Hand und lautete: Nein. Und dennoch hatte ich keine Wahl. Am nächsten Morgen saß ich im Flieger nach Hamburg.

Wenn ich die beiden Spiele vor Weihnachten in Willstätt noch hätte machen dürfen, wäre alles sauber gewesen. So aber wurde alles schlimmer. Die Leute waren böse auf mich, die Schmähungen und Beleidigungen aufgebrachter Klubanhänger trafen mich tief. Bei Jimmi, meinem Lieblingsfleischer in Willstätt, fuhr ich fortan mit einem anderen Auto heimlich auf den Hof und schlich durch die Hintertür, um meine geliebten Rouladen in Ruhe essen zu können.

Heute ist das glücklicherweise längst vergessen, wir treffen uns mit den Leuten vom Klub regelmäßig zum großen Spargelessen.

Keine 48 Stunden nach meinem letzten Bundesligaspiel mit Willstätt stand ich also in der Trainingshalle des HSV. Hamburg – beim Klang dieses Namens bekomme ich noch heute Gänsehaut. Das Tor zur Welt. Handballerisch war der HSV für mich damals die Chance, einen Spitzenklub zu führen. Die Besetzung des Kaders war herausragend, die finanzielle Ausstattung schien grenzenlos. Ich träumte von goldenen Zeiten. Hamburg würde für mich die entscheidende Station sein, hier würde ich die nächste Stufe zünden! All die Plackerei der letzten Jahre, sie hatte sich gelohnt: Ab jetzt konnte geerntet werden! So dachte ich.

Und ahnte nichts von den schweren Turbulenzen, die den Klub schon bald heimsuchen sollten. Und das war auch gut so. Sonst hätten wir wahrscheinlich nicht mit so viel positiver Energie und Elan loslegen können, um uns aus der wenig berauschenden sportlichen Situation herauszuarbeiten. Durch eine 27:37-Niederlage beim VfL Gummersbach war der HSV gerade auf den letzten Tabellenplatz abgestürzt. Der Trainerwechsel, da war man sich im Klub einig, war überfällig. Der Schwede Anders Fältnäs war ein ausgewiesener Fachmann, schien die Mannschaft aber nicht mehr zu erreichen, wie man so schön sagt. Entsprechend offen empfingen mich die Spieler beim Training. Ich hatte noch keinen Vertrag unterschrieben, leitete aber eine erste Übungseinheit, um die Mannschaft auf das nächste Spiel gegen Magdeburg vorzubereiten. „Ihr könnt bei mir alles machen", sagte ich, „nur: Verpisst euch nicht! Das Schlimmste ist, sich aus der Verantwortung zu stehlen. Verschießen von Torchancen – kein Problem. Wenn ihr den Fehler macht, macht ihn mit Enthusiasmus und absoluter Leidenschaft. Dann ist euch keiner böse." Es wurde ein wunderbarer Einstand: Vor ausverkauftem Haus besiegten wir den amtierenden Champions-League-Sieger Magdeburg mit 32:31. Mit dieser neuen Energie fuhren wir dann am 22. Dezember zu unserem ersten gemeinsamen Auswärtsspiel nach Göppingen. Um die positive Grundstimmung in die Weihnachtstage mitzunehmen, verteilte ich Geschenke in der Kabine. Ich hatte mir extra die Namen der Kinder zuvor in der Geschäftsstelle besorgt. „Jungs, ihr habt viel Scheiße hinter euch", sagte ich. „Hier sind Geschenke für alle eure Kinder, wir aber machen uns unser Weihnachtsgeschenk auf dem Platz jetzt selbst." Wir holten einen Punkt und feierten mit unseren Familien ein schönes Weihnachtsfest, bevor ein Erfolg am 28. Dezember bei GWD Minden, der damals erste Bundesligaauswärtssieg der Hamburger seit 364 Tagen, meinen HSV-Traumstart perfekt machte.

Das Kernproblem der Mannschaft war: Jeder war nur auf sich selbst konzentriert und hatte Angst vor Fehlern. In den ersten Wochen und Monaten versuchte ich vor allem, den Zusammenhalt der Truppe zu stärken. *Team* kann als Abkürzung für zwei Dinge stehen: „Toll, ein anderer macht" oder „Totaler Einsatz aller Mitspieler". Ich wollte, dass wir Letzteres beherzigten. Mit diesem neuen Geist spielten wir dann auch eine starke Rückrunde und schlossen die Saison auf dem achten Platz ab. Der Kontakt zum oberen Tabellendrittel war hergestellt, die Konkurrenz aus Flensburg und Kiel hatte unseren Atem im Nacken.

Auszug aus der *Hamburger Morgenpost* vom 20. Dezember 2002:

> *„Alle feiern den neuen Trainer. Bob Hanning löst Euphorie aus. Er schlief nachts nicht eine Sekunde."*

Auszug aus der *Süddeutschen Zeitung* vom 19. Februar 2003:

> *„9:1 Punkte hat das Team geholt, seit der frühere Assistenzcoach der Nationalmannschaft Mitte Dezember seinen Dienst antrat, und damit ein kleines Handballwunder eingeleitet. Binnen zwei Monaten schnellte der HSV vom letzten auf den neunten Tabellenplatz hoch. [...] Noch im Spätherbst drohte den Mietern der populären HSV-Raute ein Desaster."*

Auszug aus der *Welt* vom 24. Februar 2003:

> *„In Hamburg hat Hanning nach nur zwei Monaten Kultstatus gewonnen."*

Handball ist auch Unterhaltung: Napoleon als Blitzableiter

Im Verein und auch in der Stadt herrschte plötzlich Aufbruchsstimmung. Vergessen war der schwache Saisonstart, vergessen waren die mauen Zuschauerzahlen, und selbst die Finanzprobleme des im Sommer 2002 aus Lübeck an die Elbe importierten Klubs rückten eine Zeitlang in den Hintergrund – was auch an mir lag. Ich warf mich in die Arbeit wie noch nie zuvor in meinem Trainerleben. Sport, Finanzen, Außendarstellung: Ich ackerte an allen Fronten, um den HSV auf Großstadt zu trimmen, ihn sexy und attraktiv zu machen. Handball ist auch Unterhaltung, das musste rein in die Köpfe, die große Arena im Volkspark wollte gefüllt werden. Und so wurde die Idee mit Napoleon geboren. „Bob, du bist klein, und du bist mächtig. Napoleon, das passt", sagte ein Mitarbeiter aus der Werbeabteilung. Es gab Zeiten, da hätte ich eine solche Inszenierung rundum abgelehnt und denjenigen, der gewagt hätte, mir diesen Vorschlag zu unterbreiten, lautstark vom Hof gejagt. Doch seit meinem Engagement in Essen gehörte Selbstironie zu meinem Repertoire. „Bob, sei nicht so verbissen", hatte mir seinerzeit Co-Trainer Lothar Bernau auf der Meisterfeier der A-Jugend mit auf den Weg gegeben, „lache auch mal über dich selbst." Daran erinnerte ich mich nun. Netter Nebeneffekt meiner Verkleidung als französischer Feldherr für das Cover unserer Hallenzeitung: Das mediale Interesse für unsere Geldsorgen wurde abgelenkt. Ich fungierte als Magnet und Blitzableiter gleichzeitig. Die Mannschaft hatte ein halbes Jahr lang durchgehangen, der Trainer hatte nichts mehr bewirken können, die Finanzlage war desolat. Der einzige nicht Vorbelastete im Klub war ich. Mein kleines Schauspiel war das Ablenkungsmanöver, das wir brauchten, um die drohende Insolvenz und sportliche Krise vergessen zu machen und aus den Negativschlagzeilen herauszukommen.

Bob Hanning als Napoleon – das funktionierte nicht nur, das Thema ging in Hamburg durch die Decke. Die Leute und vor allem die Medien stürzten sich geradezu darauf. Das war nicht ganz unwichtig, denn die Medienlandschaft war nicht einfach. Die verschiedenen Blätter standen in einem brutalen Wettbewerb miteinander, alle gierten nach Sensationen und neuen Geschichten auf einem heißumkämpften Markt. Ob im Fußball, Handball oder Eishockey: In Hamburg zählt es als Sportfunktionär mit zu den schwierigsten Aufgaben, die Kontrolle über die Medien zu behalten. Das ist eine echte Challenge und gehörte damals zu unseren größten Baustellen. Lebhaft in Erinnerung ist mir mein erstes Gespräch mit dem damaligen *Bild*-Sportchef Jürgen Schnitgerhans im Frühjahr 2003. Die *Bild* genoss in Hamburg damals eine exponierte Stellung, die das Blatt vehement verteidigte. „Wenn Sie es hier gut haben wollen", sagte Schnitgerhans, „dann merken Sie sich eines: Erst kommt die *Bild*. Dann kommt noch mal die *Bild*. Und dann kommt noch mal die *Bild*. Und dann kommt die Autobahn nach München. Und glauben Sie es mir: Dann kommt noch mal die *Bild*."

Unsere Sponsoren freuten sich über die positive Publicity, und die Mannschaft fand meinen Auftritt als Napoleon lustig. Für mich war diese Inszenierung in der Rückschau der Anfang der persönlichen Markenbildung. Die Medien, meine Freunde, aber viel mehr noch meine Feinde bedienten sich in den folgenden Jahren immer wieder gerne der hyperbolischen Metapher von Hanning als Napoleon. Das war in Ordnung, und ich hatte und habe damit überhaupt kein Problem. Viel wichtiger war es mir, dass ich allmählich verstand, wie das Spiel mit den Medien funktionierte.

Der Riese erwachte, der Hamburger Handball kam allmählich ins Rollen. Und wir gaben fleißig Schub, indem wir den sportlichen Höhenflug mit der ein oder anderen publikumswirksamen Maßnahme flankierten. Dazu gehörte auch die Wahl von Bertrand Gille zum Welthandballer. Eines vorweg: Bertrands sportliche Qualitäten sind über jeden Zweifel erhaben, er war zu jener Zeit der beste Kreisläufer der Welt. Aber seiner Wahl zum besten Handballer des Planeten halfen wir zusätzlich auf die Sprünge. Die Idee dazu kam mir eines Morgens beim Cappuccino. Mein Plan: Mit Hilfe unserer Nachwuchsspieler und einer kleinen Telefonbuch-Trickserei Gille auf den Thron hieven! Gesagt, getan. Unsere Jugendspieler bekamen den Auftrag, in ihren Schulen und unter Freunden und Verwandten je hundert Stimmen zu besorgen. In meiner Kommandozentrale, dem Hotel Treudelberg vor den Toren der Stadt, wo ich nach meinem Wechsel aus Willstätt residierte, ordnete ich nach Rücksprache mit dem Hoteldirektor kurzfristig Nachtschichten an. Rund um die Uhr hockte ich mit den Auszubildenden im Foyer und schrieb eifrig Namen aus dem Telefonbuch ab, um genügend Stimmzettel auszufüllen. Am Ende schnürten wir dann ein dickes Paket mit Tausenden von Postkarten und schickten es in die Weltverbandszentrale nach Basel in die Schweiz. Und siehe da, unsere Mühe wurde belohnt: Ein paar Wochen später wurde Bertrand Gille mit 46,58 Prozent der Stimmen offiziell zum Welthandballer gekürt, der Flensburger Linksaußen Lars Christiansen und der Lemgoer Rückraumspieler Daniel Stephan hatten das Nachsehen. Ich freute mich natürlich für Bertrand, aber noch mehr über die positive PR für den HSV. Bertrand weiß bis heute übrigens nichts von unserer kleinen List. Ein schlechtes Gewissen habe ich aber nicht. Denn egal, wie sie zustande kam, seine Wahl war absolut verdient!

Die Zeit in Hamburg brachte mich auf ein neues Level. Ich lernte viel, was den Umgang mit Stars betrifft. Das hatte sehr viel mit Psychologie zu tun. Und darin war ich ja von Haus aus Spezialist. Die beiden Torhüter zum Beispiel, Thomas Svensson und Goran Stojanović. Beide spielten herausragend, waren aber grundverschieden. Svensson war ehrgeizig, zielorientiert und geradezu trainingsbesessen. Er wollte gefordert werden. An jedem Tag. In jedem Training. Unentwegt. Stojanovićs Arbeitseinstellung dagegen war, sagen wir mal, etwas verhaltener. Er war ausgesprochen umgänglich, unglaublich lustig, extrem beliebt bei den Mitspielern – doch beileibe kein Trainingsweltmeister. Zudem rauchte er wie ein Schlot. Mich brachte das anfangs regelmäßig auf die Palme, denn nichts hasste ich mehr als das Rauchen. In all meinen Teams zuvor herrschte absolutes Rauchverbot, so auch in Hamburg. Doch bei Goran begann ich dieses Laster stillschweigend zu tolerieren. Beim Athletiktraining sah Gorans Sonderstellung oft so aus, dass ich ihn zum Laufen in den Wald schickte, während die anderen im Stadion bei Tempoläufen, Sit-ups und Liegestützen schwitzten. Goran schnappte sich seine Wasserflasche und dampfte ab. Eine halbe Stunde später kam er keuchend zurück, als wäre er gerade den Hamburg-Marathon gelaufen. Das Wasser lief ihm rechts und links den Körper runter. Wenn man genau hinschaute, konnte man aber gut erkennen, dass es kein Schweiß war, der da an ihm abperlte, sondern das Wasser seiner Trinkflasche. Eine schöne Rauchfahne rundete das Gesamtkunstwerk ab. Auch nach Spielen hatte Goran seine Rituale. Dazu gehörte die Angewohnheit, direkt nach dem Schlusspfiff in die Kabine zu sprinten – sofern man das bei seiner damaligen Körperfülle so nennen konnte –, die Zigaretten im Hosenbund. Noch bevor die anderen das Spielfeld verließen, hatte er sich längst in die letzte Umkleide des Kabinentraktes der Color Line Arena verdrückt, um sich seine geliebte Fluppe anzustecken. Offiziell durfte er das natürlich nicht. Und Goran respektierte, dass ich es nicht wollte. Deswegen hat er es immer so gemacht, dass es nie jemand sah.

Heute erzähle ich diese Anekdote bei Vorträgen vor Führungskräften. „Wie gehen sie als Chef damit um?", frage ich die Teilnehmer. Es entspinnt sich dann meist eine kontroverse Diskussion, an deren Ende ich empfehle, das Thema von hinten zu denken. „Wenn du die Tür aufmachst und ihn in der Kabine erwischst, dann musst du handeln. Wenn du die Tür zulässt und sagst, du respektierst diesen Drang und Wunsch des Einzelnen, dann musst du nicht reagieren." Im Fall von Goran Stojanović ließ ich die Tür zu und ihn gewähren. Er dankte es mir auf seine Weise. Denn er war wirklich ein Weltklassetorwart, wenn es drauf ankam, war er zur Stelle. Zu einhundert Prozent. Nie vergessen werde ich das Pokalhalbfinale am 1. Mai 2004. Vier Sekunden waren im Duell gegen den SC Magdeburg noch auf der Uhr, als Bennet Wiegert unter dem Gejohle der dreizehntausend Zuschauer im Hamburger Volkspark zum Siebenmeter gegen Stojanović antrat. Wir führten mit 27:26 – und Goran parierte. Ein Jubelorkan fegte durch die Halle. Der HSV stand zum ersten Mal in seiner Geschichte im Pokalfinale und würde in der nächsten Saison im Europapokal antreten. Nicht zuletzt dank Goran Stojanović.

Geldsorgen und Gefängnis: Vom Trainer zum Krisenmanager

Leider konnten die sportlichen Erfolge meiner ersten kompletten Saison in Hamburg – wir wurden Fünfter, mit Pascal Hens und Torsten Jansen hatten wir zwei deutsche Topspieler in unseren Reihen, so manch vielversprechendes Talent stand auf der Schwelle – nicht über die immensen finanziellen Probleme des Vereins hinwegtäuschen. Vom Trainer mutierte ich immer mehr zum Krisenmanager. Vor und nach dem Training ging ich regelmäßig Klinken putzen bei skeptischen Sponsoren und potenziellen neuen Geldgebern, denn das Wasser stand uns bis zum Hals. So sehr, dass uns der Arenabetreiber vorübergehend die Halle zusperrte. Ich arbeitete rund um die Uhr, schlief keine fünf Stunden und gab alles, damit wir als Bundesligaklub irgendwie überlebten. Ich erinnere mich noch gut an eine Gesellschaftersitzung, in der es um die Lizenz für die kommende Saison ging. Wir rechneten mit 5000 Zuschauern für jedes der 17 Heimspiele. Die Karte war mit 15 Euro eingepreist, das entsprach kalkulierten Ticketeinnahmen von 1,275 Millionen Euro. Da unser Wirtschaftsbüro ein Minus von rund 1,6 Millionen Euro errechnet hatte, war klar, dass die geplanten Zuschauereinnahmen hinten und vorne nicht reichen würden. Die Spielerlaubnis hing am seidenen Faden.

Klimek und der damalige Geschäftsführer zückten also ihre Taschenrechner und rechneten die Zahlen für einen Zuschauerschnitt von 7000 durch, mit einem Preis von 20 Euro pro Eintrittskarte. So landeten sie bei 2,3 Millionen Euro. Aber auch diese Summe reichte für unseren exquisiten Kader nicht, und so kalkulierten sie kurzerhand mit 8500 Zuschauern und 22 Euro pro Ticket. Jetzt hatte der Klub wie von Zauberhand Einnahmen von 3,179 Millionen Euro und konnte einen Überschuss ausweisen, mit dem man sogar noch die Schulden aus dem alten Jahr hätte begleichen können. Die Mannschaft und der Trainerstab waren einfach nur froh, die Spielerlaubnis zu bekommen. So war das Leben beim HSV damals. Und genau aus diesem Grund fiel das Hamburger Gerüst irgendwann zusammen: Die Zahlen waren auf kaufmännischem Weg schlicht und einfach nicht erreichbar. Dass die Ligabosse uns im Laufe der Saison noch acht Punkte abziehen sollten, war im Nachhinein die logische Konsequenz und absolut nachvollziehbar.

So weit war es aber noch nicht. Nach dem Einzug ins Pokalendspiel und dem anschließenden Sieg im Supercup, dem ersten Titel für den HSV in seiner Geschichte, starteten wir im Sommer 2004 mit großer Motivation und hohen Zielen in die neue Saison. Meine persönlichen Highlights waren die Spiele im Europacup, meine ersten in der Funktion des Cheftrainers. Mit der Mannschaft quer über den Kontinent reisen, um sich mit den besten Teams anderer Länder zu messen – davon hatte ich immer geträumt. Besonders im Gedächtnis haften blieb die Reise nach Portugal. In der dritten Runde des Europapokals der Pokalsieger ging es gegen Benfica Lissabon. Von Beginn an trumpften wir groß auf und führten schnell mit zehn Toren. Den komfortablen Vorsprung nahm ich zum Anlass, unsere jungen Spieler aufs Feld zu schicken. Danach schmolz unsere Führung dahin. Erst von zehn auf neun, dann von neun auf acht, von acht auf sieben. Ich bekam Panik und warf die Alten wieder rein. Doch der Spielfluss war dahin. Von sieben ging es auf sechs, dann auf fünf, auf vier … Spielende. Eine perfekte Ausgangsposition für das Rückspiel hatten wir innerhalb weniger Minuten verzockt. Mensch, war ich sauer! Meinen Ärger über mich ließ ich an den Jungs aus. Eigentlich hatte ich ihnen für den Abend Ausgang versprochen, doch nun ordnete ich kollektive Bettruhe an. „Halb elf!", sagte ich. „Keine Minute später seid ihr im Hotel!" Bertrand und Guillaume Gille, die Wortführer des Teams, kamen beim Bankett zu mir an den Tisch und baten um ein Gespräch. „Du, Trainer, wir verstehen, dass du die jungen Spieler fördern willst. Das finden wir gut und unterstützen dich. Aber wäre es für die Zukunft nicht sinnvoll, dass wir solch ein Spiel erst mal nach Hause bringen, bevor du den Nachwuchs ranlässt? Wenn du nicht wild gewechselt hättest, hätten wir das Spiel mit zehn Toren gewonnen, und du wärst zufrieden gewesen." Die Kritik war wie eine Ohrfeige, aber sie hatten vollkommen recht! Was bist du nur für ein Idiot, dachte ich. Ich hob die Ausgangssperre auf und schickte die Jungs bis halb zwei auf die Piste. Meine Lektion als Trainer hatte ich an jenem Abend im November 2004 gelernt, doch auch die Spieler sollten für ihren weiteren Weg noch etwas mitnehmen.

Anstatt früh ins Bett zu gehen, setzte ich mich an die Hotelbar, weil ich sehen wollte, ob die Jungs unsere Vereinbarung einhalten würden. Vier Taxis kamen zur verabredeten Zeit, eins aber nicht. Es fehlten die beiden Gille-Brüder, Matti Flohr, der zu den aufstrebenden Profis im Team gehörte, wenn auch noch nicht auf Gille-Niveau, sowie zwei Spieler der jungen Garde.

Wie sollte ich damit umgehen? Alle Spieler gleichermaßen sanktionieren, oder konnte ich riskieren, Unterschiede zu machen? Für solche Fälle hatte ich mir ein Kontomodell ausgedacht: Die Kollegen Gille, Leistungsträger und Führungsspieler, hatten ein gutes Polster; Flohr hatte zumindest ein bisschen was auf der hohen Kante; die beiden Youngster hingegen spielten nur auf Kredit. Entsprechend sahen die neuen Kontostände nun so aus: Die Gilles hatten zwar was abgehoben, aber sie durften es sich leisten; das Flohr-Konto hingegen war auf null, was bedeutete, dass ich ihn erst einmal nicht mehr so viel spielen ließ. Und die Nachwuchskräfte? Die waren insolvent und bekamen eine Denkpause. Sie mussten für ein paar Wochen in die zweite Mannschaft. Bevor wir am nächsten Tag auseinandergingen, ließ ich es mir nicht nehmen, das gesamte Team nach dem Rückflug aus Lissabon noch einmal in die Trainingshalle zu bitten. Zum Abschluss der Einheit bekamen besagte Jugendspieler die Aufgabe, aus einer Auslösehandlung heraus vier Tore hintereinander zu erzielen. Was dann geschah, habe ich bis heute nicht mehr erlebt: Vor den Augen aller Mitspieler vernagelte Thomas Svensson sein Tor dermaßen, dass ich die Sonderschicht nach sage und schreibe einer Stunde abbrach und die völlig entkräfteten Burschen unter die Dusche schickte.

Unsere finanziellen Probleme ließen sich im Herbst 2004 durch nichts mehr kaschieren. Geschäftsführer Klimek, der wenig später wegen Betrugsvorwürfen sogar ins Gefängnis wanderte, zog sich zurück, der Klub war auf dem besten Weg in die Insolvenz. Aus der Wirtschaft kam wenig Unterstützung. Der Verein war von Klimek aus Bad Schwartau an die Elbe verpflanzt worden, die Akzeptanz bei den Hamburger Kaufleuten ließ dementsprechend auf sich warten. Zu lange, um den Karren noch aus dem Dreck zu ziehen. Spieler, Sponsoren, Gesellschafter – überall gab es Brandherde. Ich musste mir eingestehen, dass ich mich verrannt und zwischen allen Fronten zerrieben hatte. Zu viele Trainingseinheiten hatte ich mit dem Handy am Ohr von der Tribüne aus geleitet. Teile der Mannschaft hatte ich dabei verloren, der Trainer Hanning war auf der Strecke geblieben.

Wenn ich mir die Bilder von damals anschaue, bekomme ich einen Schreck. Die Belastungen hinterließen bei mir ihre Spuren. Ich aß. Und das maßlos. Zweimal am Tag ging ich ins Restaurant. Am liebsten zu Vito, einem Italiener in der Bleickenallee, der mit den Antipasti à la Bob seinerzeit sogar einen Vorspeisenteller nach mir benannte. Ob mit Spielern, Sponsoren oder Journalisten – Termine verabredete ich grundsätzlich zum Mittag- oder Abendessen, häufig gab es Drei- oder Viergangmenüs. Ich liebte Jakobsmuscheln und Thunfisch-Carpaccio, aber auch Rindfleisch mit Käsehaube, Pizza und Pasta. Zum Nachtisch gab es Eis oder Tiramisu. Lecker musste das Essen sein, aber vor allem reichlich. Zwischendurch pfiff ich mir Yogurette rein. Schokolade, Chips, gutes Essen: Es war eine Art Sucht. Essen war in dieser Zeit nicht bloß Genuss für mich, sondern Kompensation. Freunde und auch die Familie begannen sich Sorgen um meine Gesundheit zu machen. Doch ich ignorierte das. Je mehr Leute mich auf mein beleibtes Äußeres ansprachen, desto weniger war ich bereit, daran etwas zu ändern – bis ich in Berlin eines Tages mein persönliches Aha-Erlebnis hatte. Doch das ist eine andere Geschichte.

Hinterfrag dich, aber stell dich nicht in Frage: Mein Aus in Hamburg

Sportlich lief es in Hamburg zum Jahresende 2004 noch ganz passabel, wir mischten dank einer starken Hinrunde sogar an der Tabellenspitze mit. Doch im Verein ging es zunehmend drunter und drüber. Klubchef Klimek saß wegen Betrugsverdachts wie gesagt im Gefängnis, die Spieler warteten mal wieder auf ihre Gehälter, und in der Bundesliga drohte uns ein Punktabzug wegen unserer wilden Budgetplanungen. Obwohl mir der Wind stark ins Gesicht blies, wollte ich an meinem Traum, mit Spielern und Fans zusammen auf dem Hamburger Rathausmarkt den Titel zu feiern, unbedingt festhalten. Auf der Suche nach frischer Liquidität ließ ich meine Kontakte spielen und holte den Unternehmer Andreas Rudolph ins Boot. Ihn für das Präsidentenamt beim HSV zu begeistern, war das Beste, was ich für den Klub damals machen konnte. Rudolph, der die Vereinsgeschichte in den folgenden Jahren entscheidend prägen sollte, machte keine halben Sachen und butterte gleich richtig rein. Sosehr sein Engagement den Verein rettete, so schnell wurde mir klar, dass es mit ihm und mir zusammen auf der HSV-Kommandobrücke nicht lange gutgehen würde.

Die Spielerrevolte, von der später häufig die Rede war, hat es indes nie gegeben. Das möchte ich klarstellen. Es gab unzufriedene Spieler, viele wollten mit mir nicht weiterarbeiten, weil ihnen die Fokussierung auf das Sportliche fehlte. Und was soll ich sagen: Ich konnte sie verstehen! Ihre Unzufriedenheit war aber ganz sicher nicht ausschlaggebend für meine Trennung vom HSV. Ich wollte anders als der Verein, das war der wahre Grund. Meine Vision für den Klub sah vor, den Etat runterzuschrauben. Ich dachte laut darüber nach, teure Spieler ziehen zu lassen und stärker auf den Nachwuchs zu setzen. Nachhaltigkeit statt kurzfristiger Erfolg auf Pump – so lautete immer meine Devise. In diesem Punkt herrschte bei mir eine gewisse Kompromisslosigkeit. Ich wollte den Klub organisch wachsen lassen, so wie es mir später mit den Füchsen Berlin ja auch gelingen sollte. Doch damit stieß ich beim neuen Klubchef auf taube Ohren.

Rudolph ging es um den unmittelbaren Erfolg. Ob mit mir oder ohne mich: Er wollte die Champions League gewinnen. Und zwar sofort. Er verlängerte also die ohnehin schon gut dotierten Spielerverträge für noch mehr Geld, um schnelle Erfolge noch wahrscheinlicher zu machen. Und weil Rudolph mich als Trainer trotz gültigen Vertrags bis 2008 unbedingt loswerden wollte, bot er mir den Posten des Sportdirektors an. Ich lehnte ab und erhielt eine Abfindung von 300 000 Euro. Der HSV war Geschichte.

Auch wenn es später offiziell hieß, wir hätten uns einvernehmlich getrennt: Das Ende in Hamburg war mein erster echter Rauswurf als Trainer. Für den unter Rudolph eingeschlagenen Weg war ich nicht der Richtige, das sah ich ein. Die Trennung war in Ordnung und folgerichtig. Und doch fühlte ich mich danach allein und irgendwie verraten. Von allen. Von der Mannschaft, von den Aufsichtsräten, von Rudolph. Enttäuscht war ich auch von mir selbst. Enttäuscht darüber, dass ich es nicht geschafft hatte, die Dinge zueinanderzuführen. Jedes Aufgabenfeld für sich hätte vielleicht funktioniert, doch alles zusammen war zu viel für mich. Ich hatte mich an zu vielen Baustellen aufgerieben. Heute würde ich vieles anders machen. Heute bin ich kompromissbereiter und nicht mehr so verbissen. Damals war ich zu wenig Diplomat und Stratege. Rudolph, und das sage ich, ohne böse zu sein, denn wir haben heute ein ordentliches Verhältnis zueinander, hat mich ein Stück weit abgekocht.

Als der Rauswurf an jenem 1. Mai 2005 vollzogen war, brauchte ich unbedingt frische Luft. Ich schnappte mir den damaligen HSV-Mitarbeiter Stefan Güter, später ein guter Freund und mein Innenminister bei den Füchsen Berlin, und lief mit ihm um die Außenalster. Beim HSV stand ich erstmals auf der ganz großen Bühne, sorgte als Napoleon für Schlagzeilen und führte den Klub vom letzten Platz nach Europa. Doch der ganz große Traum vom Rathausbalkon war geplatzt, und ich fühlte eine große Leere in mir. Stefan hörte sich mein Wehklagen geduldig an, dann ergriff er das Wort und erinnerte mich an mein eigenes Lebensmotto, das ich doch so gern bemühte: „Hinterfrage dich, aber stelle dich nicht in Frage." Ich schwieg betroffen, doch merkte ich, wie sich meine Laune von

Minute zu Minute aufhellte. Noch während unseres Spaziergangs um die Alster begann ich, neue Pläne zu schmieden. Ich schwor mir, dass ich mich nicht mehr abhängig machen wollte von kurzfristigen Ergebnissen und übernervösen Managements. Ich wollte mir einen eigenen Verein bauen, so, wie ich es für richtig hielt. Wo und wie und mit wem dies gelingen sollte – davon hatte ich zu dem Zeitpunkt freilich noch keinen blassen Schimmer.

Jahre später wollte der HSV mich zurückholen. Wir führten ein Gespräch, doch die Zeit, das spürte ich deutlich, war vorbei. Wenn mich in Hamburg noch einmal eine sportliche Aufgabe reizen würde, dann tatsächlich im Fußball. Da würde ich niemals nie sagen. Schon zu meiner Zeit bei den Hamburger Handballern habe ich mich immer gewundert, warum dieser Klub nicht dauerhaft in der Champions League spielt. Mein Herz blutet, wenn ich sehe, wie der HSV, dieser einst so stolze Verein, seit Jahren in der 2. Liga herumdümpelt. Die Treue der Fans zu diesem Klub und die Möglichkeiten in einer Stadt wie Hamburg, wo das Geld auf der Straße liegt, sind unbegrenzt. Doch es waren im Laufe der Jahre so viele Dilettanten am Werk, dass ich sie gar nicht mehr alle zusammenbekomme. Leute, die sich über den Verein profilieren wollten. Und Leute, die von Führung ganz offensichtlich keine Ahnung hatten. Ganz grausam.

Aber zurück zu den HSV-Handballern: Natürlich freute ich mich, als der Klub 2011 endlich Deutscher Meister wurde und zwei Jahre später die Champions League gewann. Meine nächste große Aufgabe, die Liebe meines Lebens, hatte ich aber längst woanders gefunden.

IV. Berlin. (M)eine Erfolgsstory

So küsste ich die Hauptstadt wach: Ein- und Aufstieg bei und mit den Füchsen

Ich saß auf der Straße. Kein Job, keine Aufgabe. Zum ersten Mal in meinem Leben. Ein schreckliches Gefühl. Und wenn ich ehrlich bin, hatte ich auch sehr daran zu knabbern, dass ich beim HSV nicht etwa aus freien Stücken gegangen, sondern rausgeworfen worden war. Danach gab es durchaus Angebote, auch aus der Bundesliga, aber sie reizten mich nicht. Lediglich zwei Optionen weckten mein Interesse. Die eine war TuSEM Essen. Der Klub hatte gerade den Europapokal gewonnen, war aber wegen akuter Geldnöte von der ersten in die dritte Liga strafversetzt worden. Klaus Schorn, ein alter Freund aus Essener Zeiten, wandte sich in dieser Situation an mich. Die andere Option waren die Reinickendorfer Füchse Berlin. Die große Zeit der Füchse in den 1980er Jahren, als sie im Europacup mitgemischt hatten, war zwar längst vorbei, der Verein dümpelte inzwischen ohne Hoffnung und ohne Vision in der zweiten Liga herum – aber wenn ich ihnen diese Vision wiedergeben konnte? Ich stand vor der Frage: Back to the roots, zurück zu den Wurzeln, oder Abenteuer Berlin?

Ich spürte, dass die Entscheidung für einen der beiden Klubs eine Weichenstellung in meinem Leben sein und es grundlegend verändern würde. Daher zog ich meinen Vater Manfred zu Rate. Seine Meinung war mir immer sehr wichtig. Er hört mir zu und gibt mir die Zeit, die es braucht, Entschlüsse reifen zu lassen. Bis heute telefoniere ich fast jeden Abend mit ihm.

Ich wusste ziemlich genau, was mich in Essen erwartete, was ich dort bekommen würde. An der Option Berlin war indes alles ungewiss – aber dafür umso aufregender! Die Stadt, der Klub, die

Aufgabe, das alles wirkte auf mich wunderbar neu und unverbraucht. Der Berliner Handball lag am Boden, war praktisch tot. Je länger ich darüber nachdachte, desto besser gefiel mir die Idee, die Hauptstadt zu erobern. Ja, Berlin brauchte mich!

Uli Theis, ein langjähriger Unterstützer der Füchse, lud mich zu einer Besprechung ein. Ungefähr zwanzig Teilnehmer machten sich Gedanken über die Zukunft Berlins als Handballstandort. Man erwog dies, diskutierte das – mir war das bald zu dumm, ich setzte alles auf eine Karte: „Passt auf, ich mache das", verkündete ich, knüpfte meine Zusage jedoch an eine Bedingung: „Ihr zahlt alle 50 000 Euro in einen Topf, und ich zahle mein Gehalt von 100 000 Euro komplett selbst. Dann haben wir zusammen 1,1 Millionen Euro. Das ist so viel Geld, wie der Klub noch nie zuvor besessen hat. Und wir schauen, was damit geht."

Es wurde mucksmäuschenstill im Raum. Die Runde starrte mich entgeistert an, bevor alle gleichzeitig loslegten. Noch nie hatte ich so viele Ausreden gehört, warum das nicht funktionieren könne. Es waren die besten Ausflüchte, die ich je gehört habe.

Am Abend fuhr ich reichlich desillusioniert wieder nach Hause. Lange hatte ich mit der Entscheidung Berlin gerungen, und dann schien die Tür zuzugehen, bevor ich hindurchgegangen war. Es kam, wie es kommen musste, ein paar Wochen später wurde den Füchsen die Lizenz für die zweite Liga verweigert. Aber, was soll ich sagen, das war im Nachhinein das Beste, was dem Verein passieren konnte!

Uli Theis, Frank Steffel, der kurz zuvor zum Präsidenten des Gesamtvereins gewählt worden war, und ich schlossen daraufhin nämlich eine „Allianz der Willigen", das heißt, wir gründeten eine GmbH. Die erste Mannschaft wurde ausgegliedert, ich als deren verantwortlicher Geschäftsführer eingesetzt. Wir bildeten zu dritt den Inner Circle. Unser oberstes Ziel war, die Spielerlaubnis doch noch irgendwie an Land zu ziehen. Dafür wandte ich mich an Carsten Bartholl, den Anwalt für besondere Aufgaben. Ich hatte ihn in meiner Zeit beim HSV als knallharten Verhandlungspartner kennengelernt. Er hatte uns das Leben ordentlich schwergemacht. Seine Methode war, einem komplett die Luft abzudrehen, bevor er konstruktive Lösungen aufzeigte. Obwohl er die Gegenseite vertrat, hielt er das Hamburger Projekt auf diese Weise am Leben. Das hatte mir imponiert.

„Bob, mach dir keine Gedanken“, sagte Bartholl nun zu mir, „die Lizenz hole ich dir.“ Und wenn Bartholl etwas versprach, dann hielt er es auch. Das war schon vorher so und ist bis heute so geblieben. Wir mussten mächtig schwitzen, bevor uns das Schiedsgericht im Sommer 2005 in allerletzter Instanz, am letztmöglichen Tag, grünes Licht für den Start in der zweiten Liga gab, aber es klappte. In der Begründung für die Lizenzverweigerung konnte Bartholl einige Fehler nachweisen, sodass wir mit unserer Klage durchkamen. Die neue Geschichte der Füchse konnte also beginnen …

Von Begeisterung oder gar Euphorie in Berlin angesichts des Neustarts konnte allerdings nicht die Rede sein. Es bildete sich kein Empfangskomitee, niemand empfing uns mit offenen Armen, Menschenmassen standen nicht Spalier, keiner jubelte uns zu. In der alten Geschäftsstelle stand lediglich ein alter Schuhkarton, darin unbezahlte Rechnungen, das war alles.

Es gab viele, die offene Forderungen an den Klub hatten, darunter auch ehemalige Spieler, deren Gehälter noch ausstanden. Die ersten Wochen und Monate standen ganz im Zeichen der Schulden und Altlasten, die erst mal beglichen und aufgearbeitet werden wollten, bevor die nächsten Schritte nach vorne getan werden konnten. Zum Glück gewährte uns die Deutsche Kreditbank Unterschlupf. Sie finanzierte einen Büroraum in Berlins tiefstem Osten und war damit ein Füchse-Unterstützer der ersten Stunde. Ich erinnere mich noch allzu gut an das kleine Kabuff in Lichtenberg, ausgestattet mit einem Schreibtisch und zwei Stühlen. „Wo sind Computer, Faxgerät und Telefon?“, fragte ich, als ich den Raum betrat. Ein Faxgerät stand im Nebenraum, das Telefon besorgte uns die DKB. Einen Computer mit Datenbank potenzieller Sponsoren, die all unsere Probleme würden lösen können – den gab es leider nicht.

Der damalige Vorstandsvorsitzende der DKB Günther Troppmann und die Generalbevollmächtigte Bettina Stark hatten aber ein gutes Gespür für den Sport und standen uns von Anfang an mit Rat und

Tat zur Seite, wie auch der jetzige Konzernchef Stefan Unterlandstättner dies bis heute tut. Nur einmal drohte das für uns so überlebenswichtige DKB-Sponsoring ernsthaft zu kippen. Man wolle das Engagement bei den Füchsen zurückschrauben, in „homöopathischen Dosen“ zwar, wie es hieß, aber der Schock saß tief, als rauskam, dass der Etat um 30 Prozent gekürzt werden sollte. In meiner Verzweiflung googelte ich den Begriff „homöopathische Dosis“ und fand eine Definition, die eine solche Dosis als Tropfen im Weltmeer beschrieb. Ich trug meine Erkenntnisse eiligst bei der DKB vor. Die Zuwendungen wurden daraufhin nur minimal gekürzt. Über diese Anekdote lachen wir noch heute.

Im Sommer 2005 verfolgte ich meine Vision stur und konsequent und ließ mich von keinen Widrigkeiten beirren. Bei unserem Weg in die erste Liga setzte ich auf den Nachwuchs und plante dafür den Aufbau eines Handballinternats, nicht irgendeines, das beste in der Welt sollte es werden! Motivation durch Identifikation! Unsere Nachwuchsspieler sollten das Ziel Profimannschaft als reale Möglichkeit täglich vor Augen haben.

Auf mein Gehalt von 100 000 Euro, ein Jahreseinkommen, das deutlich unter dem lag, was ich beim HSV verdient hatte, verzichtete ich erst einmal. „Nur wenn ich die Summe über Sponsoren wieder reinbekomme, nehme ich das Geld“, war mein Credo. Mir war klar: Bevor ich von dieser Sache leben konnte, musste ich für diese Sache leben. Die Idee der Füchse hatte mich vollkommen elektrisiert. Natürlich fragten sich die Leute, ob dieser Handballer aus Hamburg, dessen einzige unternehmerische Erfahrung ein kleiner Sportladen in Essen war, nicht ein bisschen größenwahnsinnig war. Und ich fragte mich das selbst auch: Würde ich in der Lage sein, einen ganzen Klub zu führen und nach oben zu bringen? Und das nicht bloß sportlich, sondern auch wirtschaftlich?

Aber Theis und Steffel brachten mir ihr Vertrauen entgegen und ließen mir freie Hand, und so stürzte ich mich in die Arbeit und machte, was ich für richtig hielt.

Siebzehn Dauerkarten, keine Lobby: Wir waren nicht gewollt

Die ersten Wochen hieß es Klinkenputzen in seiner brutalsten Form. Ich lebte in einem Aparthotel in der Reinhardtstraße, einen Steinwurf von der Spree entfernt, von wo aus ich wie ein Straßenköter von einem Termin zum nächsten hetzte. Wir waren ein gutes Team, aber das Gesicht nach außen war nun mal ich.

Dabei fand ich es alles andere als einfach, in Berlin Fuß zu fassen. Es dauerte, bis ich mich an die Stadt und ihre Menschen gewöhnt hatte. Berlin funktionierte komplett anders als alles, was ich bisher gewohnt war. Wenn der Hamburger es bunt liebt – hellblau, mittelblau, dunkelblau –, dann der Berliner bunter – und dabei haut er noch ordentlich auf den Putz. Während man in Hamburg einen 500er-Mercedes fährt, aus hanseatischem Understatement aber das Schild entfernt, schraubt sich der Berliner an seinen 200er ein 500er-Schild. Mentalitätssache. Ich dachte auch zurück an mein Leben im Ruhrpott. Dort setzt man sich in eine Kneipe, würfelt einen aus oder spielt 'ne Runde Skat an der Theke und kommt schnell in Kontakt (auch wenn das oftmals nicht ganz so verbindlich ist).

In Berlin rannte ich von Firma zu Firma, um für unseren tollen Verein zu werben – und handelte mir so manche blutige Nase ein. Ich fühlte mich keineswegs gewollt. Warum auch? Professionellen Handball gab es in Berlin schon eine Ewigkeit nicht mehr. Und es gab auch keinen Journalisten, der sich des Themas annahm und sich dafür begeisterte. Die Presse interessierte sich nicht im Geringsten für uns. Wir hatten null Lobby. Bei 128 Erst- und Zweitligisten in der Stadt wartete man nicht auf noch einen angeblich aufstrebenden Handballverein. Und erst recht wartete keiner auf den aufstrebenden Bob Hanning.

Es war alles ein Riesenstress. Gleich zu Beginn meiner Zeit hatten wir einen Streit mit den Basketballern von Alba Berlin. Alba trug damals seine Heimspiele in der Schmelinghalle aus und war dort natürlich der unangefochtene Platzhirsch. Wir kamen aus dem Nichts, galten als Emporkömmlinge und wurden erst gar nicht richtig ernst genommen. Als ich am Morgen eines unserer Heimspiele die Halle betrat, traf mich der Schlag: Da stand eine riesige Zusatztribüne, von den Basketballern nicht abgebaut. Ich wählte die Nummer des Arenabetreibers. „Nicht böse sein, aber ich möchte diese Tribüne während meiner Spiele hier nicht stehen haben. Die haben wir nicht gebucht." Wir hatten seinerzeit nicht einmal 200 Zuschauer, eine zusätzliche Tribüne nahm sich da geradezu lächerlich aus. Die Außenwirkung war das eine. Aber dann ging es auch um den fehlenden Respekt uns gegenüber, der sich in der Tribüne manifestierte. Das wollte ich so nicht hinnehmen. Der Auf- und Abbau zwischen zwei Heimspielen, das war mir klar, war für Alba natürlich nicht bezahlbar. „Pass auf", sagte ich deshalb zum Basketball-Boss Marco Baldi, mit dem ich heute befreundet bin, „natürlich darf eure Tribüne stehen bleiben. Aber ich möchte in Zukunft ein vernünftiges Miteinander. Wir sind nun mal jetzt da. Und wir werden auch nicht wieder gehen."

Wir glaubten an uns, oh ja! Nur waren wir damit leider die Einzigen. Zu oft hatten die Entscheider im Berliner Handball irgendwelche Dinge versprochen, die sie hinterher nicht halten konnten. Seit neunzehn Jahren war der Klub schon von der Bundesliga-Bildfläche verschwunden. Der Hanning, sagten sie, ist der Nächste, der es nicht schafft. Doch die Leute sollten sich irren.

Meine Agenda sah drei grundlegende Dinge vor: Im ersten Schritt sollten aus der Handballsparte der Reinickendorfer Füchse die Füchse Berlin werden. Dann verlegte ich unsere Heimspiele vom Horst-Korber-Zentrum im Westen in die Schmelinghalle im Osten, unseren heutigen Fuchsbau. Und als Drittes suchte ich einen Ort, das heutige Füchse Town, an dem die Profis und der Nachwuchs zusammen trainieren und sich täglich begegnen konnten, um eine maximale Identifikation mit dem Klub und einen gemeinsamen Geist zu fördern. Natürlich konnte dieser letzte Schritt, weg von der Trainingshalle am Olympiastadion hin zu einem gemeinsamen Füchse-Quartier, nicht von heute auf morgen umgesetzt werden, sondern war ein langfristiges Projekt. Zunächst ging es schlicht darum, die brachliegende Jugendarbeit der Füchse irgendwie zu reanimieren. Der Weg aus dem Nichts zur besten Talentschmiede Europas ist aber eine andere, ganz eigene Geschichte. Wir mussten uns jetzt erst mal um die Strukturen kümmern.

Der Verein kam aus dem Bezirk Reinickendorf im Nordwesten der Stadt. Ich wollte mit den Handballern aber raus aus dem Dorf, weg vom Provinziellen und rein ins Zentrum. Als Gesamtberliner Verein aufzutreten, war wichtig für unsere Markenbildung, und deswegen nannten wir uns fortan Füchse Berlin statt Reinickendorfer Füchse. Das war der erste Schritt, der wesentlich mit dazu beitrug, dass unser Projekt bald in Ost und West funktionierte. Jahre später, und das ist einmalig in der Historie des Sports, zog unser kompletter Stammverein nach und vollzog die Namensänderung. 3300 Mitglieder aus allen möglichen Sportarten machten im Jahr 2012 das, was 200 Handballer sieben Jahre zuvor gemacht hatten. Und so heißen wir jetzt alle Füchse Berlin Reinickendorf.

Der Klubname war das eine, unsere neue Heimspielstätte das andere. Jetzt ist der Hanning völlig übergeschnappt, sagten die Leute, als wir von einem Tag auf den anderen in die große Arena in der Stadt umzogen. Wie soll eine Mannschaft, die ihre Heimspiele bislang vor einer Handvoll Fans in einer Schulturnhalle am Rande Berlins ausgetragen hat, plötzlich eine Multifunktionsarena, nur einen Steinwurf vom Prenzlauer Berg entfernt, voll bekommen? Um ehrlich zu sein, wusste ich das anfangs auch nicht so genau. Im ersten Jahr verkauften wir exakt 17 Dauerkarten. 15 davon gingen an den Fanklub, die anderen beiden an meine Eltern. Und so blieb mir nichts anderes übrig, als ein paar Freikarten zu verteilen. Wobei, ein paar ist gut. 10 000 Freikarten waren es, um genau zu sein – obwohl wir nur 9000 Plätze hatten. Dass wir die Bude nicht voll bekommen würden, war klar. Aber es wurde alles noch viel schlimmer als erwartet: Trotz aller Bemühungen schraubten wir den Zuschauerschnitt in der ersten Saison von 150 auf sage und schreibe 278. Für unsere Zuschauer war es damals schwieriger, Eintritt zu zahlen, als umsonst in die Halle zu kommen. Denn wenn du unser Projekt mit Eintrittsgeld unbedingt unterstützen wolltest, musstest du dich erst mal an den vielen Studenten auf dem Arenavorplatz vorbeischlängeln, die dir die Freikarten geradezu aufdrängten.

Es hat sich einfach kein Mensch für uns interessiert damals, Abstiegskampf zweite Liga wollte in der Hauptstadt keiner sehen. Insgesamt zählten wir am Ende unserer ersten Saison 1038 Euro an Jahreseinnahmen, die übers Ticketing zusammenkamen. Für die Mannschaft, das war offensichtlich, war die Halle hoffnungslos zu groß. Mir ging es aber vor allem um das Zeichen nach außen. Ich wollte unseren Partnern zeigen, dass wir unser Projekt ernst meinen.

Ein Haufen Amateure, oder: Thekentruppe auf Weltreise

Wir waren unserer Zeit damals wahrscheinlich in vielen Dingen voraus – nicht allerdings, was die Mannschaft betraf. Ich hatte schon viel gesehen in den Jahren zuvor, aber die Situation in Berlin war wirklich miserabel. Georgi Sviridenko war aus Sorge um seine Familie nach der Lizenzverweigerung von Bord gegangen, und so musste ich mitten in der Vorbereitung auf unsere Premierensaison einspringen, bis ein neuer Trainer gefunden war. Da krachten Welten aufeinander. Ich als ehrgeiziger Trainer in Geschäftsführerfunktion mit meiner Vision hier – dort eine bessere Thekentruppe, die sich aus ein paar Studenten und einigen alten Recken zusammensetzte und mit Spitzensport nicht sehr viel am Hut hatte. Waren die Jungen noch am ehesten bereit, den von mir aufgezeigten Weg mitzugehen, so gab es mit den Älteren schnell Knatsch. Ihre Motive waren eben ganz andere. Als ich einen Spieler wegen seines verhaltenen Trainingseifers zur Rede stellte, erklärte der mir sein 100-Prozent-Modell: 40 Prozent investiere er für die Arbeit, 40 Prozent in die Familie – und den Rest könne er dem Handball geben. Damit war er bei mir natürlich an der richtigen Adresse. Konflikte scheue ich nicht, schon gar nicht bei diesem Thema, da kann ich sehr ungemütlich werden. Mangelnde Arbeitsbereitschaft hasse ich wie die Pest, genauso wie Unehrlichkeit. Fehler akzeptiere ich, aber keine Leidenschaftslosigkeit. Und so sortierte ich rigoros aus.

In der Mannschaft hatte damals kaum einer den Horizont, um zu überblicken, was ich mit dem Klub vorhatte und was das im Einzelfall bedeutete. Die großen Augen der Spieler werde ich nicht vergessen, als wir zum Saisonstart das erste Mal die Schmelinghalle betraten. Die Arena kannten die Jungs bislang nur aus dem Fernsehen. Für mich wirkte das Szenario wie eine Thekentruppe auf Weltreise. Glücklicherweise fand ich in Jörn-Uwe Lommel bald einen erfahrenen Trainer, der sich der Sache annahm. Lommel war ein Bundesliga-Urgestein, hatte viele Jahre dort gespielt und gecoacht, bevor er für zwei Jahre als Nationaltrainer nach Ägypten ging. Er war ein spezieller Typ. Autoritärer Führungsstil. Alte Schule. Und er war vielleicht ein bisschen zu professionell für die Anfänge unseres Klubs. Doch darauf konnten wir keine Rücksicht nehmen. Die eingeschliffenen Muster mussten so schnell wie möglich aufgebrochen werden, wenn sich etwas entwickeln sollte. Da nutzte kein Schmusetrainer, ein Schleifer musste ran. Kurz gesagt, Lommel war der richtige Mann zur richtigen Zeit am richtigen Ort.

An unserer Amateurtruppe biss er sich zunächst gehörig die Zähne aus. Gleich das erste Training geriet zur Vollkatastrophe. Justus Loge, unser Jüngster, kam zu spät, für Lommel völlig inakzeptabel. „Was bildest du dir ein", schimpfte er vor versammelter Mannschaft. Loges Erklärung ließ nicht lange auf sich warten: „Ich musste das Bier noch kaltstellen", sagte er allen Ernstes. Die anderen Spieler prusteten vor Lachen, Lommel entglitten die Gesichtszüge. Er realisierte langsam, worauf er sich eingelassen hatte. Die Mannschaft wollte ein bisschen kicken und Bier trinken. Das war Amateursport pur. Da prallten Welten aufeinander. Lommel wollte nicht verstehen, wie man sich nicht vierundzwanzig Stunden am Tag auf Handball konzentrieren konnte. In Ägypten hatte er in einer Kaserne gelebt und sich den ganzen Tag um nichts anderes gekümmert. Für unsere Jungs fing der Handball dagegen erst um achtzehn, neunzehn Uhr an, je nachdem, wann das Training angesetzt war.

Dass Lommel bei den Spielern anfangs nicht sonderlich beliebt war, muss wohl kaum erwähnt werden. Immer wieder rebellierte das Team gegen ihn, es gab mannschaftsinterne Abstimmungen, die gerne 18:0 gegen ihn ausgingen (wenn sich ein Spieler krankgemeldet hatte, vielleicht auch mal 17:0). Irgendwann stellte ich sogar einen Psychologen ein, um die Probleme zwischen Mannschaft und Trainer in den Griff zu bekommen. Doch an Lommel hielt ich unbedingt fest, ich hatte nie Zweifel, dass seine Methoden die richtigen waren, uns zum Erfolg zu führen.

Aber zunächst eskalierte die Situation, wir gerieten in akute Abstiegsgefahr. Da kam mir der Zufall mit Namen Joachim Agren zu Hilfe.

Agren war eine richtige Granate, an die ich beste Erinnerungen hatte. Eine meiner ersten Amtshandlungen einst beim HSV war es gewesen, ihn, der dort in Ungnade gefallen und suspendiert worden war, zu begnadigen. Er dankte es mit großartigen Leistungen und wurde zu einem wesentlichen Baustein der Mannschaft. Dass wir ihn nach Berlin lotsen konnten, basierte wirklich auf purem Zufall.

Agren war noch immer ein richtig guter Spielmacher, wenn auch fortgeschrittenen Alters. Inzwischen trieb er seine Karriere nach der Karriere voran und meldete sich bei mir, um mir irgendwelche Bandensysteme anzudrehen. 35 000 Euro sollte der Spaß kosten. „Okay", sagte ich, „ich kaufe dir diese Scheiß-Rollbanden ab, aber in der dritten Liga kann ich die Dinger nicht gebrauchen. Wenn du jetzt als Spieler zu mir kommst und wir zusammen die Klasse halten, dann kommen wir ins Geschäft." Kurz darauf lief Agren für uns auf und wurde nach Christian Rose, den wir im Sommer verpflichtet hatten, der zweite Profi im Team. Zusammen starteten wir eine Siegesserie und schafften den Klassenerhalt. Ich löste mein Versprechen ein und kaufte das Bandensystem.

Der Nichtabstieg war aber vor allem ein Verdienst Lommels. Er fand eine gute Balance und ließ sich mehr auf die Bedürfnisse der Spieler ein. Bezeichnend dafür war die Geschichte mit dem Eierlikör-Verbot. Die Jungs hatten damals den Brauch, kurz vorm Spiel in der Kabine zusammen einen Kurzen als Wachmacher zu trinken. Es durfte auch Saurer Apfel sein. Es war ein Ritual, ein Relikt aus früheren Jahren. Für Lommel natürlich ein absolutes No-Go, das er strikt ablehnte. Als es am Ende im Kampf um den Klassenerhalt aber um alles ging, hob Lommel das Verbot wieder auf und ließ die Spieler ein Stück weit gewähren. Egal, sagte er sich zähneknirschend, das scheint die letzte Chance zu sein, mit diesem Sauhaufen die Klasse zu halten. Der Erfolg gab dem Eierlikör recht. Auch wenn es damals nicht immer einfach war, hatten wir eine gute Zeit.

In unserem zweiten Füchse-Jahr bekam die Mannschaft ein vollkommen anderes Gesicht. Im Sommer 2006 verpflichteten wir etliche neue Spieler und wechselten die komplette erste Sieben aus. Conny Wilczynski und Andrius Stelmokas kamen, Daniel Brack und Frank Schumann und natürlich Torhüter Petr Štochl, der über viele Jahre die Geschichte unseres Klubs mitprägen sollte. Mit diesen Spielern wurde die Saison zu einer Demonstration der Stärke. Mit acht Punkten Vorsprung auf Platz zwei stiegen wir souverän in die Bundesliga auf. Am letzten Spieltag gegen Ahlen ließen wir es noch einmal so richtig krachen. Es spielte eine Band, und wir zündeten ein großes Feuerwerk. Die beste Geschichte spielte sich aber hinter den Kulissen ab. Henning Opitz, damaliger Präsident des Berliner Handball-Verbandes, sollte uns gemäß Protokoll den Pokal für den Meistertitel überreichen. Doch als ich die Trophäe sah, dachte ich an einen schlechten Scherz. „Ich lasse mir zum Bundesliga-Aufstieg vor fünftausend Leuten doch nicht so einen Dreckspott in die Hand geben", sagte ich und tauschte die mickrige Trophäe gegen einen richtigen Henkelpott aus. Das führte dazu, dass der Präsident plötzlich bockig wurde: „Ich übergebe hier nur Original-Pokale!", beschied Opitz. Er war linientreu, einer der größten Bremsklötze unseres Sports. Typischer Funktionär der damaligen Zeit halt. Mir blieb keine andere Wahl: Ich schickte den Präsidenten nach Hause und ließ den Pokal von jemand anderem übergeben. Ich weiß schon gar nicht mehr, wer sich am Ende der Sache annahm. Aber es war der große Pokal – wir hatten schließlich Großes vor.

Mit dem Aufstieg in die Bundesliga hatten wir unser erstes Ziel erreicht. Es war aber nur ein Etappenziel, das war uns allen klar. Mittelmäßigkeit verzeiht eine Stadt wie Berlin nicht. Wir mussten nach oben und irgendwann nach Europa, denn alles um uns herum war sehr erfolgreich. Die Volleyballer, die Eisbären, Alba – alle waren schon mehrfacher Deutscher Meister, alle gehörten zu den großen Playern der Stadt. Und dann gab es ja auch noch den Fußball mit Hertha und Union. Ja, das Interesse an uns hatte mit dem Bundesligaaufstieg zwar deutlich angezogen, aber noch immer verteilten wir Freikarten, um die Arena voll zu bekommen. Potenzielle neue Sponsoren wollten Erfolge sehen. Wenn der Kuchen in einer Stadt wie Berlin einmal verteilt ist, das lernte ich schnell, dann bleiben nur Krümel übrig. Doch davon hätte ich keine Mannschaft ernähren können. Die Situation spornte mich nur noch mehr an. Ich wollte das Establishment aufmischen und beweisen, dass in Berlin für den Handball noch mehr geht.

Großer Name, Glanz und Glamour: Silvio Heinevetter

Die Leute mochten uns inzwischen. Sie mochten, wer wir sind. Sie mochten unser Anderssein. Und sie mochten unsere Lust auf Jugendarbeit. Wir hatten uns in der Stadt ein gewisses Standing erarbeitet und wurden nach zwei Jahren in der Bundesliga allmählich auch sportlich ernst genommen. Und doch fehlte etwas, um die breite Masse anzusprechen und sie für unseren Verein zu mobilisieren: ein Gesicht! Jemand, bei dem die Leute sagen: Die zünden die zweite Rakete! Jetzt wollen sie steil gehen! Ja, wir waren erfolgreich gestartet, aber Stagnation bedeutete Rückschritt. Und so mussten wir dringend etwas tun, um nicht gleich wieder abzustürzen.

Ich holte mir Rat bei Helmuth Penz, einem millionenschweren Bauunternehmer mit Berliner Wurzeln. Penz war bestens vernetzt in der Handballszene und kannte die Branche wie kein Zweiter. Er wusste, wie man einen großen Verein aufzieht. Anfang der nuller Jahre hatte er den SC Magdeburg als Präsident geführt. Unter ihm erlebte Magdeburg goldene Jahre und gewann unter anderem die Meisterschaft und die Champions League.

Penz war sehr angetan von unserem Projekt. Zusammen überlegten wir, wer für unseren Plan in Frage kommen könnte. „Was hältst du von Silvio Heinevetter?", fragte er mich. „Boah", sagte ich, „das wär's. Das kann der Schlüssel für vieles sein, neben seinen sportlichen Qualitäten würde er Glamour in den Klub bringen." Heinevetter war schon damals eine große Nummer, das Gesicht des Osthandballs. Ein irrer Typ, unverwechselbar. Mit langen Haaren, Schweißband und diesen ständigen Provokationen. Vor allem aber mit seinen verrückten Paraden. Das passte. Wir hatten in Berlin seinerzeit zwar schon zwei starke Torhüter, für einen wie Heinevetter hätte ich aber sofort eine Ausnahme gemacht. Zudem ging es bei ihm nicht bloß um die Verpflichtung eines x-beliebigen Spielers von einem x-beliebigen Verein, es ging um einen Königstransfer. Heinevetter spielte schließlich in Magdeburg. Und Magdeburg war im Osten bis dahin der unangefochtene Platzhirsch. Ein Klub, der für mich immer ein

Vorbild war und der uns seinerzeit auch in der Gunst des Publikums noch ein ganzes Stück voraus war. Wenn ich von dort den Torwart kriege, so mein Kalkül, spätestens dann wissen die Leute: Jetzt müssen sie uns ernst nehmen. Eine solche Verpflichtung würde ein Signal aussenden, ein Signal des Angriffs auf die Etablierten.

Zum großen Transfer-Showdown trafen wir uns in Penz' Altbauwohnung in Steglitz. Frau Penz servierte ein vorzügliches Essen, es gab Antipasti, Vitello tonnato und Spaghetti bolognese. Dazu tranken wir Rotwein. Nach dem Essen zog sich die Männerrunde zum Gespräch zurück: Heinevetter, Penz und ich. Und Christian Sprenger war auch dabei. Er sollte als Zugabe mit nach Berlin kommen, die beiden waren gute Kumpels. Sportfachlich war schnell alles besprochen. Ich erklärte Silvio das Konzept der Füchse, erzählte von unseren Zielen und davon, dass wir mit ihm links auf die Überholspur ausscheren wollten. „Wir brauchen dich", sagte ich, „als sportlichen Rückhalt im Tor und als Gesicht der Mannschaft nach draußen." Dann kam der Moment, in dem mir Penz leise und unauffällig auf die Schulter klopfte. „Für dich ist hier Schluss", flüsterte er und deutete auf die Tür, „es wäre gut, wenn du jetzt gehst. Den Rest mache ich." Ich setzte mich also in meinen Wagen und brauste mit einem guten Gefühl in die Nacht. Ich hatte alles in die Waagschale geworfen und wusste, Silvio war bei Penz in guten Händen. Vor allem wusste ich aber, dass ich in dem Teil des Spiels, der dann folgte, keine Hilfe hätte sein können. Wie viel Whisky in jener Nacht getrunken worden ist und wie viele Zigarren geraucht worden sind, bleibt das Geheimnis der drei. Fakt ist, dass Penz mich am nächsten Morgen mit belegter Stimme anrief. „Alles klar, Bob", sagte er mir. „Silvio kommt. Mach die Verträge fertig." Als der Deal in trockenen Tüchern war, da wusste ich: Das ist es! Das war das Ausrufezeichen, das wir brauchten. Das ist die Nachricht, die in die Handballwelt ausstrahlt. Heinevetter würde den sportlichen Erfolg wahrscheinlicher und uns als Berliner Profiklub noch ein bisschen aufregender machen. Wir waren damals nicht sonderlich reich, aber nun ziemlich sexy.

Silvio war nach seinem Wechsel im Jahr 2009 der erste richtige Star, den wir in Berlin hatten. Und ich war entsprechend stolz. Die

Leute konnten es nicht fassen, dass sich der deutsche Nationaltorhüter für uns entschieden hatte, denn er war in seiner Karriere ehrlicherweise schon einen Schritt weiter, als wir es als Klub waren. Die Halle füllte sich durch unseren Transfercoup nicht gleich automatisch, aber wir befanden uns auf dem richtigen Weg. Heinevetter war auf Anhieb unser Leuchtturm, der über viele Jahre auch sportlich bestens funktionieren sollte. Schon im zweiten Jahr mit ihm qualifizierten wir uns für die Champions League, später gewannen wir den DHB-Pokal, holten zweimal den Europacup und wurden zweimal Vereinsweltmeister. Zudem brachte Silvio den Zirkus in die Stadt. Und erst recht bei uns in den Fuchsbau. Selbst wenn es sportlich um nichts ging, gab es bei ihm immer was zu gucken. Ich liebte es, wenn er die Leute mit waghalsigen Paraden von den Sitzen riss oder mit gezielten Provokationen die Stimmung anheizte. Dass er Gegenspielern schon mal mit erhobenem Zeigefinger bis zur Mittellinie hinterherlief, gehörte ebenso zur Show wie die hitzigen Wortgefechte, die er sich regelmäßig mit den Schiedsrichtern lieferte. Das ging manchmal so weit, dass an Tagen nach den Spielen gelegentlich sogar der Schiedsrichterchef bei mir anrief und sich beschwerte, nach dem Motto: Fang doch mal deinen Torwart ein. „Dann bestraft ihn doch", erwiderte ich dann nur und grinste heimlich in mich hinein. „Warum soll ich ihn bestrafen für etwas, das ihr auf dem Spielfeld nicht ahndet." Wir ließen Silvio so sein, wie er ist. Natürlich nahm er sich mit seinen Sperenzchen auch mal selbst aus dem Spiel – er brauchte das aber, um sich zu pushen und seine Leistungen abzurufen. Je heftiger ihn die Gegenspieler oder gegnerischen Zuschauer attackierten, desto besser hielt er.

Auch über den Sport hinaus machten wir durch Heinevetter plötzlich Schlagzeilen. Ich bin zwar überhaupt kein Fan der oberflächlichen Glitzerwelt der Stars und Sternchen. Doch wenn der Boulevard mal wieder Details von Silvios Beziehung zu Schauspielerin Simone Thomalla veröffentlichte oder Promiblätter wie *Bunte* oder *Gala* über die Ausflüge des Füchse-Stars auf die roten Teppiche der Stadt berichteten, huschte mir ein Lächeln über das Gesicht. Silvio öffnete uns Türen in völlig neue Bereiche. So machten wir über seine Kontakte bald Deals mit dem Musiklabel Universal oder bekamen als

Mannschaft Imagemotive beim Starfriseur Udo Walz. Mit Heinevetter war Glanz und Gloria. Und für den kleinen Handball bedeutete dies einen Hauch von Hollywood.

Der Promifaktor Heinevetters strahlte auch tief hinein in die Mannschaft. Und war dort nicht nur förderlich. Vor allem die jungen Spieler waren empfänglich für das Glamouröse, das Silvio umgab. Ich brauche wohl kaum erwähnen, dass unser neuer Torhüter schnell zum Vorbild für diejenigen Spieler wurde, die mal rausmussten. Ab auf die Piste! Denn wenn jemand einen Tipp fürs Berliner Nachtleben hatte, dann war es natürlich Silvio. Donnerstags Afterwork im Felix Club gehörte eine Zeitlang zu den Pflichtterminen einiger Spieler. Und bei Anlässen wie der Fashion Week oder der Berlinale konnte man sich bald darauf einstellen, dass Heinevetter an diesen Tagen etwas verpeilt zum Training erschien. Recht regelmäßig bekam ich seinerzeit Anrufe, wo Silvio sich überall herumtrieb. Natürlich war ich damit nicht immer einverstanden, ich ging den Sachen aber oft nicht weiter nach. Mich störte eher der Dilettantismus, dass er sich hatte erwischen lassen. Dann schnappte ich mir seinen Berater oder Silvio selbst und sprach ein ernstes Wörtchen mit ihm. Denn sobald etwas ein schlechtes Licht auf den Klub warf, hörte der Spaß bei mir auf. Dies war glücklicherweise aber nicht oft der Fall. Und so nahm ich viele Dinge hin, wie sie waren. Ich konnte und wollte nicht alles verdammen. Heinevetter hat uns über all die Jahre eine Menge gegeben. Und dass er am Abend vor einem Spiel feiern war, habe ich in seinen elf Füchse-Jahren nicht ein einziges Mal erlebt.

Silvio nahm in seiner Berliner Zeit nicht bloß nach außen eine exponierte Stellung ein, er wirkte auch nach innen. Wenn er mal in der Geschäftsstelle aufkreuzte, war er einer der wenigen, der durch die Räume lief und die Mitarbeiter persönlich begrüßte. Ich freute mich, wenn er sich nach der Saison bei allen mit einer Flasche Wodka oder Wein bedankte. Das war Old School, vielleicht ein Stück weit auch Magdeburger Erziehung. In solchen Momenten wusste er sich einfach zu benehmen.

Innerhalb des Teams wurde Silvios Sonderrolle vor allem nach dem Weggang von Dagur Sigurðsson deutlich, als er zusammen mit

Petar Nenadić kurz vor Weihnachten 2016 meine erste Trainerentlassung gewissermaßen provozierte. Der Isländer Erlingur Richardsson hatte bei uns im Sommer 2015 den Trainerjob übernommen. Es war eine undankbare Aufgabe, denn mit Sigurðsson hatten wir unsere erfolgreichsten Jahre erlebt und durch den Triumph im EHF-Cup gerade Europas Spitze erklommen. Richardsson war ein absoluter Fachmann und gab sich alle Mühe, doch das Team erlebte auch durch den Abgang von Iker Romero gerade einen Umbruch, bei dem Heinevetter zusammen mit Nenadić zunehmend das Kommando übernahm. Die beiden gönnten sich in dieser Zeit immer wieder ihre Auszeiten. Mal kamen sie zu spät zum Training, mal kamen sie gar nicht, doch Konsequenzen gab es selten. So wurde die Autorität des Cheftrainers mehr und mehr untergraben, was sich vor allem in Stresssituationen bemerkbar machte. Richardsson konnte sagen, was er wollte: Im Angriff hatte in den Spielen nun Nenadić das Sagen, in der Abwehr war es Heinevetter. Richardsson stand immer häufiger nurmehr ratlos daneben, seine mangelnden Deutschkenntnisse führten auch bei Auszeiten das ein oder andere Mal ins Chaos. Ich spürte natürlich, was in der Mannschaft vor sich ging. Doch ich schritt nicht ein und vertraute darauf, dass das Team das Problem selbst in den Griff bekam. Ein Fehler, mein Fehler! Bald hatte Richardsson überhaupt keinen Einfluss mehr auf die Mannschaft, ihm entglitt alles, und wir waren zum Handeln gezwungen. In meinem zwölften Füchse-Jahr warf ich zum ersten Mal den Trainer raus. Für mich war dieses unwürdige Schauspiel eine Lektion. Nie wieder würde ich es zulassen, dass Spieler meinem Trainer derart auf der Nase herumtanzen, das schwor ich mir!

Doch auch Heinevetters Zeit bei uns neigte sich allmählich dem Ende entgegen. Es gab sie noch, seine Galaauftritte. Doch sie wurden seltener, und er zeigte sie nicht mehr so regelmäßig, wie er es über Jahre getan hatte. „Heine", sagte ich eines Tages zu ihm, „du bist unser teuerster Spieler. Selbst wenn ich weiß, dass ich einen Teil fürs Marketing bezahle, bist du das Geld nicht mehr wert. Wenn ich von vierzig Spielen ausgehe, hast du zehnmal Weltklasse gespielt, zehnmal internationale Klasse, zehnmal Durchschnitt und zehnmal schlecht. Das bedeutet für mich: Du warst fünfundsiebzig Prozent nicht Weltklasse." Heinevetter wollte natürlich unbedingt bleiben. Bei seiner Frau. In Berlin. In seinem Glamourleben. Ihm ging es tatsächlich nicht ums Geld, sondern um einen langfristigen Vertrag. Doch genau das war es, was ich ihm nicht mehr geben konnte und wollte. Bei Heinevetter und seiner Freundin kam meine Ansage, seinen Vertrag nicht über das Jahr 2020 hinaus langfristig zu verlängern, natürlich überhaupt nicht gut an. Simone Thomalla beleidigte mich fürchterlich und bezichtigte mich der Lüge. Auch Silvio beteiligte sich an dem öffentlichen Schmierenstück. Doch da stand ich drüber. „Auf diesem Niveau spiele ich nicht", sagte ich, „dort schlagen mich die beiden um Längen." Ihren Groll verstehe ich bis heute nicht. Ich denke, es war die persönliche Betroffenheit, dass er aus dieser Stadt rausmusste und nicht bekam, was er wollte. Gepaart mit mangelnder Wertschätzung. Plötzlich hofierten wir ihn nicht mehr, damit konnte er nur schwer umgehen. Wir waren bereit, Heinevetter sein üppiges Gehalt noch ein Jahr lang zu bezahlen, sofern wir weiter in Europa spielen würden, aber eben keine zwei oder drei. Und so wechselte er nach Melsungen.

Um es an dieser Stelle aber ganz klar zu sagen: Ich hege keinen Groll oder dergleichen, für mich ist das Thema längst durch. Wenn Silvio anruft, dann freue ich mich und plausche nett mit ihm. Der Plan mit ihm ist für die Füchse aufgegangen, er war über viele Jahre jeden Cent wert. Der Anfang und das Ende waren jeweils perfekte Momente, auch wenn es mir bis heute unendlich leidtut, dass wir ihn aufgrund der Corona-Pandemie nicht mit einem rauschenden Fest gebührend verabschieden konnten. Die Füchse haben Silvio viel zu verdanken, der Handball braucht Typen wie ihn.

Bruder im Geiste: Dagur Sigurðsson

Dagur Sigurðsson kam persönlich. Mit dem Auto holte er mich vom Flughafen in Reykjavík ab, um mich ins Hotel zu bringen. Auf der Fahrt sprachen wir, na klar, über Handball. Wir sprachen über die Füchse. Und wir sprachen vor allem über die CD-ROMs, die ich ihm zuvor geschickt hatte. Es waren Aufnahmen von unseren Ligaspielen. Videos von der Profimannschaft, aber auch von unseren Jugendteams. Ich wollte wissen, wie er darüber dachte. Und Dagur hatte dazu eine Menge zu sagen. Er redete und redete – bis ich ihn unterbrach, noch ehe wir mein Hotel erreicht hatten: „Wir brauchen nicht weiterdiskutieren“, sagte ich. „Wenn du willst, dann bist du unser Trainer.“ Ohne unseren Klub zu kennen, hatte Dagur mit seiner Analyse den Nagel auf den Kopf getroffen. Mir war sofort klar: Zu ihm gibt es keine Alternative. Den will ich haben! Dagur schaute kurz etwas verwirrt, dann lächelte er, und wir besiegelten unsere Zusammenarbeit mit einem Handschlag. So fing unsere gemeinsame Geschichte an. Dass Dagur der Trainer werden würde, der die Geschichte der Füchse in den nächsten sechs Jahren maßgeblich beeinflussen und prägen sollte wie kein Zweiter, konnte ich bei unserem Gespräch auf Island, damals im Herbst 2008, nicht wissen, aber ich spürte etwas.

Lange hatte ich den Markt sondiert, bevor ich in den Flieger nach Reykjavík geklettert war. Für eine neue Geschichte, die ich mit den Füchsen schreiben wollte, brauchte ich einen neuen Trainer. Das war mir klar. Jörn-Uwe Lommel hatte in Berlin über vier Jahre eine gute Arbeit geleistet und uns aus den Niederungen der 2. Liga in die Bundesliga geführt. Jetzt brauchten wir dringend einen neuen Impuls. Jemanden, der aus einem aufstrebenden Bundesligisten ein europäisches Spitzenteam formte. Ich hatte zu diesem Zeitpunkt schon etliche Gespräche mit potenziellen Kandidaten geführt, doch es fehlte der zündende Funke. Jener Funke, der jetzt in nur 30 Minuten mit Dagur im Auto übergesprungen war. Das war der Trainer, den wir jetzt brauchten. Ich war dermaßen überzeugt von ihm, dass ich die Suche einstellte und niemand anderes mehr in Frage kam.

Dagur war vier Jahre beim österreichischen Erstligisten Bregenz als Spielertrainer im Einsatz gewesen und hatte danach die österreichische Nationalmannschaft betreut. In Deutschland lief er trotz seiner vier Meistertitel im Nachbarland irgendwie unterm Radar, die großen Klubs hatten ihn noch nicht auf dem Zettel. Ein Glücksfall für mich. Ich erinnerte mich noch gut an den Profi Sigurðsson, der als genialer Spielmacher der Kopf jeder seiner Mannschaften war, in denen er spielte. Er war ein Mittelmann mit feinem Gespür, ein echter Stratege. Er faszinierte mich, weil er in jeder Spielsituation eine Idee hatte. Beinahe hätten sich unsere Wege schon im Jahr 2000 gekreuzt. Doch als ich für ein Jahr als Trainer in Wuppertal Station machte, ging Dagur nach Japan. Ich hatte ihn damals unbedingt als Spieler halten wollen, er hatte sich aber in den Kopf gesetzt, die Welt zu erkunden, und wechselte für drei Jahre als Spielertrainer nach Hiroshima. So war Dagur. Ein Weltenbummler und Freigeist, der gern neue Wege beschritt. Über die Umwege Japan und Österreich landete Dagur im Sommer 2009 dann doch bei mir. Nachdem wir uns mit Silvio Heinevetter ganz viel Herz ins Team geholt hatten, wurde Dagur zu unserem Hirn.

Bei der Fokussierung auf Erfolg waren Dagur und ich Brüder im Geiste. Wir tauschten uns auf einem Level miteinander aus, wie ich es mit keinem anderen Trainer zuvor erlebt hatte. Vor allem wenn es um die Frage ging, welcher Spieler zu uns passte und wer uns sportlich weiterhelfen würde, waren wir schnell ein unschlagbares Team. Unser gemeinschaftliches Scouting wurde fortan zum ganz großen Vorteil gegenüber anderen Teams. Lommel hatte auch vernünftig gecastet, keine Frage. Aber die Ideen, die Dagur und ich zusammen ausbaldowerten, zündeten verdammt gut. Es ging dabei gar nicht so sehr um Torquoten oder irgendwelche Statistiken. Es ging uns vor allem um Persönlichkeit, darum, in der Mannschaft eine vernünftige Hierarchie herzustellen. Wir holten Torsten Laen, der zum besten Mannschaftskapitän wurde, den wir jemals hatten. Wir holten Alexander Petersson und Sven-Sören Christophersen. Und vor allem holten wir Iker Romero. Auch bei seiner Verpflichtung 2011 kam unser Ampel-System zum Tragen, das wir ausgetüftelt hatten, um uns über mögliche Transfers abzustimmen.

Alles ist „moglich": Iker Romero und das Ampel-System

Sie kommen per Mail. Per SMS. Per WhatsApp. Per Fax. Oder ganz klassisch als Anruf aufs Handy. Jeden Tag erreichen mich zahlreiche Anfragen von Spielern oder von deren Vermittlern, die ihre Profis bei uns unterbringen wollen. So auch an jenem Tag im Herbst 2010. Mein Telefon schellte. Spanische Nummer. Ich stand gerade in der Halle beim Jugendtraining, eine für mich heilige Zeit. Doch diesmal siegte die Neugier. Ich schnappte mir das Handy und ging ran. Iker Romero, so sagte mir dessen Agent, hätte ein gewisses Interesse, nach Berlin zu kommen. Er habe von dem spannenden Projekt bei uns gehört und sei neugierig auf die Stadt.

Iker Romero? Nach Berlin? Ich hielt das im ersten Moment für einen Scherz. Romero war mehrfacher spanischer Meister, hatte die Champions League gewonnen und gehörte zu jener Zeit ohne Zweifel zu den besten Handballern der Welt.

Auf der anderen Seite hatten wir natürlich mitbekommen, dass er häufig verletzt war. Romero war nicht mehr der Jüngste, und wir hatten zudem keinen Spanier bei uns in der Truppe, der uns bei der Integration hätte behilflich sein können. Und so erbat ich mir Bedenkzeit.

Dagur und ich waren uns nicht schlüssig, wie viel Sinn ein solcher Transfer für uns machen könnte. Daher zogen wir das Ampel-System zu Rate. Wenn beide grünes Licht gaben, so unsere Verabredung, verpflichteten wir den Spieler. Wenn Dagur Hellgelb sagte, hatte ich das letzte Wort und konnte mit Grün überstimmen. Wenn er aber Dunkelgelb oder Rot sagte, galt das als Veto – und der Spieler wurde nicht verpflichtet. Im Fall von Romero schien mir die Sache letztlich klar. „Meine Ampel ist dunkelrot", sagte ich zu Dagur. „Da habe ich eigentlich keinen Bock drauf." Iker würde teuer sein, die Position im Rückraum bei uns war gut besetzt und wir hatten keinerlei Erfahrungen mit Profis aus Spanien. Auch Dagur hatte seine Zweifel, ihm war die hohe Verletzungsanfälligkeit ein Dorn im Auge. Wir kamen also zu dem Ergebnis, ihm abzusagen. Da Iker aber nun mal ein Weltstar war, konnte man das nicht einfach so per Telefon machen – schon gar nicht, wenn er sich selbst anbot, weil er neugierig auf unser Projekt war. Wir beschlossen, dass ich ihm unsere Entscheidung persönlich überbringen sollte, und so verabredete ich ein Treffen bei der Weltmeisterschaft im Januar 2011 in Schweden. Wir trafen uns in einem Hotelfoyer in Kristianstad und bestellten Espresso und redeten. Und redeten. Und redeten. Nach rund einer Stunde verabschiedete sich Iker höflich, ich griff zum Telefon und wählte Dagurs Nummer. „Dagur", sagte ich, „wir haben ein Problem. Meine Ampel ist hellgrün." Dagur war perplex. „Bob", erwiderte er, „wir waren doch beide bei Rot und jetzt kommst du mit Hellgrün. Was ist da los?" Iker hatte mich mit seiner Art, über Handball zu sprechen, total begeistert, mit seinen Ansichten über Teamführung und seiner durch und durch positiven Art. „Wenn er gesund ist, ist das genau der Spieler, den wir in Berlin brauchen", sagte ich. „Davon bin ich felsenfest überzeugt." Ich verlangte von Dagur nicht mehr, als dass er sich ebenfalls mit Iker treffen sollte. „Ist deine Ampel auch nur gelb, holen wir ihn nicht", versprach ich. Wir luden Iker also nach Berlin ein. „Bob, du hast recht", sagte Dagur gleich nach dem ersten Gespräch, „den müssen wir holen." Die letzte Hürde auf dem Weg zur Verpflichtung stellte der Medizincheck dar. Schulter, Knie, Rücken, Arme, Beine, Hände, Füße – ihr könnt mir glauben: Außer vom Genitalbereich machten wir von Iker Romero jedes Foto, das man machen konnte. Unser Mannschaftsarzt Dr. Jürgen Bentzin fällte anschließend das Urteil. „Das geht", sagte er, und zu Dagur gewandt: „Du kannst ihn aber nicht trainieren wie einen jungen Spieler. Wenn ihr laufen geht, muss er aufs Fahrrad. Wenn du ein dosiertes Training mit ihm hinbekommst, kann er den Profisport durchaus noch ein paar Jahre machen."

Blieb für mich also nur noch, das Finanzielle mit Iker zu klären. Romero war ein Weltstar, mit vielen Titeln dekoriert und zuletzt jahrelang beim großen FC Barcelona unter Vertrag. „Iker", sagte ich zu ihm, „wir machen das. Wir sind aber nicht Kiel oder Flensburg oder die Rhein-Neckar Löwen. Wir sind Berlin. Das ist nicht das, was du glaubst." Iker schaute mich mit großen Augen an. „Money no problem", sagte er und wiederholte damit jenen Satz, den er mir bei seinem Bewerbungsgespräch in Schweden schon einmal gesagt hatte. Dann lächelte er mich erwartungsfroh an. „Unsere drei teuersten Spieler verdienen zwischen 9000 und 11 000 Euro netto", sagte ich. „Bob, that's not much", sagte er. „Iker, that's much", erwiderte ich. Dann herrschte eine Minute Ruhe. „Bob", durchbrach Iker das Schweigen: „I will do." Ich: „Für neun oder für elf?" Iker: „Bob, please respect." Damit war die Summe klar, die wir zu bezahlen hatten. Iker Romero unterschrieb tatsächlich einen Vertrag bei den Füchsen Berlin.

Was habe ich damals auf den Deckel bekommen, als der Transfer öffentlich wurde. „Das ist ein Marketinggag", sagten die Leute. Auch Kretzsche: „Der macht für euch keine zehn Spiele", meinte er. Doch ich nahm die Kritik mit einem Grinsen zur Kenntnis. Ich glaubte fest daran, dass es anders kommen würde. Und, was soll ich sagen: Die Geschichte sollte mir Recht geben, Ikers Verpflichtung entpuppte sich als absoluter Glücksgriff. Auch wenn wir nach dem ersten Training erst mal die Hände über dem Kopf zusammenschlugen. Ach du Schande, was haben wir uns da für ein Ei ins Nest legen lassen, dachte ich, als ich mir den alten Mann so ansah. Beim Warmmachen lief er alles andere als rund, und seine Torwürfe waren eher Rückgaben als die erhofften Geschosse. Die ersten Eindrücke verflüchtigten sich aber schnell, denn Iker lief Woche für Woche heißer.

Bald war Romero der unangefochtene Anführer im Team. Mit ihm bekamen wir einen ungeheuren Mehrwert an Professionalität und an Aura. Ob Trainer, Mitspieler, Klubangestellte oder Fans – alle liebten Iker. Er war eine Frohnatur, immer höflich und zuvorkommend abseits des Spielfeldes. Und auf dem Feld eine Maschine. Er brachte eine besondere Stimmung ins Team und inspirierte die jungen Spieler mit seinem Spiel, alle hatten Respekt vor ihm und schauten zu ihm auf. Dass er keine 60 Minuten würde durchspielen können, war von vornherein klar. In all seinen vier Jahren in Berlin stand Iker nur fünfmal in der Startformation – und war dennoch immer der Mann für die entscheidenden Momente. Wenn er auf den Platz kam, darauf konnte man wetten, riss er jedes Spiel an sich.

„Bob, es ist nicht wichtig anzufangen", sagte er mir einmal, „sondern in der Crunch Time auf der Platte zu stehen."

Bob Hannings persönliche Top-5-Spieler der Füchse-Geschichte:

1. Iker Romero (2011–2015)
2. Torsten Laen (2009–2013)
3. Bartłomiej Jaszka (2007–2016)
4. Silvio Heinevetter (2009–2020)
5. Petr Štochl (2006–2018)

Fabian Wiede (seit 2009) und Paul Drux (seit 2011) sind für mich außerhalb jeder Konkurrenz. Seit Jahren Leistungsträger, und als Aushängeschilder und Integrationsfiguren sind sie nicht aus unserem Verein wegzudenken. Für mich persönlich sind es meine Ziehkinder.

Bis heute sind viele der großen Momente unserer Vereinsgeschichte untrennbar mit dem Namen Iker Romero verbunden, zum Beispiel das Wunder von Berlin im April 2012. Wir waren im Viertelfinal-Hinspiel der Champions League gegen Ademar León richtig unter die Räder gekommen, hatten 23:34 verloren und besaßen praktisch keine Chancen mehr auf den Einzug ins Final Four. Alle waren total niedergeschlagen, außer Iker, der gerade seine erste Saison bei uns spielte. In seinem unnachahmlichen deutsch-spanischen Sprachmix sagte er unmittelbar nach dem Spiel: „Alles ist moglich." Es war Ikers Lieblingsspruch in seiner Berliner Zeit. Und er sagte ihn mit einer Überzeugung, der man sich nicht entziehen konnte. Iker hatte in seinen 14 Profijahren zuvor schon so viel gesehen und so ziemlich alles erlebt – warum sollte mit ihm nicht auch diese Aufholjagd gelingen? Angesteckt von Ikers unerschütterlichem Optimismus teilten wir das Rückspiel in vier Abschnitte auf und rechneten aus, mit wie vielen Toren wir jedes der Viertel gewinnen mussten. Dagur entwarf einen taktischen Masterplan, und Iker vermittelte den Glauben daran. Dieser Glaube schaffte es an jenem Abend in Berlin tatsächlich, Berge zu versetzen. Im Tor erwischte Silvio Heinevetter einen Sahnetag und trieb die spanischen Schützen mit etlichen Paraden zur Verzweiflung, und auf dem Feld brillierte Iker als genialer Spielgestalter und Torschütze. Wir gewannen das Rückspiel gegen León unsererseits mit elf Toren und qualifizierten uns dank der mehr erzielten Auswärtstore zum ersten und bislang einzigen Mal für das prestigeträchtige Finalturnier in Köln. In der Rückschau war die Partie gegen León eines der unfassbarsten Handballspiele, die ich je erlebt habe.

Maßgeblichen Anteil hatte Iker auch an unserem ersten Titelgewinn der Vereinsgeschichte zwei Jahre später in Hamburg. Nachdem die Youngster Fabian Wiede und Paul Drux uns mit überragenden Leistungen ins Finale des DHB-Pokals geführt und geschossen hatten, rettete uns Iker im Endspiel in der Schlussphase ins Ziel. Wir führten 22:21 gegen Flensburg, waren in Ballbesitz und hätten eigentlich fünfmal Zeitspiel bekommen müssen, doch Iker versteckte den Ball quasi unter seinem Trikot. Mit all seiner Routine und all seinen Tricks schaffte er es, dass wir den Ball bis zum Schlusspfiff nicht mehr hergaben und das Ergebnis am Ende tatsächlich über die Zeit bringen konnten. Das war typisch spanisch. Iker verstand es wie kein Zweiter, das Spiel so langsam zu machen, dass nichts mehr passierte. Er ließ sich in solchen Situationen fünfzehnmal festmachen, zog jede Aktion auf sich und machte dabei einfach keine Fehler. Auch in Hamburg behielt Iker kühlen Kopf. In einem Duell zweier Teams auf Augenhöhe machte er am Ende wie so häufig den Unterschied.

Immer on fire: Dagur geht

Der Mastermind hinter unseren Erfolgen zu jener Zeit war zweifelsohne Dagur Sigurðsson. Er hat uns in den sechs Jahren seines Wirkens in Berlin auf sportlicher Ebene professionalisiert. Er hatte zur richtigen Zeit die richtigen Ideen, die passenden Strategien und den notwendigen Mut. Er bändigte extrovertierte Spieler wie Silvio Heinevetter und integrierte klug die vielen Neuzugänge. Es waren aber nicht nur die Stars wie Romero und Heinevetter, mit denen Dagur unsere großen Erfolge möglich machte. Er hatte stets ein Auge und auch das richtige Händchen für den Nachwuchs. Jedes Jahr integrierte er mindestens einen Jugendspieler in die erste Mannschaft. Geliebt habe ich ihn beispielsweise, als wir in einer Gesellschafterversammlung einmal über die Zukunft des Klubs sprachen. Unsere Nachwuchskräfte Jonas Thümmler, Fabian Wiede und Paul Drux seien alle noch zu jung für unsere sportlichen Ziele, hieß es. Ganz konkret ging es um die Frage, ob wir auf sie bauen und sie mit einem Profivertrag ausstatten oder ob wir sie zunächst in der zweiten Mannschaft mitlaufen lassen sollten. „Die Frage verstehe ich nicht", sagte Dagur mit genervtem Unterton. „Das sind die besten Jugendlichen in Deutschland. Wenn nicht mit ihnen, mit wem dann?" Dagur hätte an jenem Tag ausweichen und auf die großen Ziele des Klubs verweisen können, doch er entschied sich für den Weg mit dem Nachwuchs. Er nahm alle drei ins Team. Paul und Fabi sind unter ihm später zu Nationalspielern geworden, Thümmler machte in Erlangen Karriere.

Im Durchsetzen seiner Interessen war Dagur knallhart. Er hatte seinen eigenen Kopf und erinnerte mich gelegentlich an einen isländischen Vulkan. Wenn man merkte, dass sich bei ihm etwas zusammenbraute, trat man lieber einen Schritt zurück und ließ ihn in Ruhe. Denn wenn er ausbrach, warst du besser nicht in seiner Nähe. Dann kannte er weder Freund noch Feind und wirkte wie vom Teufel besessen. Dann musstest du warten, bis sich der Mann abgekühlt hatte. Einmal war er unfassbar sauer auf unseren Präsidenten Frank Steffel, es hat richtig gekracht. Es ging um das letzte Füchse-Spiel von Conny Wilczynski, dessen Abschiedsspiel. Wilczynski hatte in seinen fünf Jahren für den Klub Großes geleistet. Mit ihm waren wir 2007 aufgestiegen und hatten uns dank seiner vielen Treffer schnell in der Bundesliga etabliert. Kein Wunder also, dass Steffel sich bei jenem Spiel im Frühjahr 2011 wünschte, dass Conny, der unter Sigurðsson inzwischen häufig nur noch Ersatzspieler war, noch ein paar Minuten randarf. Dies wurde zum Problem. Denn Steffel hielt mit seinem Wunsch nicht hinterm Berg und forderte für alle auf der Auswechselbank gut vernehmbar einen Wechsel. Das war zu viel für Dagur. Auf der Bank redete ihm keiner rein. Schon gar nicht in der Frage, welchen Spieler er wann aufstellte und wann nicht. Am Ende ließ Dagur Conny natürlich noch ein paar Minuten spielen. Doch die Stimmung war dahin. Unsere kurze Lagebesprechung, zu der wir uns nach den Spielen seinerzeit regelmäßig trafen, ließ Dagur sausen. Er ignorierte mich und bestand auf einem Sechs-Augen-Gespräch am nächsten Tag. „Ich will nie wieder erleben", sagte Dagur, dessen Ärger auch nach einer Mütze Schlaf nicht verraucht war, „dass mir einer von euch ins Sportliche reinredet." Wir sparten uns jegliche Widerworte. Wenn wir nicht nachgegeben hätten, wäre Dagur wohl am nächsten Tag gegangen.

Damit kein falscher Eindruck entsteht: Dagur war zwar stets on fire und nur für ganz wenige Menschen nahbar. Aber mein Verhältnis zu ihm war immer gut und von großem gegenseitigem Respekt geprägt. Wir hatten eine richtig gute und schöne Zeit zusammen. Unser Ritual war es, kurz nach dem Pausenpfiff die Köpfe zusammenzustecken, Dagur, sein Co-Trainer und ich. Wir analysierten dann zwei, drei Minuten das Spiel, bevor er zur Mannschaft in die Kabine ging. Er holte sich meine Meinung zu sportlichen Dingen ab, die war ihm sehr wichtig. Doch die Entscheidung traf am Ende immer er. Und dafür übernahm er auch die volle Verantwortung.

Dagur wusste, was er wollte. Wenn er sich etwas in den Kopf gesetzt hatte, dann zog er das durch. Ohne Rücksicht auf Verluste. Und ohne Kompromisse. Mit dieser Einstellung feierte er mit uns große Erfolge, holte nach dem DHB-Pokal zum Abschluss 2015 auch noch den Europacup nach Berlin. Doch diese Einstellung sollte auch das Ende unserer so erfolgreichen Zusammenarbeit einläuten. Denn

Dagur wurde irgendwann Füchse-müde. Schon an jenem Tag im Herbst 2013, als er erstmals mit dem dänischen Verband über einen Einstieg als Nationaltrainer verhandelte, wusste ich: Ich habe ihn verloren. Heute würde ich niemals ausschließen, dass Dagur in Berlin noch einmal Trainer wird. Doch damals spürte ich: Er brauchte etwas Neues, er sehnte sich nach einer anderen Aufgabe. Einen Dagur Sigurðsson, das war mir bewusst, den hältst du nicht. Menschen wie er brauchen regelmäßig neuen Input. Dass Dagur am Ende nicht die dänische, sondern die deutsche Mannschaft übernahm, war ein Glücksfall für den deutschen Handball. Aber das ist eine andere Geschichte …

Impuls für die Zukunft: Stefan Kretzschmar

Das Kapitel Kretzschmar bei den Füchsen begann mit einer kleinen Krise. Meine erste in Berlin. Es war eine Art Sinnkrise, die mich im Jahr 2019 heimsuchte. Im Füchse-Nachwuchs lief es wie am Schnürchen. Und auch bei den Profis hatte ich nicht viel zu meckern. Wir hatten uns seit 2011 in jedem Jahr für das internationale Geschäft qualifiziert, hatten den DHB-Pokal gewonnen und nicht weniger als je zweimal den Eurocup und den Weltpokalsieg gefeiert und waren zu einer der Top-Marken im deutschen Handball aufgestiegen. Doch unsere Entwicklung stockte. Darüber konnte auch der Europacup-Sieg von 2018 nicht hinwegtäuschen. Nicht, dass wir uns falsch verstehen: Wir hatten ein Niveau erreicht, das 90 Prozent der Bundesligaklubs nie erreichen werden. Ein Niveau, das sich Vereine wie Melsungen, die viel mehr Geld ausgeben als wir, sehnlichst wünschen. Doch ich war nicht mehr zu 100 Prozent zufrieden und beschäftigte mich immer häufiger mit der Frage, was wir anders machen könnten. Ein „Weiter so" sollte es mit mir nicht mehr geben. Ich hatte das Gefühl, dass wir uns der Champions League nicht näherten, sondern uns immer weiter von ihr entfernten. Oben kamen wir nicht ran, und von unten spürten wir den Druck der Konkurrenz. Es war zwingend notwendig, neue Wege zu gehen und frische Impulse zu setzen. Jörn-Uwe Lommel, unser Aufstiegstrainer, hatte seinerzeit eine Geschichte erzählt und seine Aufgabe erfüllt, danach hatte Dagur Sigurðsson eine Geschichte erzählt und seine Aufgabe erfüllt. Doch dann folgte eine zu lange Phase der Zufriedenheit. Das Team wirkte satt. Auch ich, das spürte ich, musste mich neu erfinden, um wieder mehr gute Entscheidungen zu treffen. Wochenlang zermarterte ich mir den Kopf darüber, wie die neue Geschichte lauten würde, die wir den Menschen erzählen – und wer sie leiten sollte. Jaron Siewert, unser Eigengewächs, war als neuer Trainer gesetzt. Doch wen holen wir noch? Brauchst du jemanden für den Sport? Brauchst du jemanden fürs Marketing? Oder brauchst du jemanden fürs Sponsoring? Ich sprach mit Benjamin Chatton, mit Frank von Behren und mit Thorsten Storm. Alle waren Topbesetzungen für ihre Bereiche, die Gespräche liefen super. Theo wäre der Beste gewesen für die Vermarktung, Benjamin der Beste für die Organisation unseres gesamten Systems. Aber dann dachte ich mir: Nein, was wir brauchen, ist jemand für den Sport. Einen absoluten Fachmann. Der gut vernetzt ist. Jemanden, der Strahlkraft besitzt und wieder eine Aufbruchsstimmung erzeugt. Natürlich hätten wir vom Glanz der zurückliegenden Zeit noch ein paar Jahre weiterleben können, doch dieser Glanz bringt dir keine Titel in der Zukunft. Und so kam ich auf eine verwegene Idee: Stefan Kretzschmar ins Füchse-Boot holen. Verwegen deshalb, weil wir zwei in den Jahren zuvor beileibe nicht nur Nettigkeiten ausgetauscht hatten …

Stefan und ich kennen uns seit einer halben Ewigkeit. Uns verbinden viele Erinnerungen aus meiner Zeit als Co-Trainer der Nationalmannschaft unter Heiner Brand. Heiner hatte mich in den 1990er Jahren geholt, um eine Brücke zu den jungen Spielern, Burschen wie Kretzsche, zu schlagen. Dieses Vorhaben funktionierte jedoch nur bedingt, denn mit meinen konservativen Werten und Ansichten war ich ehrlicherweise oft näher bei Heiner als bei der Mannschaft. Kretzsche bewunderte ich trotzdem. Man konnte ihn nur bewundern. Er war ein verrückter, unangepasster Typ und ein spektakulärer Handballer. Ich mochte das. Einmal, im Mai 1999, begleitete ich ihn zu einer Fernsehshow. Harald Schmidt begrüßte ihn als den „etwas anderen Nationalspieler, als dass man es bisher gewohnt war“. In der Sendung plauderte Kretzsche, damals zarte 25 Jahre, über sein WG-Leben in Magdeburg, Tattoos im Vollrausch und seine eigene Kneipe. Das Studiopublikum johlte, als er seinen Oberkörper entblößte und in Schlaghose mit getigertem Saum, behängt mit dickem Klunker um Finger und Hals, Anekdoten zum Besten gab. Ich saß im Hintergrund und amüsierte mich. An jenem Abend bekam ich ein erstes Gefühl dafür, dass Handball nicht bloß Sport, sondern auch beste Unterhaltung sein konnte. Diese Erkenntnis sollte mir später noch nützlich werden.

Nach den Olympischen Spielen 2000 in Sydney hörte ich als Heiners Assistent beim DHB auf und verlor Kretzsche aus den Augen. Erst fünf Jahre später – ich war gerade bei den Füchsen in der zweiten

Liga eingestiegen – erinnerte ich mich wieder an ihn. Stefan erlebte seine letzten Jahre als Spieler in Magdeburg, und ich wollte ihn nach Berlin lotsen. Wir trafen uns im Ovest am Kurfürstendamm. Bei Pasta und Wein fühlte ich vor, ob Stefan zu uns passen könnte. Die Option Kretzschmar lag auf der Hand. Im Sportforum Hohenschönhausen hatte er das Handballspielen gelernt, beim SC Dynamo Berlin seine große Karriere gestartet. Doch noch während wir sprachen, dachte ich: Um Gottes willen, das machen wir nicht. Niemals! Es matchte nicht. Kretzsche war mir zu kotterig. Er war nicht strukturiert und nicht professionell. Er war irgendwie ein Flegel, bei weitem nicht der, zu dem er Jahre später werden sollte. „Kretzsche", sagte ich am Ende unseres Gesprächs daher, „bitte sei mir nicht böse. Das mit uns ist keine gute Idee. Du bist alles, nur nicht unser Mann für die Füchse." Am Tisch herrschte eisige Stille. Und das Verhältnis zwischen uns wurde lange Zeit nicht besser.

Dann stiegen wir mit den Füchsen in die Bundesliga auf, am 3. März 2009 spielten wir gegen Magdeburg. Unser erstes Ost-Derby in der Mercedes-Benz-Arena in Berlin, ausverkauftes Haus, 14 800 Fans, Zuschauerrekord! Hier ich, der Geschäftsführer der Füchse, dort Kretzsche, inzwischen Sportdirektor der Platzhirschen aus Magdeburg. Für ihn und seine Magdeburger war der aufstrebende Hauptstadt-Klub ein Feindbild. Und, was soll ich sagen: Für mich und die Füchse geriet dieses Aufeinandertreffen zu einer der schwärzesten Stunden unserer Bundesliga-Geschichte. Es war schrecklich. Nicht nur, dass wir über die gesamten sechzig Minuten nicht den Hauch einer Chance hatten. Nein, es war vor allem die Atmosphäre, die sich mir ins Gedächtnis brannte. Zwölftausend Menschen skandierten „Auswärtssieg", unsere Arena war komplett in Magdeburger Hand. Hinterher machte Kretzsche sich dann auch noch lustig über uns. Er analysierte betont staatstragend das Spiel und kostete den Erfolg voll aus. Noch heute schwärmt er von diesem Abend, er war für die Magdeburger schließlich eine riesige Genugtuung. Man hatte die Füchse in die sportlichen Schranken verwiesen. Für uns fühlte sich die Niederlage wie eine verbale und sportliche Hinrichtung an. Wie sie uns vorgeführt hatten, wurmte mich enorm. Zugleich wurde jener

Abend aber auch zu einer ganz wichtigen Lektion. Wir lernten Demut und zogen aus dem Desaster enorm viel Motivation. Die folgenden zehn Ost-Derbys gingen an uns.

Die Rivalität zu Kretzsche manifestierte sich in den folgenden Jahren. Daran änderte auch sein neuer Posten als Aufsichtsrat beim SC DHfK Leipzig nichts. Wir mochten uns schlicht und einfach nicht. Ich ärgerte mich tierisch darüber, dass er und seine Jungs aus alten Nationalmannschaftstagen, Daniel Stephan und Christian Schwarzer, mich ständig attackierten. Stefan ließ sie gewähren und stimmte regelmäßig lauthals mit ein. Ich war fest davon überzeugt, dass ich mit diesem Typen niemals zusammenarbeiten würde, es gab keinerlei Berührungspunkte, mir fehlte die Phantasie, wie das hätte funktionieren können. Unser Kontakt beschränkte sich auf teils deftige Kabbeleien über die Medien. Über dieses Katz-und-Maus-Spiel näherten wir uns mit der Zeit aber wieder an. Während medial die Giftpfeile flogen, schrieben wir uns auf dem Handy Nachrichten, anfangs nur sporadisch, dann immer häufiger. Wir ließen uns gegenseitig Raum und lernten die Stärken des anderen zu schätzen. Vollends überzeugt hat mich Kretzsche dann bei der Auslosung zur Heim-WM im Sommer 2018. Im Rathaus von Kopenhagen führten wir ein langes Gespräch, und ich merkte: Jetzt ist er so weit. Und jetzt bin ich es.

Bei den Füchsen brauchten wir das Beste. Und das Beste war Stefan. Davon war ich nun überzeugt. Und so rief ich ihn irgendwann wieder an. „Bob", sagte er, seine Stimme klang überrascht, „ganz ehrlich: Wie soll das denn funktionieren mit uns? Nicht zwischenmenschlich. Da sind wir längst gut miteinander. Aber ich liebe meinen Job bei Sky, und ich liebe den Golfplatz. Und du, Bob, du liebst nur den Handball. Das ist dein Leben." Er hatte recht. Doch meine Entscheidung war längst gefallen. Ich wusste, worauf ich mich einlassen würde. Zwei Wochen später rief ich ihn erneut an. „Es ist mir völlig egal, ob du deine Aufgaben von zwölf Uhr bis mittags erledigst oder ob du dafür vierzehn Stunden brauchst", sagte ich ihm: „Mich interessiert nicht das Erlebnis mit dir, sondern nur das Ergebnis."

Die Entscheidung für Kretzsche war eine Entscheidung für die Füchse. Es war, das sei an dieser Stelle erwähnt, aber auch eine bewusste Entscheidung für mich und mein Leben. Seit Stefan bei uns arbeitet, haben sich meine Prioritäten verschoben. Natürlich bin ich weiterhin für das große Ganze verantwortlich, gebe jeden Tag Vollgas für den Klub, so wie ich es acht Jahre lang für den DHB gemacht habe. Ich bin der „Boss", wie es Kretzsche immer so schön mit einem Augenzwinkern sagt, und kümmere mich um die wirtschaftlichen Dinge. Doch er ist nun der Chef im Sportlichen und genießt mein vollstes Vertrauen.

Einen Schreibtisch hat er bis heute nicht bei uns im Büro, denn das würde ihm nicht entsprechen. Kretzsche ist ein Freigeist, der das Leben genießt. Es bringt mir nichts, ihn in einen Käfig zu sperren, wo er nicht mehr funktioniert. Stefan arbeitet unkonventionell, aber sehr professionell und ist zu hundert Prozent zuverlässig. Er durchdringt den Handballmarkt besser als jeder seiner siebzehn Managerkollegen in der Liga. Er kennt jeden und findet zu jedem einen Zugang. Ich glaube, dass Stefan den Job bei uns lange machen wird. Ich will den Klub mittelfristig unabhängig von mir machen. Denn was du erreicht hast, ist am Ende nicht das Entscheidende. Sondern wie du etwas hinterlässt.

Insolvenz? ADG! Corona bedroht unseren Sport

Stefan hatte seine Arbeit bei uns kaum aufgenommen, da rückte das Sportliche erst einmal ganz weit in den Hintergrund. Die Coronakrise brach über uns herein – und traf auch die Füchse mit voller Wucht. Schon als im März 2020 die ersten Ligaspiele abgesagt werden mussten, bestellte ich den Insolvenzverwalter zu uns in die Geschäftsstelle. Es ging mir nicht darum, den Klub abzuwickeln. In einer Situation, wie wir sie in fünfzehn gemeinsamen Jahren noch nicht erlebt hatten, ließ ich mir aber Wege und Möglichkeiten aufzeigen, wie wir auf die neuen Umstände reagieren konnten. Mit meinen Mitarbeitern entwickelte ich drei Modelle. Option eins war die sofortige Insolvenz. Szenario zwei sah vor, keine Lizenz für die Saison 2020/21 zu beantragen, um mit einem Mix aus zweiter Mannschaft und Jugendspielern in der dritten Liga einen Neuanfang zu starten. Und dann gab es noch die Möglichkeit, alle Kräfte zu mobilisieren, um den Status quo irgendwie zu retten. „Bob", sagten meine Mitarbeiter auf der Geschäftsstelle, „egal wie du dich entscheidest. Wir gehen den Weg mit dir. Wenn du willst, bauen wir den Laden noch einmal neu auf." Ich war gerührt. Mein Team wollte alles, bloß keine Insolvenz. Gemeinsam mit unseren Gesellschaftern und Sponsoren entschieden wir in einer Beiratssitzung, alles daranzusetzen, den Klub, so wie er war und wie wir ihn liebten, am Leben zu erhalten. Zu meinen Hauptaufgaben gehörte es in dieser Zeit, meinen Mitarbeitern den nötigen Halt zu geben und positive Energie auszustrahlen. Angst hatte ich keine, hatten wir auf dem heißen Pflaster Berlins doch schon so viele Klippen gemeinsam umschifft. Wir waren weder mäzen- noch konzerngesteuert nach oben gekommen, hatten unsere Erfolge nie auf Pump gefeiert und nicht ein einziges Mal rote Zahlen geschrieben. Alles bei uns war Handarbeit – und das sollte auch in unserer schwersten Krise so bleiben.

Der Zusammenhalt der Füchse-Familie war überwältigend. Sämtliche Spieler verzichteten ohne zu murren auf zwanzig Prozent ihrer Gehälter – was ich besonders jenen Profis bis heute hoch anrechne, die den Verein im Sommer verlassen mussten. Zudem konnten wir uns auf unser Netzwerk an großartigen Partnern verlassen. Eine besondere Rolle spielte dabei unser Hauptsponsor, die Deutsche Wohnen, und ihr Konzernchef Michael Zahn. Zahn ist ein im positiven Sinne Handballverrückter. Ich erinnere mich noch gut an unser erstes Gespräch im Frühjahr 2016 in seinem Büro. Wir Füchse waren gerade als einziger deutscher Profiklub in den großen Sportarten eine Saison lang ohne Trikotsponsor aufgelaufen, doch dieser Fakt wurde im Laufe unseres Treffens schnell zur Nebensache. Zahn interessierte sich viel mehr für die Themen Nachhaltigkeit und Nachwuchsförderung und diskutierte mit mir über den Stellenwert einer hochwertigen Jugendarbeit. Er war fasziniert von der Entwicklung der Füchse, aber auch von der Konsequenz, wie ich den Deutschen Handballbund parallel auf neue Beine gestellt und zum Erfolg geführt hatte. Dass Zahn mit der Deutschen Wohnen als Hauptsponsor bei den Füchsen einstieg, brauche ich wohl kaum zu erwähnen. Ich freute mich über sein Engagement bei den Profis, beeindruckt war ich von seiner Begeisterung für die Jugend. Mit seiner Wertschätzung für unseren Weg war Zahn genau das, wovon ich immer geträumt hatte. Bis heute hat er sich mehr Spiele unserer Jugendmannschaften in kleinen Schulturnhallen mit zwanzig Zuschauern angesehen als Spiele unserer Profis. Noch immer kümmert er sich persönlich um duale Studiengänge und Ausbildungen für unsere Jungs.

Auch im März 2020, und damit zurück in die Anfänge der Pandemie, konnte ich mich auf die Unterstützung von Michael Zahn verlassen. Er erkannte die Seenot, in die der Flugzeugträger Füchse Berlin geraten war, und stabilisierte ihn mit einer Finanzspritze von einer Million Euro, sodass die Flugzeuge darauf weiter landen konnten. Zudem stieg die Deutsche Wohnen als fünfter Gesellschafter neben dem Verein, Uli Theis, Frank Steffel und mir bei den Füchsen ein. Die Anteile von knapp zwanzig Prozent – und das zeigt die besondere Beziehung des Unternehmens zu uns – möchte die Deutsche Wohnen nur so lange halten, wie sie auch Hauptsponsor der Füchse ist. Für Zahn war diese Hilfe selbstverständlich. Er freute sich vor allem darüber, dass er durch die Rettung des Klubs auch weiterhin bei unseren Jugendspielen auf der Tribüne sitzen konnte.

An den Frühling 2020 denke ich trotz der guten Erfahrungen mit unseren Partnern und Unterstützern mit gemischten Gefühlen zurück. Noch heute halte ich es für falsch, dass wir die Bundesliga-Spielzeit im Zeichen der ersten Coronawelle abgebrochen haben. In etlichen Konferenzen mit den achtzehn Klubvertretern hatte ich für eine Bubble und Playoffs an einem Ort plädiert, doch am Ende waren die Bedenken und die Mutlosigkeit meiner Geschäftsführer-Kollegen, gepaart mit der Aussicht der Klubs auf staatliche Kurzarbeit-Hilfen, stärker. Das Abstimmungsergebnis unter den Managern war mit 1 zu 17 Stimmen gegen mich eindeutig. Ich kam mir vor wie ein Falschfahrer. Unserem Sport, dem Handball, das meine ich, wie ich es sage, hat dieser Abbruch aber keineswegs geholfen. Während die Basketballer zur besten Sendezeit ihren Meister ausspielten und im Sommer 2020 genau jene Aufmerksamkeit bekamen, die ich gerne auf den Handball gelenkt hätte, waren wir über ein halbes Jahr lang komplett von der Bildfläche verschwunden. Statt weiter den Rückstand nach oben zum Fußball zu verkürzen, schmolz unser Vorsprung nach unten. Erst 198 Tage nach unserem letzten Pflichtspiel feierten wir unseren sportlichen Restart. Doch das Europacup-Duell gegen die Ungarn von Gyöngyösi KK legte schonungslos offen, wie anfällig und fremdbestimmt der Profisport in Coronazeiten war.

Ich kämpfte mit den Tränen. Die Nachricht aus dem Gesundheitsamt hatte mir für einen Moment den Boden unter den Füßen weggezogen. Alle Spieler in Quarantäne. Und das am Morgen des Spieltags. Von einem Moment auf den anderen wackelte unser ganzes System. Arbeitsplätze standen auf der Kippe, Sponsorengelder drohten wegzubrechen. Das Hinspiel hatten wir sieben Tage zuvor deutlich gewonnen, wir mussten an jenem Tag im September 2020 praktisch nur noch antreten, um uns für die Gruppenphase zu qualifizieren. Doch genau das war uns gerade verboten worden. Die Regeln des Wettbewerbs waren klar definiert: Tritt eine Mannschaft nicht an, ist sie für die gesamte Europacup-Saison raus. Ein Jahr lang harte Arbeit umsonst? Wegen eines infizierten Spielers? Es herrschte helle Aufregung. Die Pandemie war plötzlich wieder eine ganz reale Bedrohung für den Klub.

Die obligatorische technische Besprechung, bei der die Aufstellungen beider Teams festgelegt werden müssen, verschob der Verband unseretwegen kurzfristig nach hinten. Wenige Stunden blieben mir, das Spiel noch zu retten. Es wurde ein Wettlauf gegen die Zeit. Mein Telefon glühte. Bei den elf (!) Berliner Gesundheitsämtern warb ich dafür, nur die Kleingruppe in Quarantäne zu schicken, die mit dem betreffenden Spieler trainiert hatte. Zugute kamen uns dabei die Kontakte zu den Experten der Charité. Vor allem Sportmediziner Bernd Wolfarth, der von da an zu meinem wichtigsten Berater in Coronafragen bei den Füchsen und auch bei der Nationalmannschaft wurde, nahm sich Zeit und zeigte enorm viel Verständnis für unsere Sondersituation als Profisportler. Ihn machte ich kurzerhand zum Vorsitzenden der ADG, der Allianz der Guten, die ich an jenem Tag gründete. Zu meinem imaginären Bündnis zählten fortan alle diejenigen, die den Sport in dieser schwierigen Zeit mit Rat und Tat unterstützten und sich auch vor mutigen Entscheidungen und Konflikten nicht scheuten. Ärzte gehörten genauso dazu wie Mitarbeiter vom Olympiastützpunkt, vom Sportforum, aus der Politik und vom Sport- und Leistungszentrum Berlin. Und tatsächlich: Auch dank der Hilfe meiner Ratgeber bekamen wir die Situation mit dem Europacup-Spiel in den Griff. Der erlösende Anruf erreichte mich am späten Nachmittag. Die zuvor angeordnete Isolation für jene Spieler, die nachweislich keinen Kontakt zu ihrem infizierten Teamkollegen hatten, wurde aufgehoben. Mir fiel ein Stein vom Herzen. Mit zitternden Knien und brüchiger Stimme stand ich wenig später vor der Mannschaft und verkündete auf dem Parkplatz vor der Schmelinghalle die frohe Kunde. Sechs Spieler durften zwar nicht spielen, doch der Rest des Teams trat zweieinhalb Stunden später im Fuchsbau an. Wir sicherten uns mit einem lockeren Heimsieg das Ticket für die Gruppenphase – und qualifizierten uns am Ende sogar noch für das Final Four. Das war wichtig. Auch für Kretzsche, dessen erste komplette Saison bei und mit uns in Berlin durch die Teilnahme am Finalturnier in Mannheim einen versöhnlichen Abschluss fand.

Dem Profihandball hat die Corona-Pandemie Gott sei Dank nicht so sehr geschadet, wie ich es zunächst befürchtet hatte. Viele

Unterstützer und Sponsoren haben uns die Treue gehalten, auch die staatlichen Hilfen hielten uns am Leben. Darüber bin ich heilfroh. In einer Zeit, in der der gesamte Sport härter um den Nachwuchs kämpfen muss als je zuvor, ist es wichtig, dass die Leuchttürme weiter leuchten. Und dass die Bundesligen weiterspielen. Die Füchse sind nicht ersetzbar durch den SV Hermsdorf. Die Eisbären nicht durch Preussen Berlin, Alba nicht durch TuS Lichterfelde und die Volleys nicht durch CVJM Berlin. Alle zusammen haben wir für den Erhalt des Profisports gekämpft und sind dadurch noch enger zusammengerückt. Die Krise wird uns noch lange begleiten, doch wir müssen im Gespräch bleiben. In der Gesellschaft gibt es nichts, das den Sport ersetzen kann.

V. Motivation durch Identifikation – Nachwuchsarbeit bei den Füchsen

Der Berliner Weg

Die Entwicklung unserer Profimannschaft macht mich unheimlich stolz, doch das wahre Berliner Handballmärchen spielt sich im Nachwuchsbereich der Füchse ab. Meine Mission, mit der ich vor gut sechzehn Jahren in der Hauptstadt angetreten bin, ist zu großen Teilen erfüllt. Ich wollte einen Verein schaffen, der anders ist als alle anderen. Ich habe von einer Heimat für den Handballsport geträumt, einem Ort, an dem Schule, Internat und Trainingskomplex zugleich untergebracht sind, wo Profis und Nachwuchs Seite an Seite trainieren und sich auf Augenhöhe begegnen können. Alles zentral, alles an einem Fleck. Natürlich hatten wir Großes mit der ersten Mannschaft vor. Doch ich habe von Anfang an darauf geachtet, dass die Jugend nicht zu kurz kommt. Meine Vision war es, dass sich die Bundesligamannschaft eines Tages zumindest in Teilen aus dem eigenen Nachwuchs speist. Heute sehe ich mich in meinem Weg der Berlinalisierung, dem konsequenten Aufbau eigener Talente, bestätigt. Wir haben eine hohe Durchlässigkeit vom Nachwuchs in die erste Mannschaft, sind Serienmeister in der A- und B-Jugend und verfügen über ein Trainingszentrum, um das uns die Welt beneidet. Im Schul- und Leistungssportzentrum Berlin belegen wir 25 Internatsplätze. All das bedeutet mir in Summe mehr als jeder Titel mit den Profis, zumal der Weg dahin richtig steinig war.

Konzeptlos, planlos, hilflos: Die Analyse fiel vernichtend aus. Was ich in Berlin an Nachwuchsarbeit vorfand, spottete jeder

Beschreibung. Es klingt hart, aber der Hauptstadt-Handball im Jahr 2005 hatte den Anschluss verloren. Potsdam, Magdeburg und Leipzig waren meilenweit enteilt. Jeder Hasenzüchterverein hatte sich besser organisiert als der Berliner Handball-Verband in Sachen Talentförderung. In Berlin gab es keine vernünftigen Nachwuchstrainer, keinerlei Leistungsdenken und keine funktionierenden Strukturen. Jeder werkelte ein bisschen vor sich hin, alles lief unkoordiniert nebeneinanderher, nichts baute aufeinander auf. Statt zusammen an einem Strang zu ziehen, arbeiteten Vereine und Institutionen eher gegeneinander. Angesichts der Möglichkeiten, die diese Stadt bot, war das einfach nur frustrierend.

Hinzu kam der alte Ost-West-Konflikt. Er war anno 2005 noch immer allgegenwärtig und schwelte an allen Ecken und Enden der Stadt. Ich erinnere mich an einen Sommertag in Berlin. Ich ging in die Halle, und die Jugendlichen spielten im Training zum Aufwärmen Fußball. Normalerweise, so kannte ich das aus meinen vorherigen Vereinen, spielt Alt gegen Jung. Doch hier spielten sie Ost gegen West. Sie dachten sich nichts dabei. Aber es war bezeichnend und deckte sich mit anderen Erfahrungen, die ich damals in Berlin machte. So auch beim Umzug mit der ersten Mannschaft in die Schmelinghalle. Als bekannt wurde, dass wir unsere Heimspiele künftig im Bezirk Pankow, also in Ostberlin, austragen wollten, kamen die Leute mit den abenteuerlichsten Ausreden, warum sie sich gegen ein finanzielles Engagement entschieden. Im Osten wollten sie eben nichts machen. Dauerkartenbesitzer kündigten ihre Abos, weil wir für sie nun ein „Ostklub" waren. Solche Vorbehalte gab es genauso in die andere Richtung, auch Jahre später noch. Ich denke da an ein Abendessen mit Ostberliner Ärzten, Unternehmern und Journalisten. „Glückwunsch, Bob, du bist der erste Wessi, den wir adoptiert haben", sagten sie und schauten mich dabei erwartungsvoll an. Ich entgegnete: „Man sollte alle, die in solchen Lagern denken, in einen Sack stecken und draufhauen. Man trifft immer den Richtigen. Wacht auf! Wir befinden uns im Jahr 2010. Lasst uns gemeinsam etwas bewegen. Ob Ost oder West, spielt doch keine Rolle."

Nach diesem Credo handelte ich von Beginn an bei der Jugendarbeit. Ich versuchte, das tief in der Stadt verankerte Ost-West-Denken aufzubrechen und mir das Beste aus beiden Systemen zu schnappen. Für mich war das der einzige Weg, wie man mit Handball in Berlin langfristig erfolgreich sein konnte. Viele ostdeutsche Trainer hatte man nach der Wende ungerecht behandelt. Das war in fast allen Sportarten so. Von unmenschlichem Leistungsdruck war dabei die Rede und immer wieder von Doping. Ich halte es aber für den größten Fehler in der deutschen Sportgeschichte, die Ost-Strukturen komplett zerschlagen zu haben. Natürlich gab es üble Verfehlungen – aber die gab es auch im Westen. Ich versuchte dagegen, die positiven Seiten zu sehen. Die Trainingsmöglichkeiten in der DDR und das klare Bekenntnis zum Leistungssport waren in meinen Augen Stärken, die man für den Handball nutzbar machen konnte. Kombiniert mit dem westlichen Ethos der Persönlichkeitsentwicklung waren das die Schlüssel unserer erfolgreichen Arbeit, aus der inzwischen zahlreiche deutsche Jugendnationalspieler, aber auch ganz viele tolle Bundesligaspieler hervorgegangen sind.

Zunächst ging es darum, Schule und Vereinssport aufeinander abzustimmen, die Basis für eine Zusammenarbeit zu schaffen. Eine ganzheitliche Förderung von Talenten im Handball, wie sie mir vorschwebte, fand nicht statt. Sport im Verein war das eine, doch um erfolgreiche Handballer zu entwickeln, muss die Förderung in der Schule beginnen.

Während unsere Fusion auf Vereinsebene zur SG Spandau/Füchse Berlin funktionierte, waren wir Handballer an der Schule zunächst nicht sonderlich gern gesehene Gäste. Alle möglichen Sportarten wurden am Coubertin-Gymnasium und an der Werner-Seelenbinder-Schule, den beiden Berliner Schulen mit Sportschwerpunkt – inzwischen zum Schul- und Leistungssportzentrum Berlin fusioniert –, unterrichtet. Doch der Handball zählte nicht dazu. Er galt als Breitensport. Das war ein Stück weit verständlich, denn die Handballer trugen nicht zum Erfolg der Schule bei. Sie brachten keine Leistung, weder sportlich noch schulisch, und entsprechend fehlte den Lehrkräften die nötige Begeisterung für das Thema. Es war klar: Entweder mein Traum zerplatzte, bevor er richtig begonnen hatte, oder ich musste mich da maximal reinhängen, um die Dinge zu verändern. Also suchte ich das Gespräch mit allen Beteiligten, mit Verband, Spielern, Lehrern und Eltern, um die unterschiedlichen Bedürfnisse kennenzulernen und etwaige Probleme zu ermitteln.

Ich erinnere mich noch sehr gut an einen Vortrag vor rund 70 Lehrern der beiden Schulen, bei dem ich sie mit dem Beispiel Janis Bohle konfrontierte. Janis war einer meiner Jugendspieler bei den Füchsen. Für seinen Sport stand er morgens um 5 Uhr auf, damit er um 5.30 Uhr in der Bahn sitzen und am morgendlichen Training um 7.30 Uhr teilnehmen konnte. Nach dem Training fuhr er in die Schule, bevor er um 18 Uhr erneut zwei Stunden in der Halle schwitzte. Der junge Mann, damals dreizehn Jahre alt, war abends regelmäßig um kurz nach 22 Uhr zu Hause und um 23 Uhr im Bett, um sechseinhalb Stunden später erneut auf der Matte zu stehen. Und das fünfmal in der Woche. „Hat dieser Spieler keine Motivation?“, fragte ich in die Runde. „Ihr seid Elitelehrer an einer Eliteschule. Vielleicht fragt ihr mal nicht, ob der Schüler hier falsch ist, sondern ob ihr es seid?“ Der Tagesablauf von Janis stand exemplarisch für denjenigen vieler unserer Talente und schrie förmlich nach einer individuellen Handhabung. Doch es gab keine Hilfestellung. Das Schulprogramm lief starr nebenher, es war nichts abgestimmt zwischen den Lehrern und den Trainern im Verein, und es gab keine Bereitschaft, es miteinander zu versuchen. Es konnte also sein, dass ein Jugendlicher morgens in der Schule ein Krafttraining absolvierte und abends im Verein noch mal das Gleiche machen musste. Also nahm ich mich des Problems an. Neben meiner Geschäftsführertätigkeit für die Füchse leitete ich fortan nicht bloß das Jugendtraining im Verein, sondern übernahm die Auswahlmannschaften des Verbandes und der Schule gleich mit.

Schulturnier statt Champions League

Meine Arbeit mit den Berliner Jugendlichen wurde in der ersten Zeit sehr kritisch beäugt, so nach dem Motto: Da kommt dieser Typ aus dem Westen und meint, alles besser machen zu können. Das Vertrauen musste ich mir Schritt für Schritt erwerben. So richtig verstanden und ernst genommen haben mich die letzten Zweifler erst, als ich mit den Jungs zur Schulweltmeisterschaft in Kroatien gereist bin, obwohl die Füchse zeitgleich ein Champions-League-Spiel absolvierten. Während die Profis im April 2012 im ersten Königsklassen-Viertelfinale der Vereinsgeschichte ohne mich, ihren Manager, eine Elf-Tore-Klatsche in Spanien kassierten, coachte ich einen Haufen Halbwüchsiger bei einem Schülerturnier auf dem Balkan. Das war ein Meilenstein, in der Rückschau sogar eine Art Wendepunkt, eine Versöhnung des Systems Schule mit Bob Hanning. Die Leute merkten: Der redet nicht bloß vom Stellenwert der Jugend, der meint das auch so und handelt danach. Von diesem Tag an war ich akzeptiert. Die Leute sagten jetzt: Das ist einer von uns! Heute sind die Handballer ein absolutes Vorzeigeprojekt des Schul- und Leistungssportzentrums Berlins. Mit drei WM-Teilnahmen und der Ausbeute von einer Goldmedaille, einmal Silber und einmal Bronze gehören wir inzwischen zu den erfolgreichsten Schulmannschaften der Welt.

Auf dem Weg dorthin hatte ich das Riesenglück, mit dem stellvertretenden Schulleiter Klaus Endesfelder einen engagierten und couragierten Mann an meiner Seite zu haben. Er vertraute mir von Beginn an und machte es sich zur Aufgabe, mit mir zusammen den Handball in Berlin neu zu positionieren. Nur ein einziges Mal bin ich mit Klaus aneinandergeraten. Das war im Sommer 2009, als ich Fabian Wiede nach Berlin holte.

Wiede – inzwischen eines der bekanntesten Füchse-Gesichter, deutscher Nationalspieler und Europameister – war seinerzeit nicht der Allerbeste in der Schule. Jedenfalls wollte ihn das Schul- und Leistungssportzentrum Berlin aufgrund seiner Noten eigentlich gar nicht aufnehmen. Außerdem wollte Fabi nicht. In Potsdam war er der Superstar, und bei mir, das wusste er, hätte er richtig ackern müssen. Glücklicherweise gelang es mir aber, zunächst seine Mutter und danach auch ihn von der Richtigkeit eines Wechsels zu überzeugen. Blieb das Problem mit den schulischen Leistungen. Ich verfiel der Idee, unser Sport-Gymnasium zu umgehen und mich direkt an den Berliner Senat zu wenden … Klaus Endesfelder war natürlich stinksauer. Das war ein Affront. Noch nie zuvor hatte es so etwas an der Schule gegeben. Die Situation war eine Herausforderung für uns alle.

Umso bewundernswerter, dass Klaus ab dem Tag, an dem die Entscheidung quasi von oben gefallen war, bis zum Abitur alles für Fabi getan hat. Mit dem Beschluss, dass der Schüler kommen würde, war die Sache für ihn erledigt. Fabi war nun einer von uns. Das zeugt von Größe und Führungsstärke Endesfelders, nach einer vermeintlichen Niederlage den Kopf hochzunehmen und zu sagen: Jetzt ziehen wir es gemeinsam durch und streben nach dem bestmöglichen Ergebnis. Großartig.

Ein paar Jahre später hatte ich mit Matthes Langhoff einen ähnlichen Fall. Er spielte noch in Neubrandenburg. Von dort gingen die Jugendlichen damals in aller Regel nach Magdeburg, nicht nach Berlin, das war ein ungeschriebenes Gesetz. Doch Matthes wollte partout zu uns. Das Problem: Bei uns an der Schule wurde kein Spanisch angeboten, Matthes musste aber noch ein Jahr Spanisch machen. Davon erzählte mir seine Mutter am Rande eines Füchse-Spiels, zu dem wir sie nach Berlin eingeladen hatten. Diese Bedingung sei nicht verhandelbar. Also rief ich Klaus Endesfelder an. „Klaus“, sagte ich, „ich habe wieder einen großartigen Spieler an der Angel. Aber wir haben ein Spanisch-Problem.“ Es dauerte keine halbe Stunde, und Endesfelder rief zurück. „Bob, wir haben einen geeigneten Lehrer. Wenn du sagst, es sei für den deutschen Handball wichtig und Matthes habe das Zeug zum Nationalspieler, dann machen wir das.“ Noch bevor die Eltern zurück in Neubrandenburg waren, war Spanisch an der Schule etabliert. Ganz einfach. Mittlerweile hat Matthes einen Bundesligavertrag und spielt für die deutsche U-19-Nationalmannschaft.

Wir legen Wert auf Werte: Aus Angst wird Augenhöhe

Ich habe riesigen Respekt vor den Jungs. Sie trainieren mindestens siebenmal in der Woche. Ihr Tag beginnt oft schon vor sechs. Dann geht es ins Training, zur Schule, wieder zum Training und ab ins Bett. Sie tun wirklich alles, um oben anzukommen. Nicht zuletzt aus diesem Grund sehe ich uns in der Verantwortung. Nicht bloß sportlich, sondern auch pädagogisch. Deshalb hat die Entfaltung der Persönlichkeit bei uns einen so großen Stellenwert. Unsere Jugendlichen lernen alltägliche, praktische Dinge, etwa wie man beim Essen mit Messer und Gabel umgeht, sie machen Kurse und Praktika, etwa bei der Müllabfuhr. Das alles ist Teil unserer Philosophie: Respekt zu haben vor dem, was andere Menschen leisten und machen. Und vielleicht auch zu spüren, was es für ein Privileg ist, jeden Tag Handball spielen zu können und auf eine Profikarriere hoffen zu dürfen. Unsere Jungs sollen aufmerksam durchs Leben gehen und tolerant sein. Toleranz und Meinungsvielfalt sind so wichtig. Andersartigkeit darf niemals zu Ausgrenzung oder Hass führen. Wir setzen uns mit den uns anvertrauten jungen Leuten daher nicht bloß auf dem Handballfeld auseinander.

Als einer meiner Spieler mal ein Hakenkreuz in sein Heft kritzelte und dies die Runde machte, nahm ich ihn zur Seite, um ihm von einer meiner prägendsten Kindheitserinnerungen zu erzählen. Ich war fünfzehn Jahre alt, als ich die Chance bekam, an einem Schüleraustausch mit einer Essener Jugendmannschaft in Israel teilzunehmen. Wir lebten knapp drei Wochen in einem Kibbuz, von dort aus besuchten wir unter anderem auch Yad Vashem, Jerusalems bedeutendste Gedenkstätte, die an die Vernichtung der Juden im Dritten Reich erinnert. Die abstrakten Zahlen aus dem Geschichtsunterricht bekamen Gesichter, als wir durch Räume mit Lampen aus Menschenhaut gingen oder vor Bergen von Schuhen ermordeter Juden standen. Das eiskalte Gefühl, das ich an jenem Tag verspürte, werde ich nie vergessen. Nach unserem Besuch in Yad Vashem lernten wir eine jüdische Familie kennen, die das Konzentrationslager überlebt, aber eines ihrer Kinder dort verloren hatte. Das Gespräch dauerte Stunden. Wir haben zusammen geweint. Es ging gar nicht so sehr um den Hass, sondern um Vergebung. Es ist so wichtig zu verzeihen, das lernte ich damals am eigenen Leib. Danach beschäftigte ich mich intensiv mit dem Thema Nationalsozialismus, Antisemitismus und Holocaust.

Unser Spieler hörte mir aufmerksam zu und war sichtlich beeindruckt. Ich erklärte ihm, wie wichtig es sei, sich auch mal auf den Stuhl des anderen zu setzen. Das ermöglicht neue Blickwinkel und die Chance, andere Meinungen und Sichtweisen zu verstehen und zu akzeptieren. Wenige Wochen nach dem Vorfall fuhren wir ins Trainingslager nach Naumburg an der Saale. An einem freien Nachmittag besuchten wir alle gemeinsam die Gedenkstätte Buchenwald. Ich sehe mich in der Verantwortung dafür, dass unsere Jugendlichen Dinge zu sehen bekommen, über die sie sonst vielleicht nie etwas erfahren würden. Zu einer umfassenden, ganzheitlichen Nachwuchsarbeit gehört ein Erziehungsauftrag. Ich finde es wichtig, sich mit den jungen Menschen auch abseits des Feldes intensiv auseinanderzusetzen, ihnen zuzuhören und ihnen in kritischen Gesprächssituationen Hilfestellung zu geben. Auch ich lerne in diesen Gesprächen übrigens eine Menge. Über die Jugend. Und über das Leben. Die Jungs sollen wissen, dass sie sich zu hundert Prozent auf mich verlassen können. Ich sehe, wie die Jugendlichen reifen und sich irgendwann emanzipieren. Am Anfang haben sie alle etwas Angst, weil ich für sie Judikative, Legislative und Exekutive in einem bin. Aus dieser Angst wird schnell Respekt. Und dann wird aus Respekt Augenhöhe und Gemeinsamkeit. Das ist die Entwicklung, die die jungen Menschen bei uns durchlaufen und die sie durchlaufen sollen.

Heimat für den Handball: Füchse Town

Eine zentrale Rolle in unserem Konzept spielt Füchse Town. Auch wenn ich Anglizismen nicht mag und mir in Sitzungen oder bei Vorträgen verbitte, dass mit englischen Vokabeln um sich geworfen wird, kam ich irgendwann zu dem Entschluss: Wir brauchen Punkte in der Stadt, die die Leute mit uns verbinden. Und so haben wir aus der Schmelinghalle den Fuchsbau gemacht und aus der angestaubten Lilli-Henoch-Halle im Sportforum Hohenschönhausen eben unser Füchse Town. Es ging bei der Wahl des Namens darum, ein Zeichen zu setzen, Aufmerksamkeit zu erzeugen: Achtung, hier kommen wir!

Im Sommer 2013 sind wir von heute auf morgen mit unserem ganzen Klub vom einen Ende der Stadt ans andere gezogen, der Jugend zuliebe brachen wir unsere Zelte auch mit den Profis in Charlottenburg tief im Westen ab und schlugen unser Quartier in Lichtenberg, direkt am Schul- und Leistungssportzentrum Berlin, auf. Das ist so, als wenn man von einem Tag auf den anderen von Köln nach Düsseldorf zieht. Für die Jugendlichen hatte das den unschätzbaren Vorteil, dass sie fürs Vereinstraining nicht mehr durch die ganze Stadt fahren mussten. Den Profis gefiel das natürlich nicht so sehr, sie mussten im Zweifelsfall umziehen, wenn sie sich nicht durch den Berliner Stadtverkehr quälen wollten. Und das zweimal am Tag. Mir waren die Befindlichkeiten und der drohende Ärger mit der ersten Mannschaft aber ziemlich egal, ich zog die Sache durch.

Und es stellte sich schnell heraus, dass es genau die richtige Entscheidung war.

Leidenschaft fordere ich bei den Profis ein, und in diesem Fall war das „Leiden" ganz wörtlich zu nehmen. Doch auf unserem Weg, Profis und Jugend zusammenzuführen, war es das Beste, was wir hätten tun können. Die Jugendlichen begegnen den Stars in Füchse Town auf den Gängen, sie sitzen zwischen den Einheiten im selben Aufenthaltsraum, sie liegen nebeneinander beim Physiotherapeuten auf der Pritsche und kommen so automatisch in engen Kontakt. Das schafft Zusammenhalt, das schafft Gemeinsamkeit, das schafft Motivation durch Identifikation. Ebenso wenig, wie ich von einem Sponsor und Freund, der sich bei uns wohlfühlen soll, nicht einfach nur das Geld für eine Werbebande einstreiche, dulde ich von den Profis keine Ignoranz unserem Nachwuchs gegenüber. Ich möchte ein Gefühl von Familie schaffen. Und diese besondere Verbindung kommt nicht bloß in den Trainingseinheiten zustande, in denen die Profis den jungen Burschen helfen. Die Spieler kennen sich, weil sie sich jeden Tag in Füchse Town begegnen. Sie sprechen miteinander oder zocken auch mal an der PlayStation. Diese Gemeinsamkeit ist unser ganz großes Plus, sie sorgt für eine hohe Identifikation. Dazu gehört auch, dass an den Wänden der Gänge nicht nur Mannschaftsfotos des ersten Teams hängen. Dort sieht man unsere erste Mannschaft als Weltpokalsieger neben Jugendmannschaften und erfolgreichen Schulteams. Der Erfolg unseres Projektes hat sich herumgesprochen. In den letzten Jahren hatten wir neben vielen anderen Besuchern auch regelmäßig Gäste aus dem Fußball in Füchse Town. Von Borussia Mönchengladbach bis RB Leipzig – es gibt ganz viele, die schon da waren, um sich Input zu holen. Sie registrieren, dass wir mit deutlich weniger Geld fast ebenso gute Rahmenbedingungen wie im Fußball schaffen. Ich bin stolz auf das, was wir in Berlin geschaffen haben. Unsere Jugendarbeit ist beispielhaft, und sie trägt reichlich Früchte.

Was war das für ein Tag, jener 18. Februar 2021. Ein echter Festtag! Einer der größten Tage in unserer Vereinsgeschichte! Mit den langfristigen Vertragsverlängerungen unserer Eigengewächse Paul Drux und Fabian Wiede, den Aushängeschildern unseres Vereins, sowie den Beförderungen von unseren Jugend-Nationalspielern Nils Lichtlein, Matthes Langhoff und Marc Walter in den Profikader wurde ein großes Stück Füchse-Geschichte geschrieben. Unsere Philosophie, nicht nur internationale Stars zu verpflichten, sondern auch eigene zu entwickeln, lebt weiter. Zu diesem Weg gehört natürlich auch unser Erstligatrainer Jaron Siewert, ein Berliner, der unsere Nachwuchsmannschaften durchlaufen hat, ehe er die Seiten wechselte. Jaron war gerade achtzehn Jahre alt geworden und Jugend-Nationalspieler, als er mich fragte, was er machen solle. Ich nahm ihn beiseite und sagte: „Jaron, wir sind miteinander viermal Deutscher Jugendmeister geworden. Ich würde dir raten, deine Karriere zu beenden."

Ihm fiel erst einmal die Kinnlade runter, schließlich konnte Jaron sogar schon einige Einsätze bei unseren Profis aufweisen. „Bob, ich bin viermal Meister geworden, und du sagst mir, ich soll Schluss machen. Ist das dein Ernst?“ Ich sagte ihm ehrlich meine Meinung: „Jaron, du kannst gerne in die Zweite Liga gehen und dort ein bisschen spielen. Das Zeug dazu hast du, doch zu mehr reicht es einfach nicht. Als Trainer jedoch schaffst du es definitiv nach ganz oben. Du hast den Verstand und die notwendige Intuition und erkennst Spielsituationen.“ Jaron dampfte wortlos ab, ich hatte ihn ordentlich vor den Kopf gestoßen. Einige Tage später suchte er wieder das Gespräch. „Bob“, sagte er, „ich mache das.“ Ich gab ihm daraufhin die A-Jugend, dann die zweite Mannschaft, und schließlich schickte ich ihn weg aus Berlin. „Du musst jetzt raus“, sagte ich. „Weg von den Füchsen, weg von mir. Wenn du im Trainergeschäft etwas erreichen willst, musst du etwas Neues machen.“ Wir verhandelten mit vielen Vereinen, um uns dann mit meinen alten Freunden von TuSEM Essen zu einigen. Die hatten zunächst große Bedenken, einen 23-Jährigen mit ihrer Zweitligamannschaft zu betrauen. Doch der Altmeister, der große Champion der 1980er und 1990er Jahre, steckte kurz vor dem Saisonende in akuter Abstiegsgefahr. „Trefft euch mit Jaron, und dann werdet ihr wissen, ob ihr es wagen wollt oder nicht“, riet ich den Essener Verantwortlichen. Am Ende unterschrieb Jaron in Essen, rettete den Klub vor der Drittklassigkeit, führte ihn wieder in die Erste Liga – und kam im Sommer 2020 nach drei Jahren als gefeierter Aufstiegstrainer wieder zu uns zurück.

Stromkasten Hanning: Wer ich bin

Die Jugend- und Nachwuchsförderung ist meine Triebfeder. Ich brauche meine Arbeit beim Deutschen Handballbund nicht. Und auch das Bundesligateam bei den Füchsen brauche ich nicht, um glücklich zu sein. Glücklich bin ich, wenn ich in der Halle stehen und meine Jugendlichen trainieren kann. Ich bin glücklich, wenn ich sehe, dass diejenigen, die bei uns gelernt haben, eine Rolle spielen im System Handball. Wenn sie in die Auswahlmannschaften berufen werden. Wenn sie den Sprung zu den Profis und in die Nationalmannschaften schaffen. Oder wenn sie ihr Wissen und Können später selbst an Kinder und Jugendliche weitergeben.

Der Drang, junge Spieler zu entwickeln, begleitet mich durch meine gesamte Karriere. Dieser Hunger, diese Leidenschaft, diese Gier – die Arbeit mit talentierten Handballern spornt mich an und inspiriert mich. Während meine Begeisterung für das Thema in Hamburg noch vom Druck überlagert worden war, schnellen sportlichen Erfolg einfahren zu müssen, konnte ich mich in Berlin von Beginn an frei entfalten. Die Ausbildung junger Spieler ist längst zum Füchse-Prinzip geworden und unverhandelbare Grundlage meines Wirkens. Viele können sich gar nicht vorstellen, was es bedeutet, gute Nachwuchsarbeit zu leisten. Den Hanning kennen einige nur aus dem Fernsehen. Von der Nationalmannschaft. Oder als Füchse-Chef. Dass ich an den Wochenenden kreuz und quer durch Deutschland fahre, um den Nachwuchs zu betreuen, bekommt kaum jemand mit. Bei mir beginnt ein normaler Wochentag nicht um neun Uhr mit der Funktionärstätigkeit im Büro. Um Punkt 7.15 Uhr stehe ich in der Halle, um meine Jugendmannschaften zu trainieren. Und das seit sechzehn Jahren. Das ist meine Leidenschaft und bedeutet für mich die totale Entspannung, das komplette Abschalten von allem. Die anderthalb Trainingsstunden gehören einzig den Jungs – und mir. Nach den Einheiten tausche ich mich mit den Trainern der anderen Füchse-Teams, von der C-Jugend bis zur ersten Mannschaft, aus, um die aktuelle Situation, Probleme und Organisatorisches zu besprechen. Erst dann beginnt mein eigentlicher

Arbeitstag am Schreibtisch unserer Geschäftsstelle mit Blick auf den Gendarmenmarkt.

Bei den Füchsen habe ich das Glück, dass alle über die gleiche DNA verfügen und Vollgas für unseren Klub geben. Das macht mein Engagement für den Nachwuchs erst möglich. Einer unserer Schlüssel zum Erfolg ist, dass alle Mitarbeiter ihre Qualitäten und ihr Fachwissen ungehindert einbringen können. In Besprechungen ist es mir wichtig, dass niemand mit einem Problem in die Runde kommt, ohne dafür einen Lösungsansatz zu präsentieren. Jeder darf jederzeit mit einem Sachstand auf mich zukommen, muss aber gleichzeitig einen Lösungsvorschlag parat haben. Dann kann ich sagen: Machen wir so, gute Idee! Oder: Denk noch mal drüber nach. Oder ich kann qua meiner Funktion auch sagen: Wir lösen es anders. Mir ist enorm wichtig, selbst genügend freie Kapazitäten zu behalten und nicht ständig die Probleme meiner Mitarbeiter und ihrer Bereiche lösen zu müssen. Diese Art Zusammenarbeit basiert auf Vertrauen. Und dieses Vertrauen habe ich in jeden einzelnen der Füchse-Angestellten. So lege ich auch großen Wert darauf, dass bei uns jeder über alles Bescheid weiß. Ich erkläre es am Beispiel der Automontage: Ich möchte nicht, dass einer für die Reifen zuständig ist, ein Zweiter fürs Lenkrad und ein Dritter für die Sitze, und jeder in seinem Bereich vor sich hin werkelt. Ich will, dass jeder versteht, wie das Auto läuft. Ein schmuckes Lenkrad nützt mir nichts, wenn die Reifen nicht gut montiert sind. Manchmal muss ich auf den Lederbezug verzichten, weil es erst mal wichtiger ist, die vorhandenen Mittel in die Karosserie zu stecken. Deswegen soll derjenige, der das Lenkrad macht, auch immer wissen, was gerade mit den Reifen passiert. Ein Rädchen muss ins andere greifen. Und das tut es bei uns perfekt. Darauf bin ich stolz. Und dafür bin dankbar.

Ich bin für die Füchse-Mitarbeiter ein riesiger Stromkasten, in den jeder bei Bedarf seinen Stecker reinhalten kann. Alle ziehen sich ihre Energie, die sie gerade brauchen. Das ist gut so und kein Problem für mich. Ich hole mir diese Energie schließlich wieder. Besonders über das Training mit den Jungs. Sobald ich die Halle betrete, lade ich den Akku wieder auf. Zudem handle ich nach dem Credo: Wer führen will, muss Menschen lieben! Und das gilt für jeden bei uns – egal ob Jugendspieler, Profi oder Geschäftsstellenmitarbeiter.

DHB, Füchse, Jugend – das alles unter einen Hut zu bekommen, war und ist manchmal gar nicht so einfach und hat vor allem mit gutem Zeitmanagement zu tun. Inspiriert von Wilhelm Raabes Roman *Stopfkuchen*, habe ich mein Leben in fünf Zeitstränge eingeteilt, denen ich, wenn sie dran sind, meine uneingeschränkte Konzentration und volle Kraft widme. Ein Zeitraum gehört dem Bundesligateam der Füchse, der Arbeit in der Geschäftsstelle, den Sponsorenterminen und was damit so alles zusammenhängt. Ein zweiter ist für die Jugend reserviert. Der dritte Teil war es für die Arbeit beim DHB. Die vierte Zeitschiene gehört meinen Freunden und meiner Familie. Und in den fünften und letzten Teil packe ich alles, was sich nicht in den anderen Phasen unterbringen lässt. Ich lese, schaue ein Fußballspiel oder fahre auf die Pferderennbahn. All das gehört dann in diese fünfte Schiene. Dieses Zeitmodell hat sich in den vergangenen Jahren bestens bewährt.

Jeden Abend vor dem Zubettgehen lasse ich noch einmal den Tag Revue passieren und stelle die Dinge auf den Prüfstand, die ich so gemacht habe. Ich hinterfrage mich, stelle mich aber nicht in Frage. Vielmehr leite ich aus diesem Ritual neue Aufgaben und Vorhaben ab. Zum Abschluss schiebe ich die Dinge des nächsten Tages in die verschiedenen Zeitebenen. Natürlich kann es auch mal passieren, dass das Private drei Wochen hinterherhinkt. Wichtig ist, dass alles planbar ist und bleibt. Ich habe Ziele für den Tag, Ziele für die Woche, Ziele für den Monat und Ziele für das Jahr. Am 31. Dezember sollte alles im Einklang sein. Zum Jahreswechsel sollte es beispielsweise keine Mail geben, die unbeantwortet ist. Es geht mir nicht darum, dass automatisch alles erledigt ist. Aber ich bin nirgendwo hintendran. Zeitmanagement und Verlässlichkeit – diese Dinge sind mir wichtig. Wenn ich etwas mache, dann bin ich dabei komplett fokussiert. Wenn ich Jugendtraining mache, kann um mich herum in der Welt passieren, was will, das interessiert mich in dem Moment nicht. Genauso mache ich es in den anderen der vier Phasen. Und es geht mir gut damit. Das ist mein Erfolgsrezept.

Für mich sind die Füchse nicht bloß eine Herzenssache, sondern auch ein Stück weit Familienersatz. Ich freue mich jeden Tag auf meinen Arbeitsplatz. Es ist jeden Tag etwas Besonderes. Für mich sind die Füchse eine Familie, die mir Geborgenheit gibt. Ich liebe dieses Leben. Und Ich liebe diesen Job, der für mich nicht bloß irgendein Job ist, sondern eine Berufung. Natürlich gibt es auch Momente, in denen ich die Welt verfluche, weil ich mit irgendetwas unzufrieden bin. Dann gehe ich runter vor die Tür auf den Gendarmenmarkt – Französischer Dom rechts, Deutscher Dom links –, blicke auf das Schauspielhaus und frage mich: Willst du Geschäftsführer in Wetzlar sein oder Trainer in Großwallstadt? Was hast du für Probleme, die deine schlechte Laune rechtfertigen? Es dauert in der Regel keine fünf Minuten, dann trotte ich wie ein räudiger Köter zurück in mein geliebtes Büro mit meinen wunderbaren Kollegen, und es geht mir wieder gut. Ich weiß, wo ich hingehöre.

VI. Amateure hoffen, Profis arbeiten – Bob 'n' Roll beim DHB

Aus Liebe zum Sport

Ich erwachte mit einem dicken Kopf, mir brummte der Schädel. Nein, getrunken hatte ich nicht. Am Morgen nach meiner Wahl ins Präsidium des Deutschen Handballbundes realisierte ich langsam, auf was ich mich da eingelassen hatte, nämlich eine Kernsanierung des Verbands. Denn der deutsche Handball war im Herbst 2013 nur noch zweitklassig. Die Menschen, die in den Jahren zuvor das Sagen hatten, waren zweitklassig, die sportlichen Leistungen waren zweitklassig, und die Finanzen waren es ebenso.

Ich lag in meinem Hotelbett in Düsseldorf, starrte an die Decke und spürte die Last der Verantwortung auf meinen Schultern. Verantwortung für die über 750 000 Mitglieder in unserem Handballverband. Ich stellte mir die Frage: Bob, warum tust du dir das an? Ich hatte mich aus den Niederungen des Essener Amateurhandballs hochgearbeitet, den maroden HSV als Trainer vom letzten Platz nach Europa geführt und die Füchse Berlin als Geschäftsführer aus der Zweiten Liga in die Champions League – warum zum Teufel jetzt der DHB? Warum nicht einfach in Berlin mein Ding durchziehen? Die Füchse befanden sich auf Erfolgskurs, und die Jugendarbeit machte mir großen Spaß.

Aber ich spürte einfach, dass ich im Verband gebraucht werde. Es war gar keine Frage, dass ich zusätzlich und ehrenamtlich den Posten des Vizepräsidenten Leistungssport übernahm. Es war – und ist – die Liebe zu unserem Sport. Ich wollte dazu beitragen, für meine Jungs bei den Füchsen wie für all die anderen jungen, talentierten

Handballer in Deutschland einen Dachverband zu entwickeln, den sie als den Ihrigen erkannten, unter dem sie sich wirklich wohlfühlten. Einen Verband, in dem die Menschen für die Sache leben und nicht von der Sache. Die Arbeit von außen zu kritisieren, ist das eine. Reden kann schließlich jeder. Doch ich wollte mitten rein und tätig werden. Im Grunde hatte ich neben meinem Manager-Beruf und der Beschäftigung mit unseren Nachwuchsteams in Berlin eigentlich keine Zeit, aber ich wollte einfach nicht tatenlos zusehen, wie der DHB immer mehr zu einer Art Mini-Fifa verkam. Die Gerüchte, nach denen bei einzelnen Mitgliedern des alten Präsidiums die Schuhgrößen zwischen 37 und 42 wechselten, damit auch die Ehefrauen regelmäßig kostenlos an ein paar Sportschuhe kamen, widerten mich an.

Glücklicherweise war ich nicht allein auf meiner Mission. Mit dem ebenfalls frisch gewählten Bernhard Bauer wusste ich einen tatkräftigen Präsidenten an meiner Seite. Bauer kam aus der Politik und hatte eine angenehm unaufgeregte diplomatische Art, die perfekte Ergänzung zu mir. Bauer und ich waren uns darin einig, dass einschneidende Veränderungen im DHB notwendig seien. Sinkende Mitgliederzahlen, ausbleibende sportliche Erfolge und mangelnde Vernetzung mit den Landesverbänden und Vereinen – die Probleme waren vielfältig. Wir hatten es mit einem in die Jahre gekommenen, abgewirtschafteten und schweren Tanker zu tun, der, wenn er in Hamburg bremste, erst in Bremen zum Stehen kam. Doch wir waren auch überzeugt, die immensen Aufgaben mit den Ligaverbänden gemeinsam bewältigen zu können.

Von Beginn an war mein großes Ziel, meine Vision, hinter der ich den zerstrittenen Verband an jenem 21. September 2013, dem Tag meiner Wahl, versammelt hatte, Gold bei den Olympischen Spielen in Tokio. Angesichts der gerade verpassten Qualifikation für die Europameisterschaft klang das wahrscheinlich vermessen … Doch ich war wild entschlossen!

Das Kapitel DHB war für mich eigentlich nicht erst jetzt, mit meiner Wahl, ein Thema. Bereits im Winter 2012 hatte sich mein jahrelanger Ärger über die Entwicklung der Nationalmannschaft und den

Reformstau im Verband ein Ventil gesucht. Er fand seinen Niederschlag im Strategiepapier „Amateure hoffen, Profis arbeiten", das ich über die Medien veröffentlicht hatte. Der DHB muss es wie eine schallende Ohrfeige empfunden haben. Ich hatte die Konfrontation bewusst gesucht, ein Weiter-So hätte uns ins Nichts geführt. Die Veröffentlichung des Papiers war das eine. Jetzt musste jemand das Heft in die Hand nehmen. Und dieser Jemand war ich. Als Manager der Füchse wusste ich: Uns Vereinen wird es in Zukunft nur gutgehen, wenn es dem Verband gutgeht und die Nationalmannschaft erfolgreich ist. Sie ist das Zugpferd, sie muss funktionieren. Und so traf ich nach reichlicher Überlegung eine folgenreiche Entscheidung.

Kurz vor Weihnachten 2012 rief ich bei Horst Bredemeier an, der als DHB-Vizepräsident damals den Leistungssport verantwortete. „Hotti", sagte ich, „ich kann es nicht länger mit ansehen und möchte, dass du es als Erster erfährst. Ich werde bei der nächsten Präsidiumswahl gegen dich antreten und als dein Nachfolger kandidieren." Bredemeier wusste genau, dass nahezu die komplette Bundesliga hinter mir und meinen Plänen zu einem Neuanfang stand und er in einer Kampfabstimmung keine Chance haben würde. Zudem war es für ihn nach elf Jahren im Amt die perfekte Gelegenheit eines eleganten Ausstiegs. „Bob", sagte er: „Mach das. Ich werde dir keine Steine in den Weg legen."

Zwei Wochen später machte ich meine Kandidatur öffentlich, und zwar im Rahmen der ersten Liveübertragung der Handball-WM 2013 in Spanien. Vor einem Millionenpublikum. Im Fernsehen. Die deutsche Mannschaft startete mit einem standesgemäßen 33:23-Erfolg gegen Brasilien ins Turnier, doch die Schlagzeilen gehörten mir. Ich hatte den Einsatz als TV-Experte der ARD genutzt, um Werbung für mich zu machen. Die Reaktionen ließen nicht lange auf sich warten. Heiner Brand, damals noch Sportdirektor im Verband, brandmarkte mein Verhalten als „mangelnden Respekt vor der Nationalmannschaft", auch Daniel Stephan, der frühere Welthandballer, und Stefan Kretzschmar äußerten ihr Unverständnis. Doch das war mir herzlich egal. Es ging schließlich um die Zukunft des Handballs, und da war eine Weltmeisterschaft genau die richtige Bühne. Ich erreichte mit meinem Fernsehauftritt genau das, was ich erreichen wollte: Die Diskussion um die Zukunft des DHB entbrannte umgehend.

Jetzt musste ich Inhalte liefern und meine Kandidatur mit Leben füllen. Dazu beriet ich mich mit Ronald Maier und Andre Tzschaschel. Treiber der Umbaupläne war in jener Zeit neben mir der designierte Präsident Bauer. Wir waren uns bei vielen Themen einig und stimmten unser Vorgehen gut miteinander ab. Bauer brachte seine Ideen ein und schaffte es, die anderen Mitglieder unseres Schattenkabinetts auf unserem Weg mitzunehmen. Unser größter gemeinsamer Coup war in dieser Zeit allerdings ein anderer.

Uns erreichte in jenen Tagen im Sommer 2013 eine Nachricht von Hassan Moustafa. Der Präsident des Handballweltverbands fragte nach, wie es um unsere Bewerbung für die Weltmeisterschaft 2019 stehe. In der IHF-Zentrale in Basel hätte sich noch niemand vom DHB gemeldet. Eine Absichtserklärung aus Deutschland, das Turnier austragen zu wollen, der sogenannte Letter of Intent, lag noch nicht vor. Und die Frist lief ab. Es war der letzte Tag, es waren die letzten Stunden. Eines machte Moustafa deutlich: kein Letter of Intent – keine Bewerbung – keine WM. „Was für ein Saftladen", entfuhr es mir. Bei Bernhard Bauer und mir schrillten die Alarmglocken. Unser Problem: Der amtierende Präsident Ulrich Strombach war ebenso wenig zu erreichen wie dessen Vize Bredemeier, und wir waren nicht befugt, ein solches Papier zu unterzeichnen, solange wir nicht im Amt waren.

Aus purer Verzweiflung rief ich Jens Pfänder an, der damals als Leistungssportreferent für den Verband tätig war, und bat ihn um Hilfe. Ihm war klar, dass Bernhard und ich kurz vor der Wahl standen, er hatte jedoch keine Legitimation, den Zug für uns in Bewegung zu setzen. „So gern ich es machen würde. Ich kann die Absichtserklärung nicht schicken. Ich bin nicht befugt dazu, ich darf es nicht." Ich insistierte. „Du musst das machen, Jens. Wir brauchen die Bewerbung. Du hast die Rückendeckung von Bernhard Bauer und die Rückendeckung von mir." Pfänder war hin- und hergerissen: „Bob", sagte er, „du bist noch nicht gewählt. Ich kann das ohne offizielle Anordnung nicht machen. Ich habe Kinder. Das Risiko, meinen Job zu verlieren, ist einfach zu groß." Jens Pfänder und ich kannten uns schon seit etlichen Jahren, wir waren uns bereits in meiner Zeit als Trainer öfter begegnet. Daher sagte ich: „Es geht hier um den deutschen Handball. Wir brauchen diese gottverdammte WM, wir müssen die Geschichte des deutschen Handballs neu erzählen. Die WM wird ein Zeichen des Aufbruchs sein." In meiner Verzweiflung schlug ich Pfänder einen Deal vor: „Wenn sie dich beim DHB entlassen, stelle ich dich bei den Füchsen Berlin ein, und du kehrst sofort zum Verband zurück, sobald ich gewählt bin." Und tatsächlich, Pfänder ließ sich umstimmen und schickte das Schreiben. Auf dem Briefpapier des Deutschen Handballbundes.

Ja, so war das damals beim DHB. Es hatte sich, so unglaublich das klingt, einfach niemand um die Bewerbung gekümmert. Und keiner reagierte auf unsere verzweifelten Anrufe. Man konnte fast das Gefühl bekommen, dass die alte DHB-Spitze die Austragung des Turniers mit aller Macht verhindern wollte – weil sie uns den Erfolg nicht gönnte? Eine WM im eigenen Land ist das größte Event, das du in unserem Sport ausrichten kannst. Sie sorgt für Euphorie und garantiert volle Arenen, Aufmerksamkeit und viele Sponsoren. Mit einer WM würde der deutsche Handball endgültig wieder aus seiner Lethargie erwachen.

Doch es passierte, was passieren musste. Als der damalige Verbandsgeschäftsführer Harald Wallbaum Wind von der Bewerbung bekam, gab es ein Riesentheater, es kochte. Und ich bekam höllischen Ärger. Wallbaum rief mich an und stellte mich zur Rede. Minutenlang fetzten wir uns am Telefon. Ich wollte, dass unser Vorgehen im kleinen Kreis blieb, die Bewerbung hatte für die alte Führungsriege schließlich keinerlei Bedeutung mehr. Wallbaum sah das anders und steckte es dem Präsidium. Für Jens Pfänder begann ein Spießrutenlauf, an dessen Ende eine Abmahnung der Verbandsführung stand. Ohne seinen Mut und ohne die Entscheidungsfreude von Bernhard Bauer und mir, das sage ich aus voller Überzeugung, hätte es die Heim-WM 2019 für Deutschland nie gegeben.

Hassan Moustafa bekam von all dem Chaos bei uns im Verband nicht viel mit. Er freute sich über unser Schreiben – und sollte unseren Einsatz für die Sache bald belohnen …

Niemand wusste um die kuriosen Hintergründe unserer WM-Bewerbung, doch auf dem Bundestag sorgte die Nachricht für Applaus. Nach meiner Antrittsrede erhielt ich zahlreiche Glückwünsche. Die Delegierten merkten, es tut sich was. Ja, die Aufgabe war riesig – doch ich wusste, worauf ich mich einlasse. Und ich wusste auch, dass ich von nun als böser Bube herhalten musste, weil ich den Konflikt nicht scheute. Wie heftig es in den kommenden Wochen, Monaten und Jahren werden würde und dass die Mörder sogar im eigenen Haus unterwegs waren, das ahnte ich an jenem Tag im Herbst 2013 allerdings nicht.

Wie beim DHB alles anfing: meine sieben Thesen, auf denen die Strukturreform des Verbands und die Agenda 2020 aufbauten.

1. *Die Herren-Nationalmannschaft ist das Aushängeschild des Deutschen Handballs.*
2. *Die Herren-Nationalmannschaft muss mittel- bis langfristig wieder in die Weltspitze geführt werden und an alte Erfolge anknüpfen.*
3. *Die Strukturen des DHB müssen professionalisiert werden. Der Verband muss nach innen und nach außen ein modernes Profil erhalten.*
4. *Innerhalb des DHB müssen kompetente Personen die Verantwortung übernehmen. Die Umsetzung muss in der laufenden Legislaturperiode erfolgen.*
5. *Die Basis des Erfolgs liegt in einer nachhaltigen Jugendarbeit zur Förderung und Heranführung von Talenten.*
6. *Eine gezielte Anschlussförderung durch die Handball-Bundesligisten schließt die Lücke zwischen Jugend- und Erwachsenenbereich.*
7. *Die Finanzierung erfordert einen Schulterschluss zwischen DHB, Landesverbänden und professionellen Clubs der Handball-Bundesligen.*

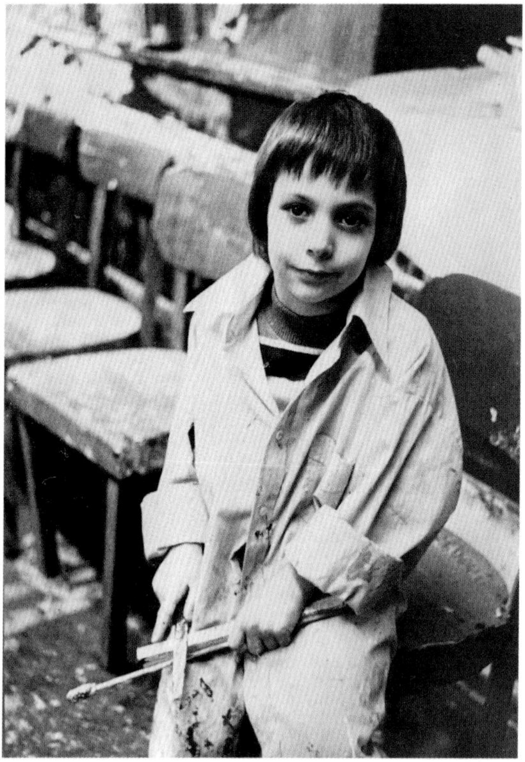

Handball, Hertha – und Waldorfschule: Bob Hanning genoss seine Kindheit in Essen in vollen Zügen.

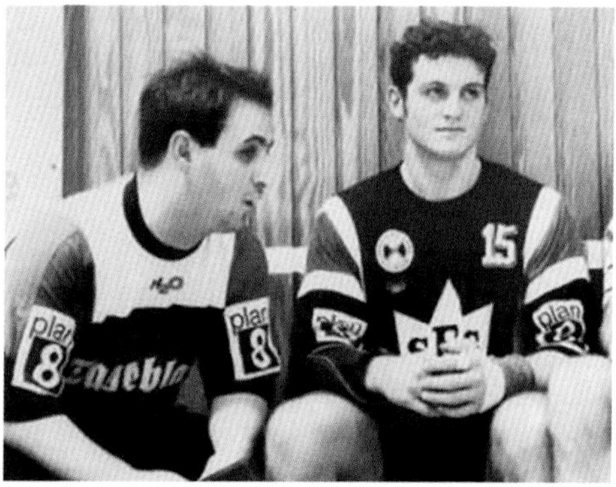

Schon in der Jugend ein starkes Team: Bob und Florian Kehrmann haben zusammen eine Menge erlebt. Noch heute schickt Mama Kehrmann im Advent selbstgebackene Weihnachtsplätzchen in die Hauptstadt.

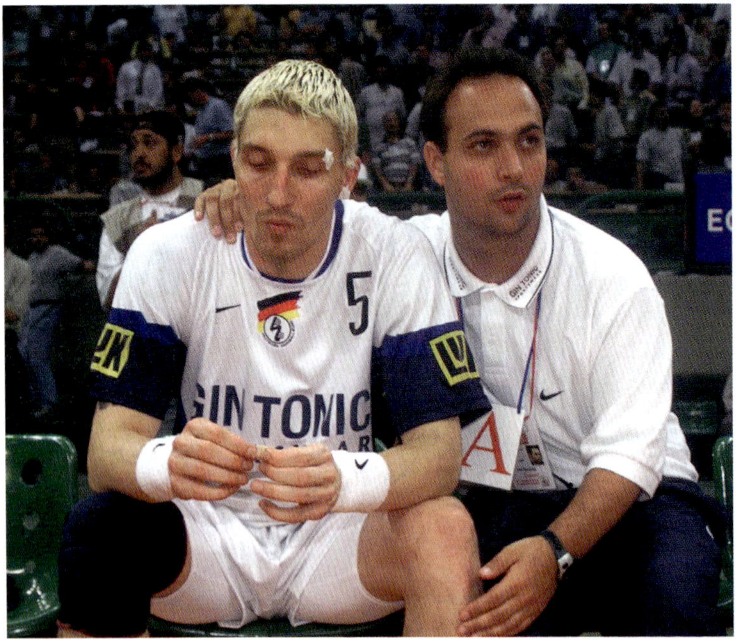

© picture alliance-dpa | Kerstin_Joensson

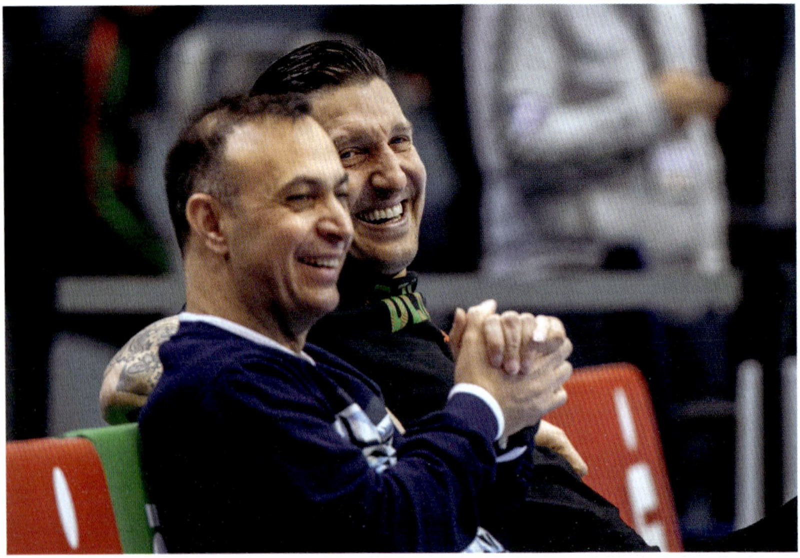

Liebe auf den zweiten Blick: Stefan Kretzschmar und Bob Hanning verbindet eine etwas komplizierte Geschichte … © Imago / Camera 4

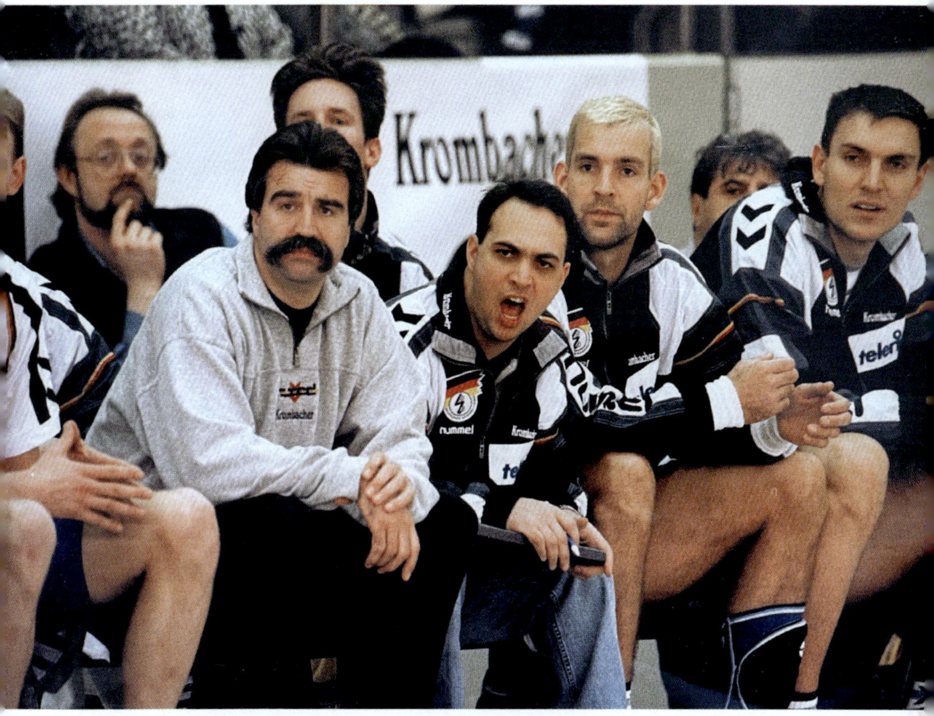

Bob Hanning und Heiner Brand arbeiteten jahrelang erfolgreich zusammen und pflegten eine Männerfreundschaft. Heute herrscht Funkstille zwischen den beiden. © Privat

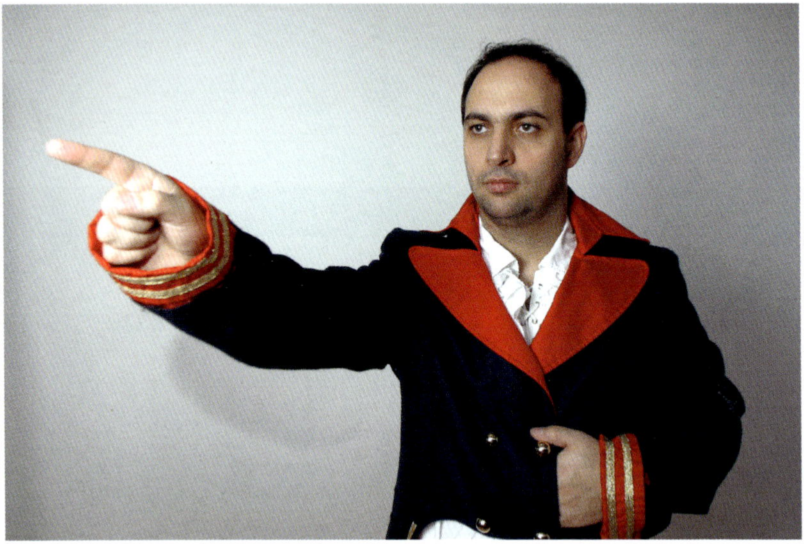

Handball ist auch Unterhaltung: Als Napoleon erlangte Hanning in seiner Hamburger Zeit Berühmtheit und machte bundesweit Schlagzeilen. © Imago / HochZwei

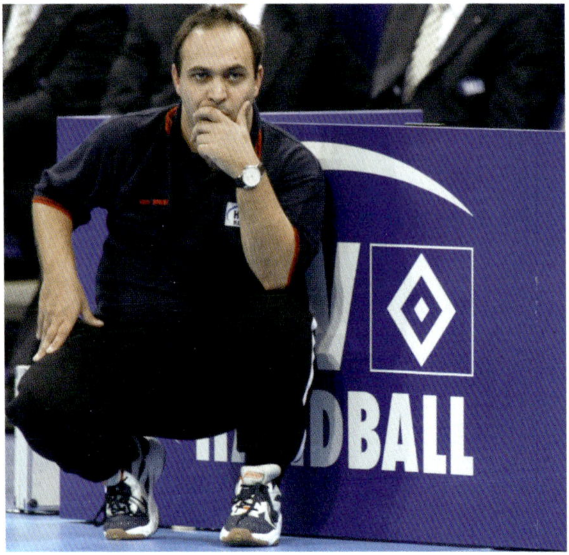

Hamburger Lehrjahre zwischen Geldsorgen und Gefängnis: An der Elbe war Hanning als Trainer und Krisenmanager beim HSV gefordert. Er führte den Klub dennoch vom Tabellenende in den Europapokal.

© Getty Images / Alexander Hassenstein / Bongartz

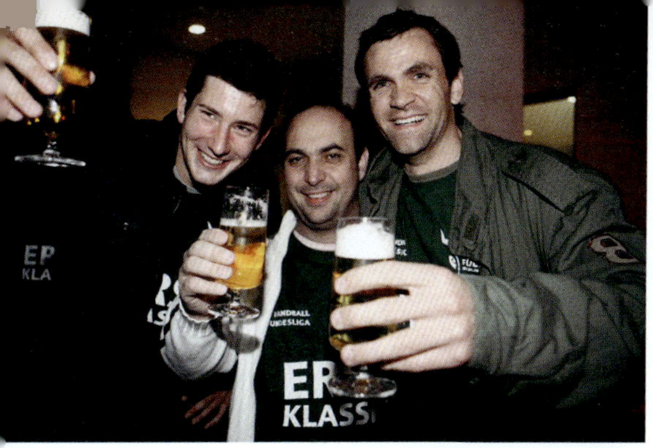

Erst Henkelpott, dann Gerstensaft: Zum Bundesliga-Aufstieg 2007 feierten die Füchse eine rauschende Party. Zu diesem besonderen Anlass machte sogar Abstinenzler Hanning eine Ausnahme und genehmigte sich ein Bier.

© Privat

„Wie viel Whisky in jener Nacht getrunken worden ist und wie viele Zigarren geraucht worden sind, bleibt ein Geheimnis“: Silvio Heinevetter unterschreibt bei den Füchsen Berlin einen Vertrag ab 2009 (rechts: der damalige Füchse-Trainer Jörn-Uwe Lommel).

© Privat

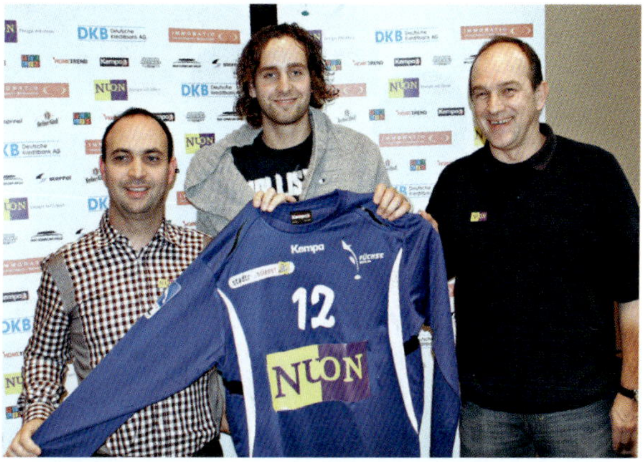

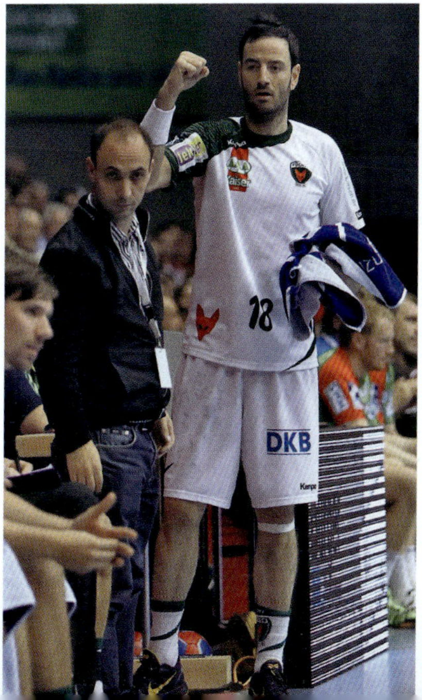

Der erste Weltstar für die Füchse: „Marketing-Gag“ Iker Romero.

© picture alliance-dpa | Jens Wolf

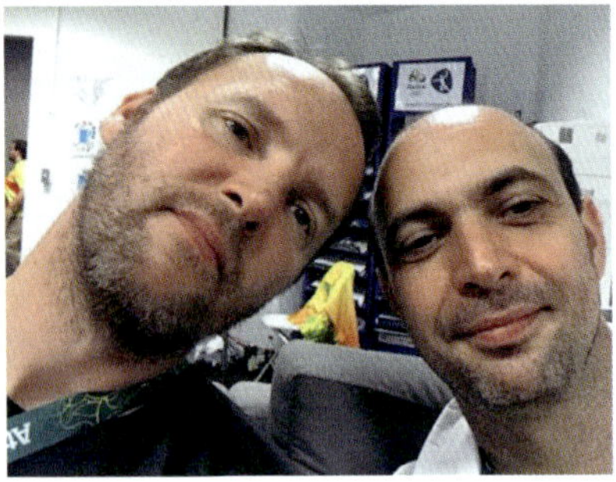

© Bob Hanning

Bruder im Geiste: Zusammen mit Trainer Dagur Sigurðsson fuhr Hanning bei den Füchsen und mit der Nationalmannschaft etliche Erfolge ein. © Privat

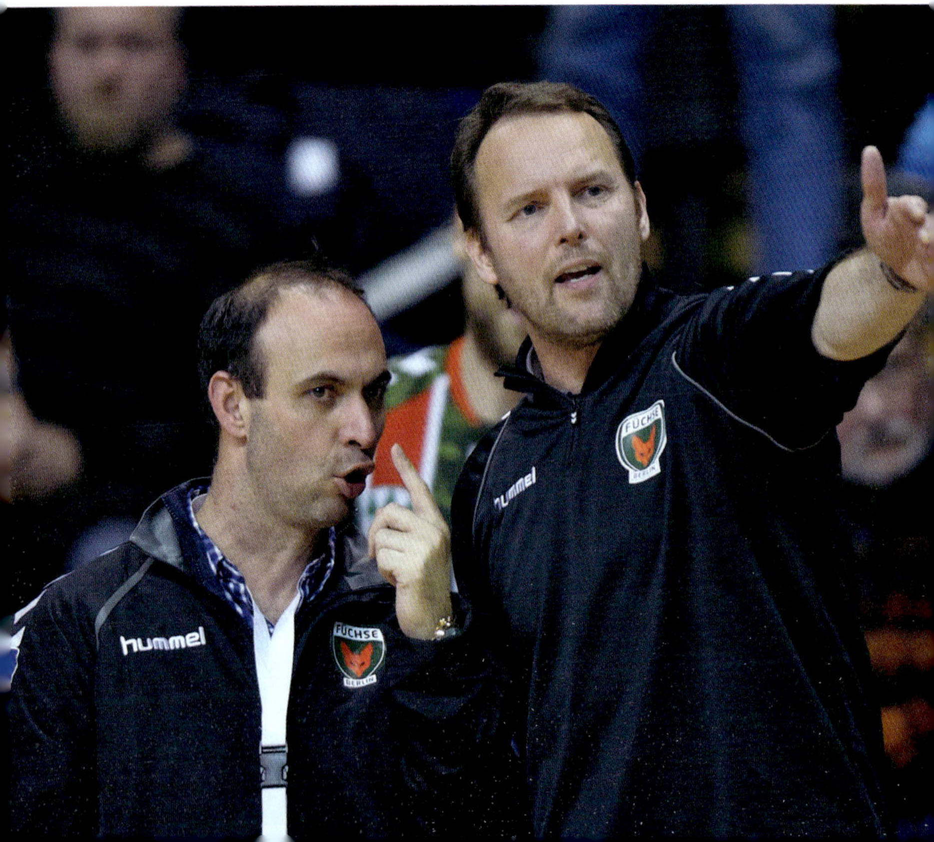

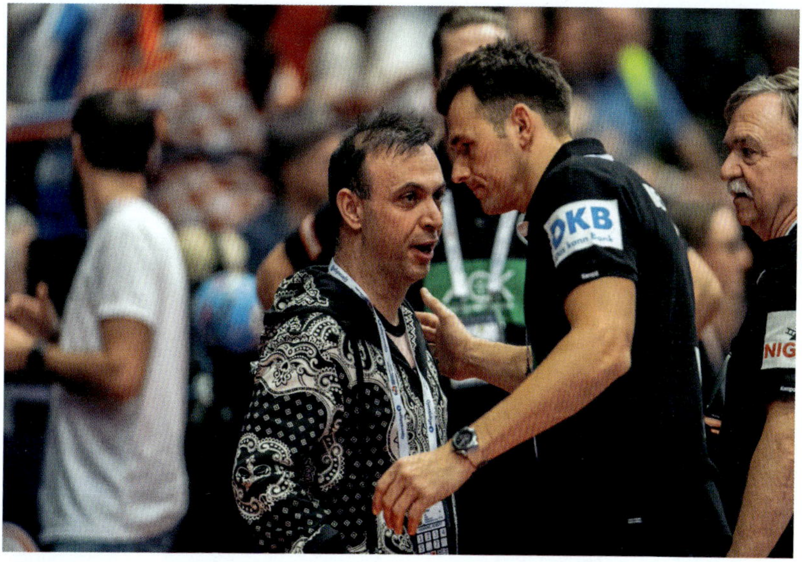

Aufstieg und Fall eines Bundestrainers: Christian Prokop im Gespräch mit Bob Hanning.

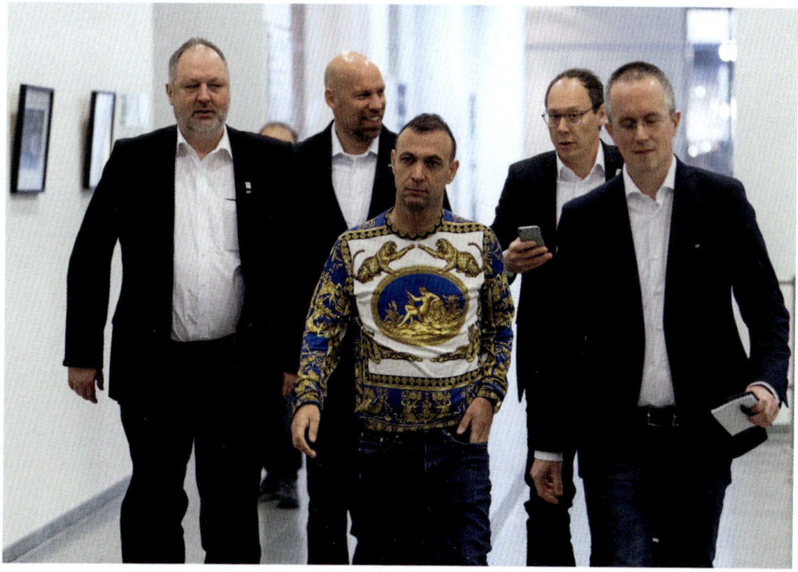

Der modische Sündenfall: Bob Hanning sorgt zum Start der Heim-WM 2019 für Aufruhr.

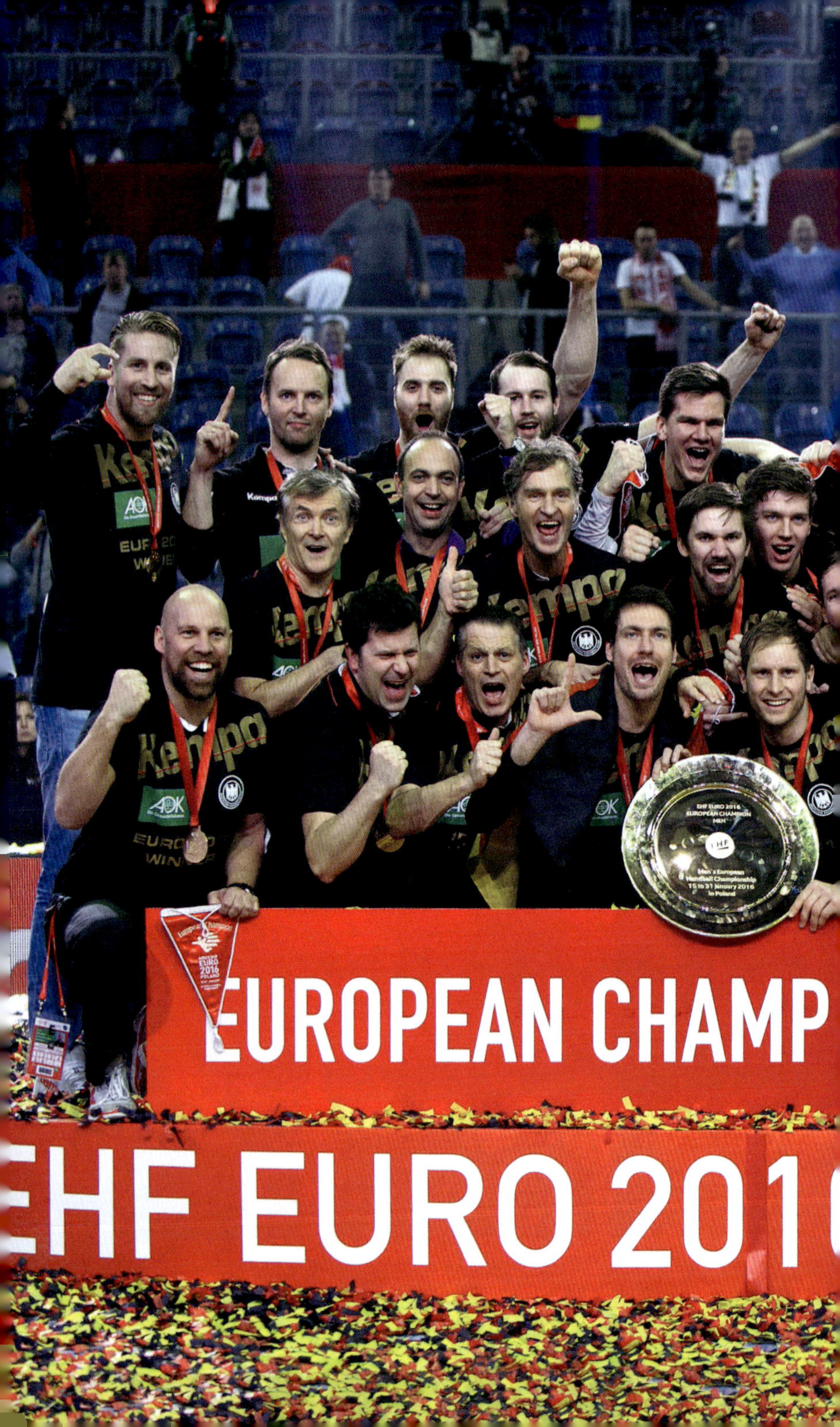
EUROPEAN CHAMP
EHF EURO 201

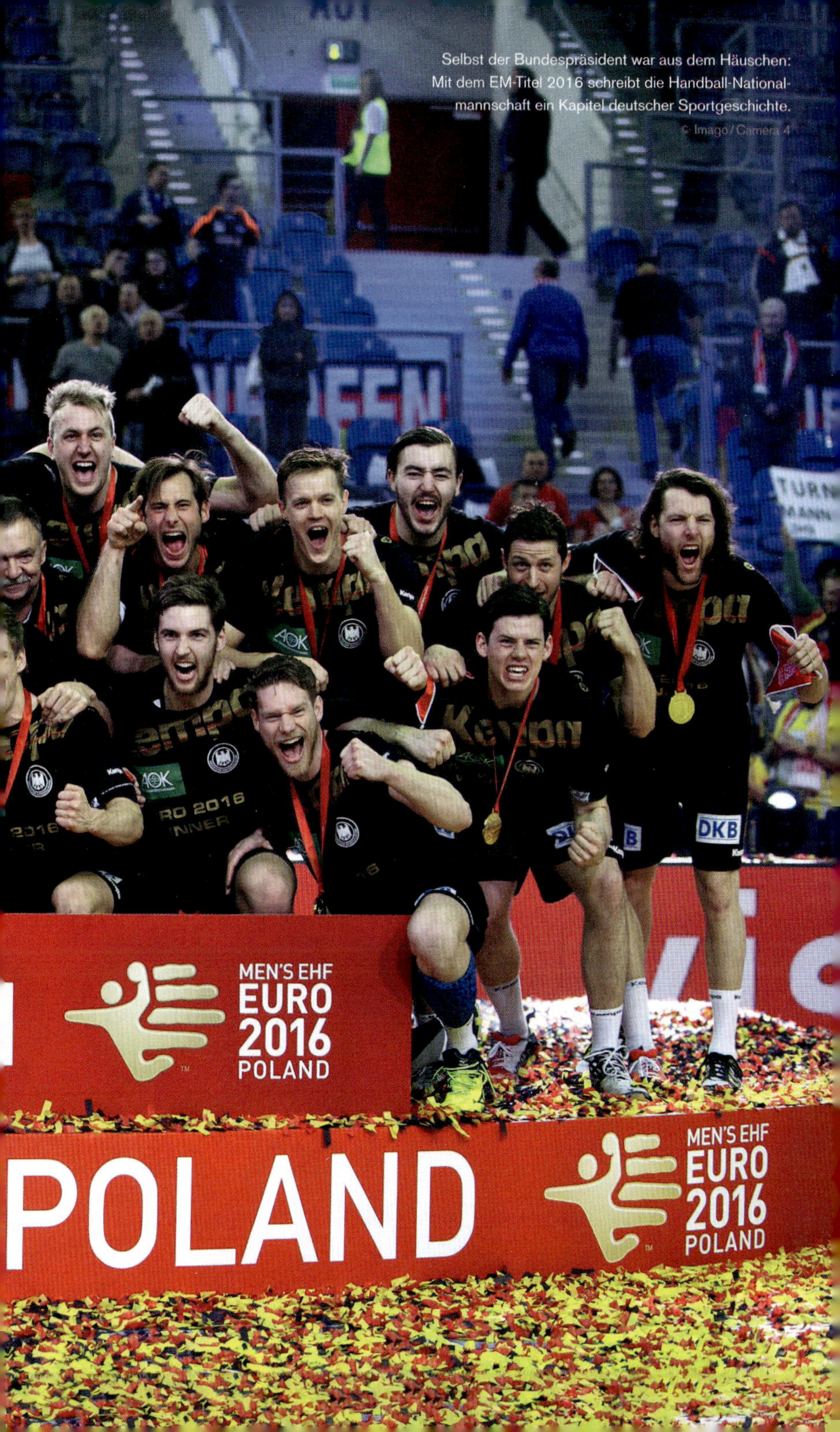

Selbst der Bundespräsident war aus dem Häuschen: Mit dem EM-Titel 2016 schreibt die Handball-Nationalmannschaft ein Kapitel deutscher Sportgeschichte.
© Imago / Camera 4

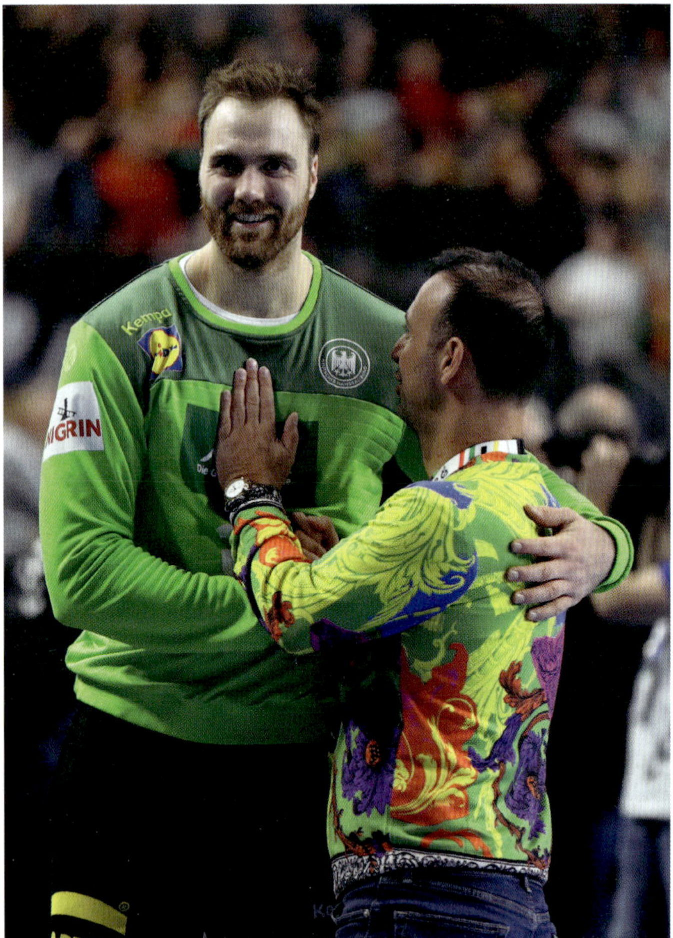

Erfolgsgarant in der Nationalmannschaft: Andreas Wolff.

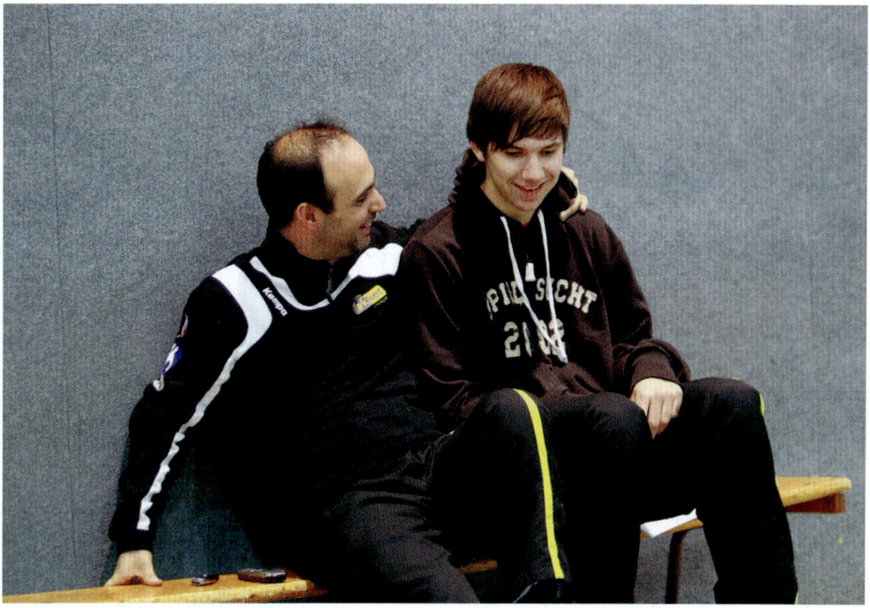

„Außerhalb jeder Konkurrenz“: Fabian Wiede ist seit Jugendtagen Bob Hannings Musterschüler. © Privat

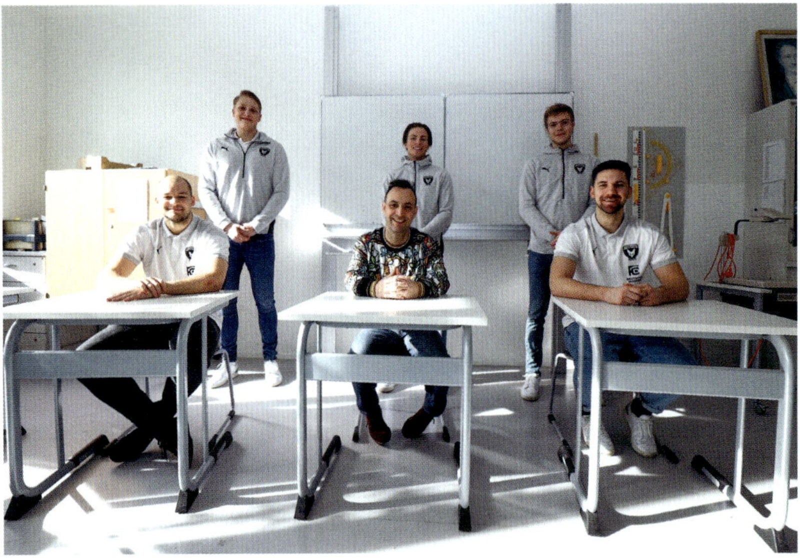

© Michael Hundt

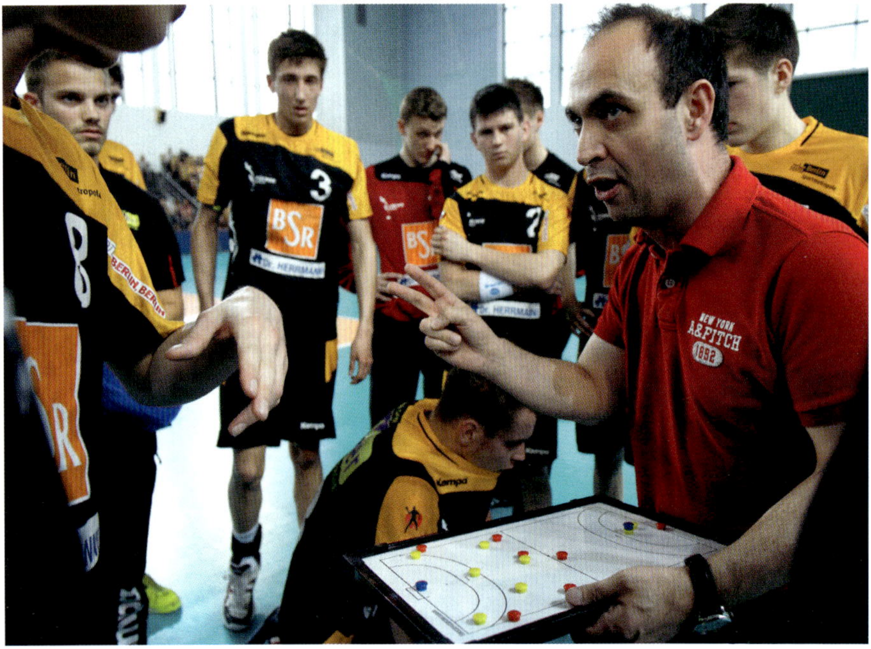

Schulturnier statt Champions League: Nachwuchsarbeit ist bei den Füchsen Berlin Chefsache. © Privat

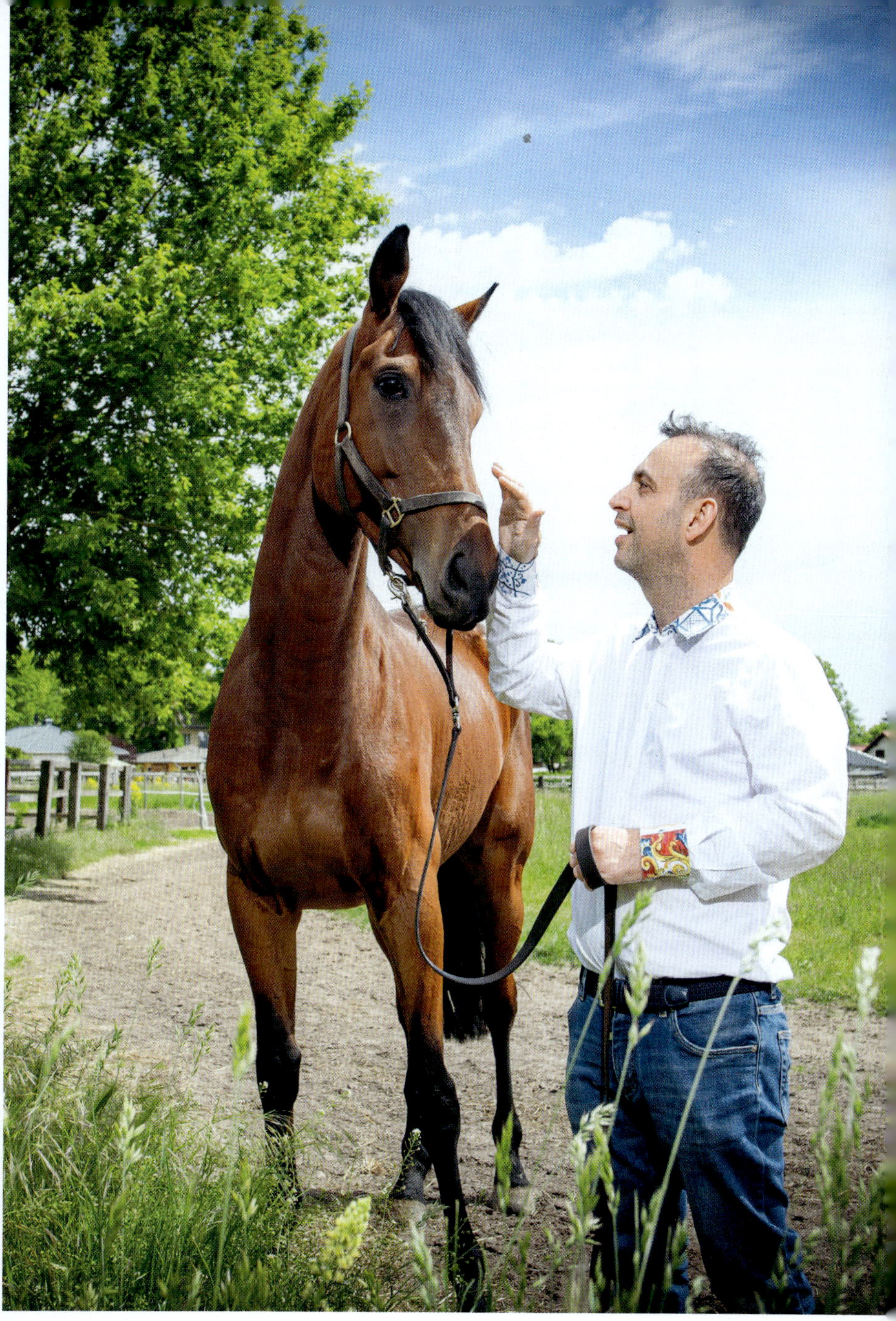

Tätscheln und Möhrchen, Wetten und Siegen: Hanning mit seinem Wallach Drux The King. © Sascha Klahn

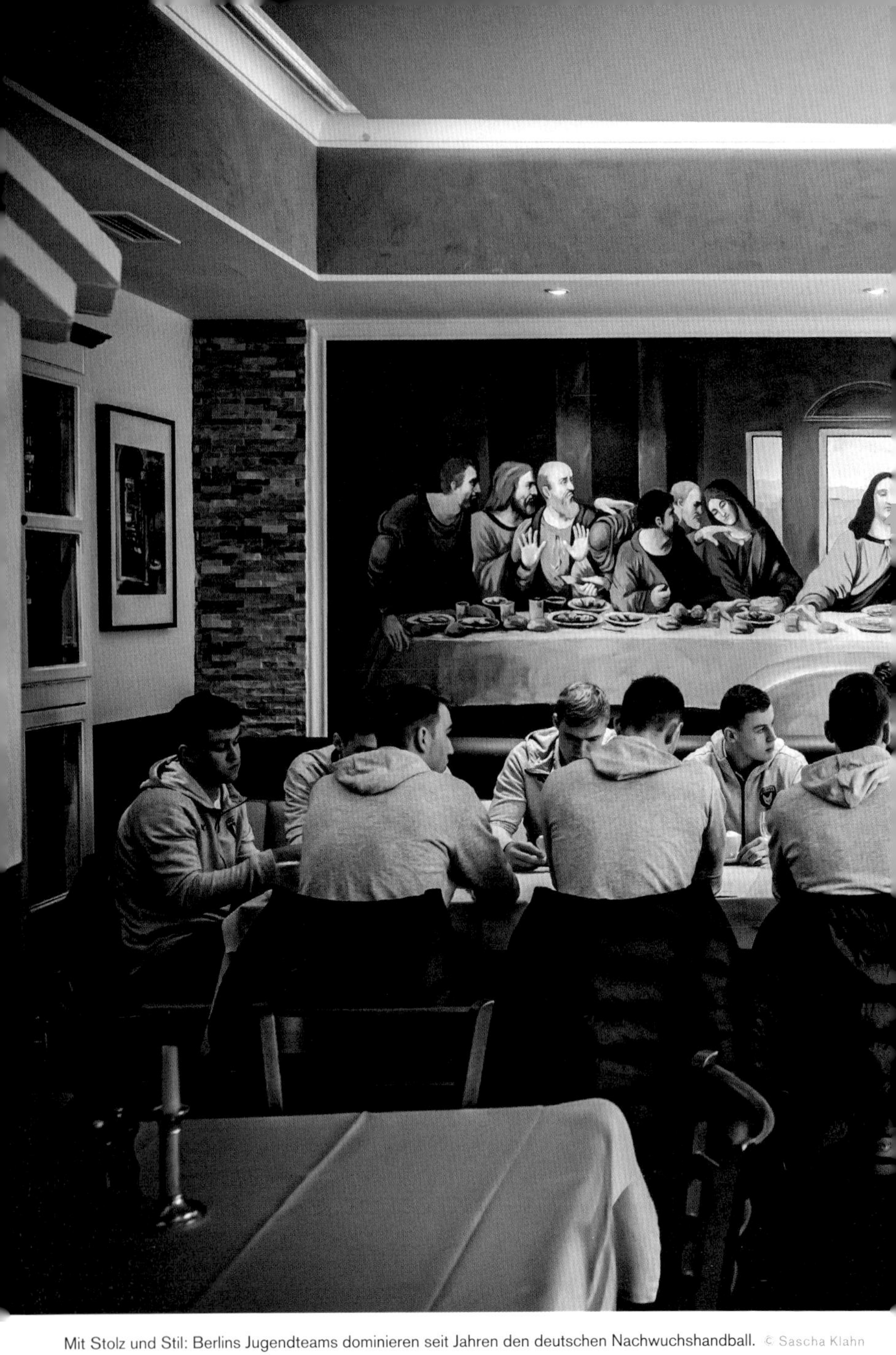

Mit Stolz und Stil: Berlins Jugendteams dominieren seit Jahren den deutschen Nachwuchshandball. © Sascha Klahn

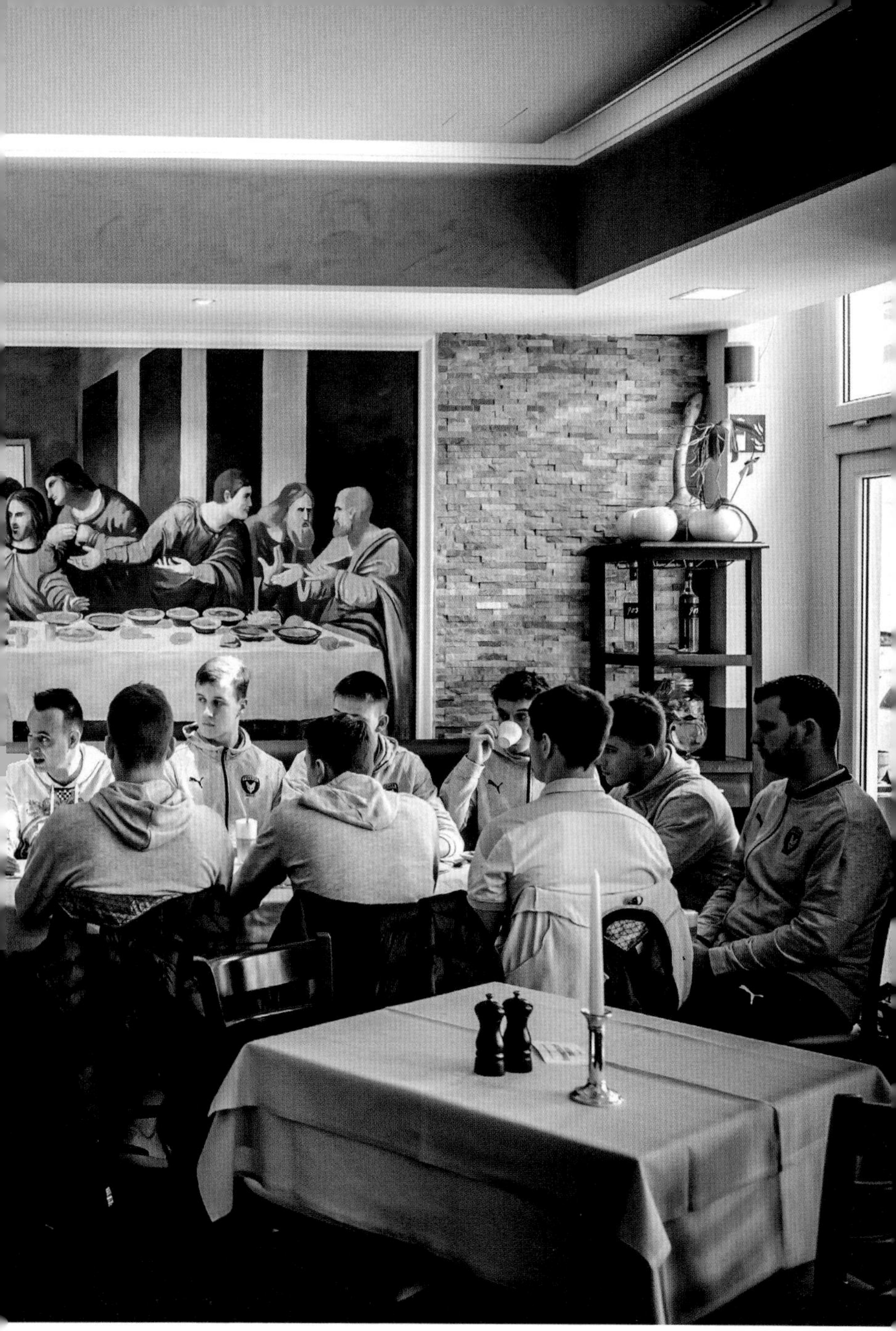

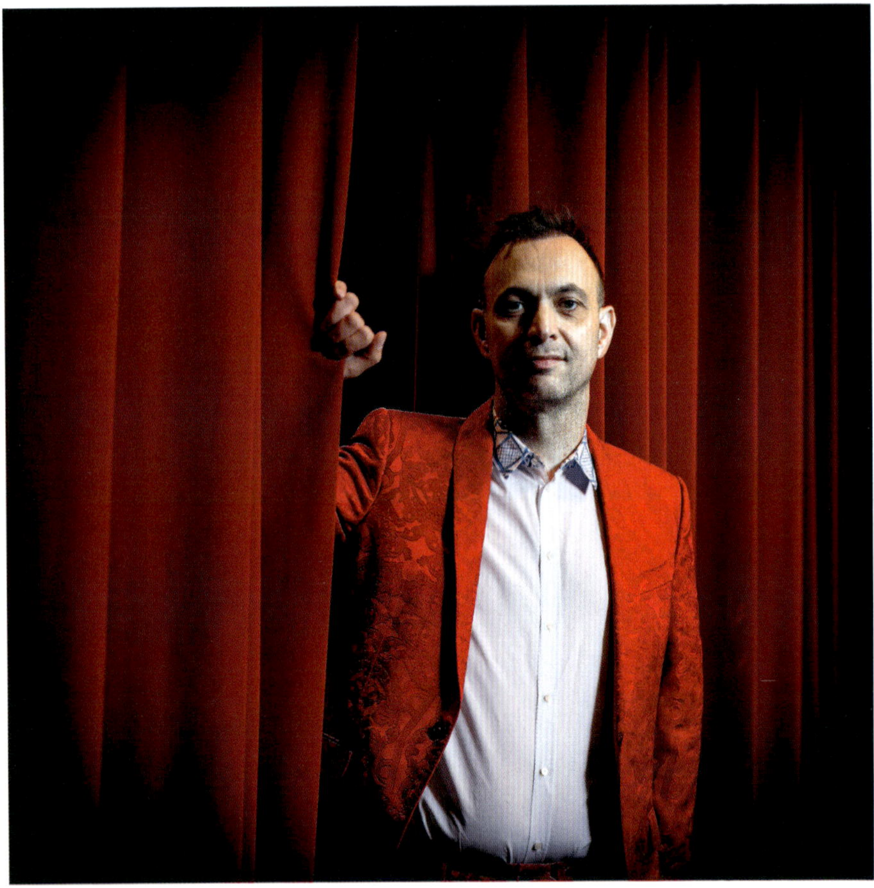

Große Bühnen sind Bob Hannings Metier – was kommt nach dem DHB? © Sascha Klahn

Katastrophe vor dem Kilimandscharo: In Badelatschen am Abgrund

Mit dem Rückenwind unserer Wahl starteten wir voller Hoffnung und Zuversicht ins neue Länderspieljahr. Zunächst standen die beiden WM-Qualifikationsspiele im Juni 2014 gegen Polen an, die nach den verpassten Olympischen Spielen 2012 und der ebenfalls verpassten Europameisterschaft 2014 natürlich von enormer Bedeutung waren. Wir brauchten einen Sieg, und zwar zwingend. Die Großsponsoren saßen uns bereits im Nacken, nach dem Motto: „So langsam müssen da mal ein paar Erfolge her, sonst sind wir raus."

Unser Mann für diese Aufgabe war Martin Heuberger. Heuberger war Assistent von Heiner Brand gewesen, bevor er den Bundestrainerposten im Juli 2011 übernahm. Seitdem agierte er zwar glücklos, doch er war unbestritten ein Fachmann und hatte ein sehr gutes Händchen für den Nachwuchs. Daher besaß er unser Vertrauen, allen war aber klar, dass nur eine erfolgreiche WM-Qualifikation seinen Job sichern würde.

Wir gingen auch deswegen mit einem guten Gefühl in die so wichtigen Spiele gegen Polen, weil Heuberger auf prominente Rückkehrer zurückgreifen konnte: Torhüter Johannes Bitter hatte sich zu einem Comeback überreden lassen, ebenso wie Spielmacher Michael Kraus. Insgesamt standen nicht weniger als sechs Weltmeister von 2007 im Kader. Die Planungen für unser Perspektivteam 2020 mit vielen jungen Spielern standen in dieser entscheidenden Phase zurück, die alten Recken sollten es noch einmal richten, fast auf den Tag genau ein Jahr nach dem Scheitern in der EM-Qualifikation in Podgorica gegen Montenegro.

Im Hexenkessel von Danzig herrschte ein ohrenbetäubender Lärm. Über 10 000 polnische Fans peitschten ihr Team nach vorne. Zur Pause führten wir noch mit drei Toren, doch die Polen drehten das Spiel in der zweiten Halbzeit und gewannen am Ende mit 25:24. Eine knappe Niederlage, mit der ich gut leben konnte. Im Rückspiel hatten wir schließlich alles noch selbst in der Hand. Wir hätten die Partie in einer der deutlich größeren Hallen in Hamburg, Berlin oder

Kiel austragen können, entschieden uns jedoch für die Getec-Arena. Die Magdeburger Fans, das kann jeder bestätigen, der schon einmal dort war, sind die heißblütigsten im ganzen Land. Der Austragungsort, so hoffte ich, würde im entscheidenden Rückspiel für drei bis fünf Tore gut sein. „Jetzt haben wir ein richtiges Endspiel", diktierte ich den Journalisten in die Blöcke, „und das zu Hause in Magdeburg. Besser geht es nicht." Von einer erfolgreichen Qualifikation war ich felsenfest überzeugt.

Der 14. Juni 2014, der Tag des Rückspiels, sollte dann aber zu einem der schwärzesten werden, die ich im Handball bis dahin erlebt hatte. Zunächst lief alles nach Plan. Die 7700 Zuschauer verwandelten die Halle in Magdeburg wie erhofft in ein schwarz-rot-goldenes Tollhaus. Ich saß hinter unserer Auswechselbank neben Bernhard Bauer, und es war so laut, dass man sein eigenes Wort kaum verstand. Zur Halbzeit lagen wir nicht zuletzt dank etlicher Paraden von Silvio Heinevetter mit vier Toren vorn. Als wir mit einem 27:25-Vorsprung in die Schlussphase gingen und in Überzahl spielten, lag das Turnier-Ticket praktisch auf dem Silbertablett vor uns – doch wir griffen nicht zu! Unsere Spieler agierten angesichts des enormen Drucks plötzlich wie gelähmt, und wir verloren auch dieses Spiel mit 28:29. Von einer „Tragödie für unseren Sport" sprach Holger Glandorf hinterher. Und, was soll ich sagen: Er hatte recht. Im entscheidenden Moment hatten wir, wie so oft in jener Zeit, versagt.

Den Schaden, der in Magdeburg entstanden war, konnte man nicht wegdiskutieren. Der Katastrophenfall war eingetreten. Mindestens drei Jahre, so meine Kalkulation, würde uns die verpasste WM-Teilnahme zurückwerfen, finanziell, strukturell und vor allem sportlich.

Ein radikaler Neuanfang bei der Nationalmannschaft war jetzt unumgänglich. Wir trennten uns trotz aller Sympathien von Bundestrainer Martin Heuberger und verlängerten seinen ohnehin am 30. Juni 2014 auslaufenden Vertrag nicht. (Dass Heuberger inzwischen zum Verband zurückgekehrt ist und die Junioren trainiert, freut mich unheimlich. Die Ausbildung junger Spieler, das ist sein Ding. Da macht ihm keiner was vor. Da gehört er hin!)

Der Fehlstart mit der Nationalmannschaft erwischte mich kalt. Ob in Solingen, Hamburg oder Berlin: Überall hatte ich immer schnelle sportliche Erfolg gehabt. Nach dem Scheitern in der WM-Qualifikation musste ich jedoch eingestehen, dass mein Reformprojekt beim DHB einen riesigen Dämpfer bekommen hatte, noch bevor es richtig gestartet war. Jegliche Aufbruchsstimmung war erst einmal dahin. Natürlich läufst du auf neuem Terrain auch mal in Einbahnstraßen, doch das musst du schnell erkennen und sofort umdrehen. Manchmal brauchst du auch Umwege, um ans Ziel zu kommen. Den Umweg einer verpassten WM hatte ich aber einfach nicht einkalkuliert. Bei der Besteigung des Kilimandscharo hatte ich den Messner spielen wollen und stand nun in Badelatschen am Abgrund. Es war eine völlig neue Situation für mich, und ich wusste nicht, wie ich sie lösen sollte.

Aber da, wie aus dem Nichts, erschien Hassan Moustafa neben mir an der Felskante und reichte mir einen Fallschirm.

Des Pharaos Prinzipien: Per Wildcard in die Wüste

Hassan Moustafa ist für viele im Handball bis heute ein großes Mysterium. Seit über zwanzig Jahren führt der Ägypter, der aufgrund seiner Herkunft und seines strikten Führungsstils gern Pharao genannt wird, den Weltverband als Präsident. Immer wieder sah sich Moustafa in dieser Zeit schweren Vorwürfen ausgesetzt. Mal ging es um Korruption, mal um Manipulation, mal um Veruntreuung. Doch nichts davon ist wahr!

Ich durfte Hassan Moustafa in den vergangenen Jahren bei vielen Anlässen näher kennenlernen und kann kein schlechtes Wort über ihn verlieren. Im Gegenteil. Mit seinem feinen Gespür für unseren Sport schiffte Moustafa den deutschen Handball durch viele Klippen wie kein anderer Weltverbandspräsident vor ihm. Ich erinnere mich noch gut an einen Termin in Hamburg im Zuge der Frauen-WM 2017. Hamburgs Sportsenator Andy Grote hatte zu einem Empfang in ein schickes Hotel in der Innenstadt geladen. Um elf Uhr sollte es losgehen. Alle waren gekommen, hochrangige Gäste aus Politik und Sport. Doch der Gastgeber fehlte. „Es ist jetzt fünf nach elf", sagte Moustafa ungeduldig. Grote stand in dem Ruf, bei Terminen gerne mal etwas spät aufzukreuzen. Doch diesmal hatte er die Rechnung ohne seinen Ehrengast gemacht. Moustafa ist in Dingen Pünktlichkeit und Korrektheit preußischer als ein Preuße. „Kommt, wir gehen", sagte Moustafa, nachdem weitere fünf Minuten verstrichen waren. „Das kannst du nicht machen", entgegneten wir, „das ist der Innensenator von Hamburg. Da gibt es bestimmt einen triftigen Grund, der wird sicherlich gleich da sein." Mit viel Mühe gelang es uns, den Präsidenten zum Bleiben zu überreden. Moustafa machte gute Miene zum bösen Spiel, aber den Vorfall merkte er sich.

Zwei Jahre später. Wieder eine Weltmeisterschaft. Wieder Hamburg. Wieder ein Empfang. Wieder Grote. Moustafa hatte für die Männer-WM einen ehemaligen Oberst der Bundeswehr als Fahrer gestellt bekommen, der ihn kreuz und quer durchs Land fuhr. Alle Ordner und Sicherheitskräfte wussten Bescheid. Sie waren versorgt mit einem Foto des Präsidenten, damit er an den Spielorten auch ganz sicher erkannt werde und schnellen Zugang zu den Hallen erhielt. Alle waren instruiert, nur der Mann an der Pforte der Barclaycard-Arena in Hamburg offensichtlich nicht. Und so verzögerte sich die Einfahrt Moustafas an jenem Tag im Januar 2019 beträchtlich. Und als der Präsident mit seinem Oberst da so wartend an der Schranke stand, sah er nach einiger Zeit, wie Senator Grote die Kontrolle passierte. Hassan blickte auf die Uhr und stellte verärgert fest, dass der Gastgeber schon wieder sechs Minuten zu spät kam. „General", sagte er, „bitte wenden Sie." Der Präsident fuhr unverrichteter Dinge zurück ins Hotel. „Der hat mich doch eingeladen. Als mein Gastgeber hat er sich darum zu kümmern, dass ich da ohne Probleme reinkomme. Und er hat pünktlich zu sein." Recht hatte er. Pünktlichkeit ist eine Sache des Respekts. Das sehe ich genauso. Selbst bei meinem Jugendtraining komme ich nicht zu spät. Pünktlichkeit erwarte ich von anderen, und ich erwarte sie von mir. Das ist mein Anspruch.

Schätzen lernte ich Hassan Moustafa aber nicht aufgrund dieser Anekdoten. Und auch nicht infolge unserer Begegnungen bei Welt- oder Europameisterschaften. Es ist sein Interesse für den Nachwuchs, das mir vor allem imponiert. Häufig treffe ich ihn bei Schulmeisterschaften. Einmal schaute er sich auch ein Spiel meiner A-Jugend an. Wir spielten mit den Füchsen beim HSV in Hamburg, und die Partie passte zufällig in seinen Zeitplan. Nach dem Spiel blieb er noch eine Weile in der Halle und diskutierte mit uns über Schiedsrichterentscheidungen und den Spielverlauf. Man spürt einfach, wie wichtig ihm die Jugendarbeit ist.

Dabei ist Hassan Moustafa ein unglaublich gewiefter Stratege, wie ich im Sport nur ganz, ganz wenige kenne. Er ist jemand, der von hintenraus denkt. Und er hat ein gutes Näschen für gute Entscheidungen. Entscheidungen, wie die der WM-Wildcard für Deutschland im Sommer 2014 …

Am 8. Juli, also nur dreieinhalb Wochen nach unserem sportlichen K.o. in der Qualifikation, teilte der Weltverband mit, dass wir bei der WM doch dabei sein durften. Ein entsprechender Beschluss war auf einer IHF-Ratssitzung in Zagreb getroffen worden. Unsere

Mannschaft bekam nachträglich den Startplatz von Ozeanien zugesprochen. Als ich davon erfuhr, machte ich in meinem Büro in Berlin einen Luftsprung. Was für eine Nachricht! Wir waren bei der WM dabei!

Natürlich ließ sich über die Gerechtigkeit dieser Entscheidung streiten. Schnell war von einer „Lex Deutschland" die Rede. Doch um es an dieser Stelle ausdrücklich zu sagen: Die Idee kam nicht von uns, nach dem Motto: „Bitte gebt uns eine Wildcard!" Der Vorschlag kam vom Weltverband, von Pharao Hassan aus dem Land der Pyramiden höchstpersönlich. Und aus Sicht des Weltverbands war dieses Vorgehen ja auch absolut plausibel. „Geht es dem deutschen Handball gut, geht es dem gesamten Handball gut", pflegte Moustafa stets zu sagen. Jetzt handelte er danach. Es war die Sorge, eine Nation wie Deutschland mit seinen vielen Handballern und Handballfans zu verlieren.

Wenn wir ehrlich sind, ist doch der Fernsehmarkt die Währung, auf die es im Sport ankommt. Nehmen wir das Beispiel Island. Wenn du Island bei einer WM oder bei den Olympischen Spielen dabeihast, bringt das in Sachen medialer Aufmerksamkeit eher weniger. Dafür kann Island überhaupt nichts – es hat nur leider gerade einmal so viele Einwohner wie Berlin-Charlottenburg. Der Handball muss und will aber raus in die Welt. Vor allem raus in die große Welt der großen Märkte. Und einen größeren Markt als den hiesigen mit seinen über 750 000 Vereinsmitgliedern gibt es in unserem Sport nicht. Wenn du Handball als olympische Sportart nicht verlieren willst, auch das ist Teil der Wahrheit, musst du TV-Quoten liefern. Und wenn du bis zu 25 Millionen Zuschauer allein über das deutsche Fernsehen bekommen kannst, dann musst du als Weltverband ein Interesse daran haben, dass die deutsche Nationalmannschaft irgendwie dabei ist. Und sei es durch eine Wildcard. Es war also nicht die Freundschaft von Hassan zu Bernhard Bauer oder zu mir, die uns das Ticket als Nachrücker beschert hat. Es war eine Entscheidung aus wirtschaftlichem Interesse. Aber auch eine Entscheidung für die Zukunft unseres Sports. Moustafa hatte schon immer ein gutes Gespür dafür, klug und ausgewogen im Sinne des Handballs zu handeln.

WM-Wildcards gab es immer wieder. Auch die Norweger und Japaner profitierten davon.

Für mich fühlte sich die Wildcard so an, als wenn unser mit Vollspeed aus der Kurve geschleudertes Carrera-Auto wie von Geisterhand wieder in die Bahn gesetzt worden wäre. Wir erhielten mit der Teilnahme an der Wüsten-WM eine Perspektive. Wir erhielten eine Art Anstoßfinanzierung für unseren Neuanfang – und dafür bin ich bis heute sehr dankbar.

Sigurðsson übernimmt: Hexenjagd auf Hanning

Jede Niederlage birgt die Chance für einen Neuanfang. Das sportliche Scheitern und dann die unverhoffte WM-Wildcard betrachtete ich als endgültigen Startschuss der sportlichen Neuausrichtung. Die fing bei der Trainerfrage an. Schnell wurden die Namen der üblichen Verdächtigen, der alten Weggefährten von Alt-Bundestrainer Heiner Brand, diskutiert: Martin Schwalb, Markus Baur, Christian Schwarzer. Doch ich wollte mich durch die öffentliche Meinung nicht beeinflussen lassen, sondern den Markt in aller Ruhe sondieren, um wirklich den bestmöglichen Trainer für Deutschland zu finden. Entscheidend war ja wohl nicht, wer am lautesten brüllte oder brüllen ließ, sondern, wer am besten zum Anforderungsprofil passte.

Ich tendierte zu einem ausländischen Trainer. Natürlich hätte ich wieder jemanden aus dem Verband befördern oder auf einen ehemaligen deutschen Nationalspieler mit klangvollem Namen zurückgreifen können, doch wollte ich einen neuen Weg beschreiten, etwas vollkommen anderes machen, versprach mir dadurch einen frischen Impuls. Zudem sollte der neue Trainer jemand sein, der über ein Händchen für den Nachwuchs verfügte. Für mich kristallisierten sich drei Kandidaten heraus, mit denen ich ein kleines Casting veranstaltete. Ein Kandidat war Dagur Sigurðsson, der zweite Alfreð Gíslason und der dritte Ljubomir Vranjes.

Der Schwede Vranjes war eine große Nummer. Er hatte die SG Flensburg-Handewitt gerade zum Titel in der Champions League geführt und gehörte zu den begehrtesten Trainern auf dem Markt überhaupt. Wir telefonierten viel und führten richtig gute Gespräche, und Ljubo signalisierte auch Interesse an dem Job. Die Sache hatte jedoch einen Haken: Er wollte parallel weiter in Flensburg arbeiten, ich aber wollte einen Trainer, der sich ausschließlich auf die Nationalmannschaft konzentrierte. Und da wir als Verband auch keine Ablösesumme hätten zahlen können, mussten wir die Gespräche mit den Flensburgern wohl oder übel abbrechen. Blieben also noch die beiden Isländer Alfreð Gíslason und Dagur Sigurðsson.

Das Thema Gíslason hatte sich schnell erledigt. Wir trafen uns bei einem alten Freund zum Essen und fanden schnell einen guten Draht. Unser Verhältnis war super. Doch Alfreð hatte seinen auslaufenden Vertrag beim THW gerade verlängert, und die Kieler zeigten keinerlei Bereitschaft, ihn zum DHB ziehen zu lassen. Warum auch? Alfreð hatte mit dem THW gerade den fünften Meistertitel in sechs Jahren gewonnen. Gíslason war der erfolgreichste Vereinstrainer weit und breit – und für den chronisch klammen DHB anno 2014 unerreichbar.

Dann also Sigurðsson. Er stand bei den Füchsen Berlin unter Vertrag, also bei uns. Als deren Geschäftsführer steckte ich in der Zwickmühle. Hier die Füchse, die unter Dagur wenige Wochen zuvor den deutschen Pokal, den ersten großen Titel der Vereinsgeschichte, gewonnen hatten; hier mein Klub, den ich zusammen mit Dagur in den letzten fünf Jahren zu einer europäischen Spitzenmannschaft geformt hatte. Und dort der DHB, der dringend einen neuen sportlichen Kompass brauchte, einen schwungvollen Trainer, der eine Vision mitbringt und weiß, wie man junge Spieler auf höchstem Niveau integriert. Einen Trainer, der Erfolg deutlich wahrscheinlicher macht. Übrigens wusste ich bei alldem von Dagurs Wunsch, wieder eine Nationalmannschaft zu trainieren, da er im Jahr zuvor lange mit dem dänischen Verband verhandelt hatte.

Ich grübelte, wog Vor- und Nachteile ab, diskutierte mit engen Freunden und Weggefährten in Verband und Verein. Am Ende ging ich es dann pragmatisch an: Welche Interessen waren in jenem Moment wichtiger? Die Interessen der Füchse Berlin? Oder die Interessen des deutschen Handballs? Ich gab Dagur schweren Herzens frei. Zunächst für ein Jahr in Doppelfunktion, danach ganz.

Was dann folgte, glich einer Hexenjagd. Der Hanning holt sich einen Trainer, den er lenken kann, wie er will, hieß es. Von Berliner Machtübernahme im DHB war zu lesen. Klüngel und Vetternwirtschaft wurden mir vorgeworfen. Die Kritik machte mir schwer zu schaffen. Wer mich auch nur ein bisschen kennt, der weiß, dass bei mir keine Freunde in irgendwelche Ämter gehievt werden. In meiner ganzen Karriere habe ich nie Posten aus Gefälligkeit besetzt. Nicht im Verband und auch nicht bei den Füchsen. Bei mir zählt einzig und allein die Leistung. Sonst nichts.

Kein Verein war seinerzeit bereit, seinen Trainer abzugeben. Dann entschieden wir uns bei den Füchsen Berlin, unseren Erfolgstrainer ziehen zu lassen – und wer kriegte die Prügel? Wir. Ich! Mensch, was war ich angefressen. Im Grunde war es ein unfassbar großzügiger Schritt von den Füchsen für den deutschen Handball, Dagur Sigurðsson freizugeben. Ohne Wenn und Aber. Und wir verlangten nicht einmal eine Ablöse. Dagur Sigurðsson, der die Nationalmannschaft schon bald zu großen Siegen führen sollte, gab es zum Nulltarif. Geschenkt!

Störfeuer von außen begleiteten mich während meiner gesamten acht Jahre beim DHB. Das war nicht erst im Sommer 2014 so – und ebbte auch danach nicht ab. Das Schlimmste an der permanenten Kritik war, dass sie so unsachlich vorgetragen wurde, so persönlich. Die Kritik war nicht konstruktiv, zielte nicht darauf ab, etwas besser zu machen, sondern darauf zu zerstören. Mich zu zerstören. Es ging selten um die Sache, vielmehr um Missgunst. Misstrauen sollte gesät werden, um das System DHB zu destabilisieren.

So schwand im Laufe der Jahre allmählich mein Respekt vor der alten Garde, vor früheren Nationalspielern wie Christian Schwarzer oder Daniel Stephan, Martin Schwalb oder Heiner Brand. Kritiker ist ein ziemlich dummer Beruf, wenn man nichts ist, was darüber hinausgeht. Kritik ist für mich vollkommen okay, doch sie schützt vor eigener Leistung nicht. Nehmen wir Daniel Stephan, der sich immer dann zu Wort meldet, wenn es aus seiner Sicht etwas zu meckern gibt. Er war ein begnadeter Handballer gewesen, gewann mit der Nationalmannschaft 2004 den EM-Titel und Olympia-Silber und wurde völlig zu Recht zum Welthandballer gekürt. Doch nach seiner aktiven Zeit war Stephan ein glücklicher Privatier. Er hat, wenn wir ehrlich sind, als solcher nie etwas auf die Beine gestellt, was den Handball voranbringt. Stattdessen scharwenzelte er um Heiner Brand herum, um einen Job beim DHB zu kriegen. Gelungen ist es ihm nicht. Im Gegensatz zu Christian Schwarzer. Begünstigt durch alte Seilschaften durfte der beim Verband eine Zeitlang Jugendmannschaften trainieren. Kurz bevor ich mit der neuen Präsidiumsmannschaft ans Ruder kam, wurde Blackys Vertrag verlängert und sein Gehalt sogar noch erhöht. Schwarzer war nett, das auf jeden Fall. Aber die Qualität seines Trainings genügte höheren Ansprüche einfach nicht. „Wir sehen mehr auf dem Video, als der Trainer uns erzählt", verrieten mir ein paar Jugendspieler einmal. Ja, dachte ich, Schwarzer, inzwischen Landestrainer im Saarland, war nun mal alte Schule. Er gehörte zum System Brand. Es klingt hart, und es macht mich wirklich traurig, aber er hat beim DHB eine Lücke hinterlassen, die ihn vollständig ersetzt hat.

Mit der Zeit lernte ich, mit Kritik umzugehen. Ändere Dinge, die du ändern kannst, und lass das andere so laufen, wie es ist. Der Sportpsychologe Günther Klein, der mich über viele Jahre begleitet und gut beraten hat, schenkte mir mal eine Dartscheibe: „Lies keine Zeitung, denn alles, was du über dich liest, ist unnötiger Ballast", riet er mir. „Deine Freunde können und dürfen dich treffen, wenn sie dir etwas sagen. Bei deinen Feinden nutze aber die Dartscheibe. Stelle dich daneben und sieh den Pfeilen zu." Von diesem Tag an gelang es mir, den Pfeilen der Kritiker gelassen zuzuschauen. Sie konnten mich nicht mehr treffen. Was ein Daniel Stephan oder ein Christian Schwarzer sagte, traf die Dartscheibe, aber nicht mehr mich persönlich. Ich lasse das nicht mehr an mich heran. Und ich habe es auch längst aufgegeben, irgendwelche sozialen Netzwerke und Kanäle zu verfolgen. Am Ende ist es wichtig, dass dir die Menschen, mit denen du arbeitest, vertrauen können und du ihnen vertrauen kannst.

Grundsätzlich habe ich für vieles Verständnis und kann das egoistische Verhalten der Leute bis zu einem gewissen Punkt verstehen. Auch ich habe in meinem Leben geschaut, dass ich nicht zu kurz komme. Das ist keine Frage. Aber an erster Stelle steht immer die Sache, das Wohl des Handballs. Erst dann bin ich persönlich dran. Das war in Berlin so und auch beim DHB. Was viele Leute bis heute nicht begriffen haben: Wenn es der Sportart gutgeht, profitiert der Verband. Wenn es dem Verband gutgeht, profitieren die Klubs. Und wenn es den Klubs gut geht, erst dann profitiert auch der Einzelne persönlich.

Die Personalie Sigurðsson traf in der Handball-Republik indes auf breite Zustimmung. DHB und Ligaverband waren sich bei der Entscheidung so einig wie lange nicht mehr. Die Spieler hatten Lust auf den Neuanfang, und besonders Dagur sprühte vor Tatendrang. Bestes Beispiel war seine erste Pressekonferenz. Er konnte den Startschuss kaum erwarten und nahm schon zehn Minuten vor dem offiziellen Beginn allein auf dem Podium in Leipzig Platz. Der Kritik an seiner Doppelrolle als Füchse-Trainer nahm er im Blitzlichtgewitter der Fotografen dann gekonnt den Wind aus den Segeln: „Wenn meine Frau nicht jammert, dann sollte keiner jammern." Natürlich, sagte Dagur, hätte er in Berlin bleiben und die Füße hochlegen können: „Aber ich habe sofort entschieden, dass ich das machen möchte, und habe den unheimlich großen Willen, hier etwas zu bewegen." Ich lächelte in mich hinein. Dagur würde ein herausragender Bundestrainer sein, dessen war ich mir sicher.

Der Fall Bernhard Bauer: Dolchstoß aus dem Hinterzimmer

Ich stand am Flughafen Berlin-Tegel, Terminal D, und beobachtete zufrieden das geschäftige Treiben um mich herum. Die vielen Menschen an den Gates, die startenden Flugzeuge auf dem Rollfeld. Mit den Gedanken war ich an jenem 14. Januar 2015 bereits in Doha. Ich freute mich riesig auf die bevorstehende Weltmeisterschaft. Es war das erste große Turnier mit unserem neuen Bundestrainer Dagur Sigurðsson, und es war das erste große Turnier als DHB-Vize für mich. Durch die Wildcard des Weltverbandes hatte der deutsche Handball eine unverhoffte Chance bekommen, und diese Chance wollten wir jetzt nutzen. Es war die Gelegenheit, bei den Fans in Deutschland eine neue Begeisterung für unseren Sport zu entfachen. Präsident Bernhard Bauer und ich hatten in den ersten fünfzehn Monaten unserer Amtszeit viele Dinge angestoßen und gegen so manche Widerstände gemeinsam auf den Weg gebracht. Jetzt wollten wir auch sportlich erste Erfolge einfahren. Die Reise nach Katar, so glaubte ich, würde nach all den Rückschlägen für unsere Nationalmannschaft der erste Schritt in eine goldene Zukunft sein. Ich wartete auf das Boarding, als mein Telefon schellte.

„Bob", rief mir Andreas Michelmann, unser Präsidiumsmann für den Amateur- und Breitensport, aufgeregt ins Ohr. Michelmann ist ein durch und durch integrer Politiker, der damals schon seit über zwanzig Jahren als Bürgermeister von Aschersleben fungierte. Er war nicht so leicht zu erschüttern, doch jetzt klang er aufgewühlt. „Bob", rief er, „es gab eine spontane Telefonschalte im Präsidium. Es ging um deinen Kopf. Sie haben deine Alleingänge satt. Sie werden dich zwar nicht jetzt feuern, vor der WM. Doch nach dem Turnier wollen sie dir einen Rücktritt nahelegen. Ich sage dir aber eines: Wenn sie dich köpfen, gehe ich mit." Ich musste schlucken und mich erst einmal hinsetzen. Eine Präsidiumskonferenz? Ohne mich? Das war ein völlig unerwarteter Tiefschlag, richtig schmerzhaft. Bernhard Bauer, der Mann, mit dem ich mich doch so gut ergänzte, wollte mich loswerden? Ich fühlte mich verraten.

Auf unserem Weg hatten Bernhard und ich zu jenem Zeitpunkt schon so viel erreicht. Allein der verrückte Coup unserer Bewerbung um die Heim-WM 2019. Keine sechs Wochen waren wir im Amt, da bekamen wir zusammen mit Dänemark den Zuschlag für die Austragung des Turniers. Dieser Erfolg hatte uns einen richtigen Schub gegeben.

Ich erinnere mich auch noch an die Sache mit unserem Rechtevermarkter Sportfive. Bernhard und ich waren mit den Vermarktungserlösen des Verbandes überhaupt nicht einverstanden, denn die Sponsorenverträge waren ein Desaster. Kurz nach unserer Wahl im Herbst 2013 kamen wir in einem Hotel in Frankfurt zusammen. Wir sprachen über Werbung und Eigenvermarktung, über Provisionen und Garantiezahlungen. Und es kam zu einem riesigen Krach. Ich schlug vor, dass wir den Vertrag auflösen. Wir mussten den Umsatz verdreifachen, um uns die angestrebten hauptamtlichen Mitarbeiter leisten zu können und wieder handlungsfähig zu werden. Das war ein elementarer Posten, mit dem wir fest planten. „Was wir mit dem Verband zurzeit erlösen", sagte ich, „das könnte ich locker mit zwei Hausfrauen als 450-Euro-Kräfte erreichen." Damit waren die Fronten geklärt. Der Vermarkter musste sich neu aufstellen, mit neuem Personal. Sie hatten sich nicht genügend um uns gekümmert. Überspitzt formuliert, waren die Belange des Zweitligisten Karlsruher SC damals wichtiger als die der Nationalmannschaft. Natürlich war auch der DHB ein Teil des Problems. Wir waren noch nicht im Ansatz das, was wir vorhatten zu sein. Durch unseren sportlichen Sinkflug der letzten Jahre war es schwierig, die ganz großen Vermarktungserlöse zu erzielen. Zudem hatte der DHB auch häufig gegen den Vertrag verstoßen, indem er zum Beispiel dem Bundestrainer eine Fläche auf seinem Trainershirt entgegen der Absprache zur Eigenvermarktung freigegeben hatte. Jahre später sollte sich der Termin in Frankfurt aber als reinigendes Gewitter herausstellen. Sportfive blieb unser Partner, der DHB ist heute ausvermarktet. Wir stehen besser da denn je.

Ein anderes Thema, das an jenem Tag in Frankfurt auf den Tisch kam, war der medizinische Bereich. Der war in meinen Augen ein

Wasserkopf mit Zuständigen für alle möglichen Bereiche, besonders rund um die Nationalmannschaft. Es gab im Verband ein Ärzte-Syndikat. Ich wollte keine sechs oder sieben Ärzte rund ums Team haben, die sich ständig abwechselten, nur um sich Arzt der Nationalmannschaft nennen zu dürfen und sich Fotos von Nationalspielern in ihre Praxis hängen zu können. Ich wollte stattdessen einen Mediziner, der sich Zeit für die Nationalmannschaft nahm. Nur so war ein vernünftiges Vertrauensverhältnis mit Trainern und Spielern zu gewährleisten. Und so ersetzte ich in enger Absprache mit Präsident Bauer unseren damaligen Chefarzt Berthold Hallmaier und dessen Stab durch Professor Dr. Kurt Steuer. Ja, Steuer war ein Freund von mir und ist es bis heute. Doch er war schlicht und einfach ein herausragender Arzt. Und, was entscheidend war: Er konnte uns trotz seines Jobs in der Uniklinik garantieren, alle Maßnahmen der A-Nationalmannschaft von morgens bis abends an hundert Tagen im Jahr persönlich zu betreuen. Hallmaier und Konsorten, allesamt noch Relikte aus der Brand-Ära, schäumten vor Wut. „Vetternwirtschaft, Selbstdarstellung und Geltungssucht" warf man uns in einem über die Medien veröffentlichten Brief vor. Unsere Vorgehensweise zeuge von „schlechtem Stil". Mich ließ der Aufschrei allerdings kalt. Ein kompaktes Betreuerteam gehörte zu unserem Konzept. Man hätte es in der Rückschau vielleicht feinfühliger machen können, aber es war klar, dass wir auf unserem Weg Entscheidungen treffen mussten, die einigen Leuten wehtun.

Ja, wir räumten mächtig auf und beseitigten die Altlasten unserer Vorgänger. Bernhard und ich waren bei allem ein perfektes Team. Bernhard stand als Präsident für die gute Seite der Macht, ich gab auf der anderen Seite den Darth Vader, der keinem Konflikt aus dem Weg ging. Der provozierte. Der sich die Finger schmutzig machte. Der, auf den sich alles fokussierte und auf den alle sauer sein durften. „Bob ist ein Alphatier, er marschiert immer vorneweg", sollte Dagur Sigurðsson später über mich in seinem Buch schreiben: „Man kann sich das vorstellen wie einen Schneepflug, der den Weg freiräumt." Genau so lief es damals mit Bauer und mir. Die Konflikte habe meist ich ausgetragen, Bernhard dabei aber immer an meiner

Seite gewusst. Er ließ mich machen und stärkte mir in kritischen Situationen den Rücken.

Auch unser persönlicher Umgang war gut. Doch irgendetwas schien ihn im Laufe der Zeit zu stören, ich spürte, bei uns im Präsidium gärte etwas, Bauer wirkte von Tag zu Tag unzufriedener. Vielleicht hatte das etwas mit seiner Sozialisation in der Politik zu tun. Bernhard hatte viele Jahre als hoher Beamter in Baden-Württemberg gearbeitet und schrieb Konzepte für verschiedene Minister. Beim DHB schlüpfte er nun selbst in die Rolle des regierenden Ministers. Gefühlt zumindest. Ich war ihm qua Amt unterstellt. Bauer, ein absoluter Kontrollfreak, der darauf bestand, die Weihnachtskarten an Partner und Sponsoren selbst zu unterschreiben, schien in Sorge, dass er einen freien Radikalen, wie ich es ohne Zweifel war, auf längere Sicht nicht steuern konnte. Und diese Sorge konnte und wollte ich ihm nicht nehmen.

Ich sah uns auf Augenhöhe und forderte diese auch ein. Als die Situation im Herbst 2014 zu eskalieren drohte, suchte ich das Gespräch. Wir trafen uns am Rande eines Länderspiels gegen Österreich in einer Hotellobby in Wien. „Bernhard", sagte ich „ich baue mit dir den DHB um. Das mache ich gerne und bin voller Energie. Ich gehe in die Konflikte, ich grätsche für dich alle um. Aber ich möchte Augenhöhe. Nichts anderes verlange ich. Wenn du den Weg mit mir nicht weitergehen magst, dann sag es mir bitte jetzt." An einer Eskalation hatte ich wahrlich nicht das geringste Interesse, und so bot ich meinen Rücktritt an. Bauer wollte davon aber nichts wissen. Wir rauften uns zusammen und kamen zu dem Schluss: „Wir kriegen das gemeinsam hin."

Kein Wunder also, dass ich gut zwei Monate später aus allen Wolken fiel, als mich am Berliner Flughafen der Anruf von Andreas Michelmann erreichte. Sollten Bauers Worte in Wien nur ein Lippenbekenntnis gewesen sein? Wollte er mich jetzt auf diese Weise loswerden? Per Dolchstoß aus dem Hinterzimmer? Ich stieg mit einem miesen Gefühl in den Flieger. Meine Vorfreude auf die WM war dahin. Drei Wochen blieben mir bis zur wohl entscheidenden

Präsidiumssitzung am 6. Februar, um die Sache wieder ins Lot zu bekommen. Doch es wurde alles nur noch schlimmer.

Sportlich lief in Katar alles nach Plan. Die Mannschaft spielte unter Bundestrainer Dagur Sigurðsson in der Vorrunde groß auf, schaffte gegen Vizeweltmeister Dänemark ein Unentschieden und qualifizierte sich als Gruppensieger ungeschlagen für die K.-o.-Runde, ehe durch eine unglückliche Niederlage im Viertelfinale Endstation war. Doch in der Verbandsführung herrschte während der Wüsten-WM eine Eiszeit, wie ich sie in meiner Funktionärslaufbahn noch nicht erlebt hatte. Obwohl wir im selben Hotel wohnten, gingen Bernhard Bauer und ich uns konsequent aus dem Weg. Von der Eintracht unserer ersten gemeinsamen Monate im Verband war nichts mehr geblieben. Schon kurz nach der Ankunft, er konnte es kaum erwarten, rief Bauer mich zum Gespräch. Wobei Gespräch heillos untertrieben klingt. Es war ein Krisengipfel. Für mich fühlte es sich an wie ein Tribunal. Denn Bauer hatte den Ligapräsidenten Uwe Schwenker und den damaligen DHB-Generalsekretär Mark Schober im Schlepptau. Er wollte mir und allen am Tisch zeigen: „Hier entscheide ich. Und ich entscheide alles." Wir saßen auf der Terrasse des Hilton. 26 Grad. Ein leichter Wind wehte. Und es kam genau das, was nach dem Telefonat mit Andreas Michelmann zu erwarten gewesen war.

Bernhard konfrontierte mich vor versammelter Mannschaft mit verschiedenen Zeitungsartikeln und warf mir Indiskretion und Geltungssucht vor. Er sprach von Ehrenkodex, von Toleranz und Wertschätzung, von gegenseitigem Respekt und präsidialer Würde, von Teamarbeit und Alleingängen. Er hielt mir vor, mich nicht an Spielregeln zu halten. Zudem wolle er nicht, dass ich mich zu Themenfeldern äußere, die mich nichts angehen würden. Ganz wild wurde es, als Bernhard von mir verlangte, dass alle Zitate künftig von der Pressestelle gegengelesen werden sollten, bevor sie an die Öffentlichkeit gelangten. Mein Verhalten sei respektlos dem DHB und seinen Gremien gegenüber. Schließlich kramte er ein paar Zettel hervor, die er der Runde präsentierte, wie Beweisstücke der Anklage. Darunter war auch ein wenige Tage zuvor erschienenes Interview von mir mit der *Berliner Zeitung*. Jedes „Ich“ hatte er fein säuberlich angekreuzt. „Bernhard“, sagte ich, „das Schöne ist, dass wir uns über den Zeitungsartikel nicht streiten müssen. Alles, was in diesem Interview steht, habe ich genau so gesagt und genau so gemeint. Ich habe das alles selbst redigiert und werde es auch weiterhin so machen. Wir können jetzt gern über die Inhalte sprechen. Aber ganz sicher nicht darüber, wie häufig ich in einem Interview das Wort Ich benutze.“ Bauer stand auf und ging.

Endgültig zerschnitten war das Tischtuch zwischen uns ein paar Tage später nach meinem Besuch im ZDF-Sportstudio. Ohne bei Bauer um Erlaubnis gefragt zu haben, hatte ich mitten in der WM eine Einladung des Senders angenommen und war für einen Abend von Doha nach Mainz gejettet. Für mich kam der Auftritt vor einem Millionenpublikum, den ich mit einem Sponsorentermin in Berlin verband, zu einem günstigen Zeitpunkt. Während Verbandschef Bauer im Hintergrund an Allianzen gegen mich schmiedete, konnte ich dem Rest des Präsidiums noch einmal beweisen, wie wertvoll ich für den deutschen Handball war. Auch in Sachen Außendarstellung. Sosehr sich Bauer über meinen nächsten „Alleingang“ auch ärgerte, ich legte ein lupenreines Interview hin. Die sportlichen Fragen parierte ich ohne Probleme, und die Fragen zu Menschenrechten in Katar oder angeblich zu leere Hallen beantwortete ich entspannt. Ich war gut vorbereitet. „Sucht nach den schlimmsten Fragen, die auf mich zukommen könnten“, hatte ich meine engsten Berater gebeten, „und packt noch mal zwanzig Prozent drauf.“

Für Bauer war der Auftritt im Sportstudio der letzte Tropfen, der das Fass zum Überlaufen brachte. Als ich am Tag nach der Sendung nach Katar zurückkehrte, war zwischen uns alles zerbrochen, was noch irgendwie hätte zerbrechen können. Bauer bemühte sich nicht mehr, seine Antipathie gegen mich zu verbergen. Nach den WM-Spielen unserer Mannschaft zog er in den Katakomben Journalisten beiseite und intrigierte. Sportlich ging das Turnier mit Platz sieben vernünftig zu Ende. Der eigentliche Showdown wartete aber in der Heimat. Am 6. Februar, dem Tag der Präsidiumssitzung.

6. Februar 2015 – (Schein-)Frieden von Nürnberg: Es war knackig kalt. Die Temperaturen lagen knapp über dem Gefrierpunkt, als ich in Nürnberg eintraf. Alle anderen Präsidiumsmitglieder waren schon da. Es gab eine Agenda, doch alle wussten, dass es hier nur um ein Thema gehen würde. Um mich. Bernhard Bauer hatte in zahlreichen Zweiergesprächen seine Regimenter in Stellung gebracht und wirkte seiner Sache sicher. Ich hielt mich bedeckt und ließ alles auf mich zukommen. Für mich war klar, dass ich nicht aus freien Stücken zurücktreten würde. Das war keine Option. Ich war gewähltes Mitglied und hatte mir nichts zuschulden kommen lassen. Zudem sah ich meine Mission im Verband noch längst nicht als beendet an.

Es folgte eine lebhafte Auseinandersetzung mit zahlreichen Wortmeldungen. Bauer wiederholte seine Kritik an mir. Doch je länger die Sitzung dauerte, desto mehr weichte die Stimmung gegen mich auf. Ich erinnere mich noch gut an den leidenschaftlichen Beitrag von Andreas Michelmann: „Die meisten Vereine und Verbände wären schon zufrieden, wenn sie eine starke Persönlichkeit an der Spitze hätten", sagte er. „Wir haben sogar zwei. Wir haben Neymar und Messi bei uns im Team und sollten jetzt alles daransetzen, beide zu halten." Spätestens jetzt war klar, dass eine Mehrheit für einen Putsch gegen mich nicht mehr zu erreichen war. Wir beschlossen den Burgfrieden von Nürnberg – der faktisch nichts anderes bedeutete als einen klaren Punktsieg für mich. „Wir haben uns offen und ehrlich ausgetauscht und sind überzeugt, dass wir den DHB und den Handball gemeinsam weiter voranbringen werden", hieß es in einer gemeinsamen Öffentlichkeitserklärung. „Das Präsidium wird auch weiterhin konstruktiv für die Entwicklung des Handballs zusammenarbeiten."

23. März 2015 – ein beschmutzender Rücktritt: Zermürbt von dem wochenlangen Scharmützel mit meinem Präsidenten brauchte ich erst mal Urlaub. Akkus aufladen auf den Malediven. Neun Tage Medhufushi. Wie jedes Jahr. Wenn ich dort bin, dann vergesse ich alles um mich herum. Dann kommt der weiße Strand. Dann kommt das klare Wasser. Dann kommt das Meeresrauschen des Indischen Ozeans. Dann kommt der frische Fisch aus dem Meer. Und irgendwann kommt dann auch das herrliche und für mich äußerst seltene Gefühl der Langeweile. Diese neun Tage am anderen Ende der Welt sind mir heilig, auf den Malediven lade ich meine Batterien für ein ganzes Jahr auf. Bis auf je einmal am Morgen und einmal am Abend schalte ich dort sogar das Handy aus. Doch im Jahr 2015 war alles anders. Ausgerechnet am Tag meines Abflugs erreichte mich die Nachricht von Bernhard Bauers Rücktritt. Ich hatte mit vielem gerechnet, damit nicht. Er habe erkennen müssen, ließ sich Bauer in einer Verbandsmitteilung zitieren, „dass immer wieder Eigeninteressen eine gewichtige Rolle spielen". Ich brauche wohl kaum zu erwähnen, was auf meinem Telefon los war. Es hagelte Nachrichten, die Anrufe kamen im Sekundentakt. Doch ich ignorierte das. Und das war wohl auch besser so. Denn in mir brodelte es.

Es war ein beschmutzender Rücktritt, den Bauer da am 23. März 2015 inszenierte. Bauer kam mir vor wie ein Kapitän, der von Bord ging, vorher aber noch unbedingt seine Offiziere anpinkeln wollte. Bauer stilisierte sich zum Opfer. Das fand ich frech. Er hatte die Bombe – nicht anders lässt es sich in der Rückschau bewerten – nur platzen lassen, um später wieder antreten zu können. So verrückt es klingt, aber er sah in seinem Rückzug die einzig verbleibende Chance, mich loszuwerden. Dabei hatte ich nach dem Frieden von Nürnberg wirklich gehofft, dass wir uns wieder der Arbeit zuwenden könnten. Von nun an rechnete ich mit allem, Angriffen aus dem Hinterhalt inklusive. Bauer verfügte über ein treues Netzwerk. Mitarbeiter in der Verbandsgeschäftsstelle gehörten ebenso zu seinen Komplizen wie einige hochrangige Funktionäre in den Landesverbänden. Und auch die alte Garde um Heiner Brand sah in meinem Streit mit Bauer eine perfekte Gelegenheit, Stimmung gegen mich zu machen. Meine schlimmsten Befürchtungen sollten sich bewahrheiten. Selbst die ansonsten zurückhaltende *Süddeutsche Zeitung* schrieb im Sommer 2015 von einer „Zerreißprobe", von „Chaostagen" und einer „Schlammschlacht" im deutschen Handball. Aber der Reihe nach …

28. April 2015 – Pizza-Connection: Für die Suche nach einem Bauer-Nachfolger setzte der DHB unter dem damaligen Interimspräsidenten

Mark Schober eine sechsköpfige Findungskommission ein, um sich auf einen gemeinsamen Kandidaten zu einigen. Dabei waren die Bosse der Bundesligen und hochrangige Vertreter aus den Landesverbänden. Ich gehörte nicht dazu – und war sogar ganz froh darüber. Ich agierte aus dem Hintergrund. Man kann sich das wie mit einem guten Lobbyisten in der Politik vorstellen. Da weiß man hinterher schließlich auch nicht so genau, wie es zu einem Gesetzestext kam und wer alles daran mitgewirkt hat. Natürlich wollte ich Einfluss nehmen und bei der Kandidatensuche ein Wörtchen mitreden. Es ging schließlich darum, mit dem neuen Präsidenten unsere Agenda fortzuführen. Manchmal ist es aber besser, sich einen unverstellten Blick auf die Dinge zu bewahren und die Sache von außen zu begleiten. Statt an den offiziellen Runden der Kommission teilzunehmen, traf ich mich mit den Mitgliedern zum regelmäßigen Meinungsaustausch im Verborgenen. So war ich stets über alles informiert und immer auf Ballhöhe. Schnell entwickelte sich daraus eine Art Pizza-Connection. Wir saßen beim Italiener und diskutierten bei Pizza und Rotwein darüber, wer als neues Verbandsoberhaupt in Frage käme. Einig waren wir uns darüber, dass wir Bernhard Bauer nicht noch einmal ins Amt hieven wollten. Wir gingen Person für Person durch. Ich selbst war sofort raus, denn ich bin nicht präsidial. Die Arbeit in kleinen Schritten ist mir ehrlich gesagt auch ein bisschen zu mühsam. Ich will das sagen, was ich denke. Immer. Und das passt nicht zu einem Präsidenten. Und so einigten wir uns bald auf einen anderen, deutlich besseren Kandidaten: Andreas Michelmann. Wenn jemand als Politiker eine Kleinstadt über einen so langen Zeitraum regiert, dabei seine Wahlergebnisse immer besser werden, dann ist er auch ein guter Mann für den deutschen Handball. Ich schätzte Andreas schon damals für seine Loyalität. Für seine Ehrlichkeit. Und für seine Beharrlichkeit bei der Durchsetzung seiner Ziele. Wenn Andreas etwas sagte, dann handelte er auch danach. Das ist bis heute so geblieben. Nicht seine persönliche Meinung ist am Ende für ihn entscheidend, sondern die beste Lösung im Sinne aller. Andreas würde sich nie über das Ganze stellen. Das war der große Unterschied zwischen ihm und seinem Vorgänger. Genau so einen brauchten wir.

8. Juli 2015 – Fehler im System: Es war Sommer und die Handball-Szene in Aufruhr. Der Termin der Präsidentenwahl im September rückte näher, und immer wieder gab es gezielte Attacken gegen mich, die einzig und allein darauf abzielten, mich als DHB-Vize zu diskreditieren und das aktuelle Präsidium zu destabilisieren. Zudem verdichteten sich Gerüchte über Bestrebungen der Opposition, im Hintergrund eine erneute Kandidatur Bauers vorzubereiten. Die Findungskommission sah die Zeit für ihre Kandidatenkür gekommen. Wir saßen im Francucci am Kurfürstendamm in Berlin und wollten nun mit der Entscheidung für Andreas Michelmann an die Öffentlichkeit. Doch beim Versenden der Pressemitteilung wurde es abenteuerlich. Man könne das Schreiben jetzt nicht bearbeiten, hieß es seitens der DHB-Geschäftsstelle. Der Pressesprecher, der sonst für Verbandsmitteilungen aller Art zuständig war, weilte im Urlaub. Und das Mailsystem des DHB sei angeblich kaputt. Der weltgrößte Handballverband sah sich nicht in der Lage, eine Nachricht zu verschicken, die die Findungskommission herausgeben wollte. In der Zentrale hatten sie ganz offensichtlich kalte Füße bekommen. Ich rief bei Frank Steffel an. Er war nicht bloß Präsident der Füchse Berlin, sondern ein jahrelanger Freund. Als Bundestagsabgeordneter kannte er sich bestens aus mit Politik. Er war ein Strippenzieher, ein echter Profi. Wer, wenn nicht er, konnte uns in dieser verzwickten Situation einen Rat geben. „Derjenige, der die erste Meldung rausgibt, hat bei dem Thema die Deutungshoheit", sagte er mir. „Nur wenn ihr als Erster am Markt seid und der Bauer-Fraktion zuvorkommt, werdet ihr auch den nächsten Präsidenten stellen. Glaube mir, die erste Nachricht gewinnt." Wir verließen uns auf Steffels Rat und verfassten in Windeseile eine Pressemitteilung. Noch am selben Tag verschickte ich sie an die großen Agenturen. Minuten später ploppte sie im Internet auf, am nächsten Morgen berichteten die großen Zeitungen: „Die Findungskommission des Deutschen Handballbundes hat Andreas Michelmann einstimmig als Kandidaten für die Nachfolge von Bernhard Bauer bestimmt." Die Nachricht war in der Welt und konnte von nichts und niemandem mehr verhindert werden. Wir hatten Fakten geschaffen, gegen die Bauer erst einmal ankommen musste.

Die Sache mit Michelmann war übrigens das einzige Mal in meiner Funktionärskarriere, dass ich etwas an die Presse durchgesteckt habe, obwohl ich nicht befugt dazu war …

22. Juli 2015 – Angriff auf alle: Die Reaktion des Bauer-Lagers ließ nicht lange auf sich warten. Ein Informant teilte mit, dass einige Landesverbände, allesamt geführt von treuen Gefolgsleuten Bauers, einen Misstrauensantrag gegen die komplette Verbandsspitze planten. Auf einer außerordentlichen DHB-Bundesratssitzung wollte man die Abwahl des gesamten Präsidiums durchsetzen. Mir war natürlich klar, dass es sich bei dieser Aktion in erster Linie um einen gezielten Angriff auf mich handelte. Und mir war klar, dass dieser Antrag nur dazu dienen sollte, den Weg für eine Rückkehr von Bauer ins Präsidentenamt zu ebnen. Über die Härte und Vehemenz des Vorgehens der Putschisten war ich jedoch entsetzt. Man müsse mit aller Macht verhindern, hieß es, dass aus dem Deutschen Handballbund ein Deutscher Hanning-Bund werde. Bauers Plan war perfide. Nachdem er es nicht geschafft hatte, mich allein in die Knie zu zwingen, wollte er nun alle absägen. Es ging ihm darum, das Präsidium vom Hof zu jagen, das er vor nicht einmal zwei Jahren mit mir zusammengestellt hatte. Ihren Plan setzten die Landesverbände unter der Führung des Handballverbandes Württemberg ein paar Tage später in die Tat um. Sie machten den Antrag auf Abwahl des gesamten Präsidiums offiziell und sorgten damit für ordentlich Schlagzeilen. Alt-Bundestrainer Heiner Brand applaudierte öffentlich und begrüßte die Initiative der Landesverbände „ausdrücklich“. Ich erhielt dagegen Zuspruch von den Klubs und auch von Ligapräsident Uwe Schwenker, bevor es in die entscheidende Schlacht ums Präsidentenamt ging: die DHB-Bundesratssitzung am 8. August in Kassel. Der Handball stand vor einer Zerreißprobe mit ungewissem Ausgang.

6. August 2015 – Bauer deckt die Karten auf: Der Brief Bernhard Bauers an die Mitglieder des Bundesrates, der mir an jenem Tag zugespielt wurde, umfasste zwölf Seiten. Nun war es raus. Bernhard

Bauer kandidierte. Natürlich kandidierte er! Es überraschte mich nicht, dass Bauer seine Bereitschaft zur Rückkehr an die DHB-Spitze ausgerechnet zwei Tage vor dem Bundesrat veröffentlichte. Jener Sitzung also, auf der die 22 Landesverbände über den Antrag zur Abwahl des aktuellen Präsidiums entscheiden sollten. Was mich an dem Schreiben störte, war nicht die Ankündigung seiner Kandidatur. Mich störten die schmutzigen Methoden, mit denen er Stimmung gegen mich und meine Präsidiumskollegen machte. Und das, obwohl ich mich in all den Wochen öffentlich zurückgehalten und kein schlechtes Wort über irgendjemanden verloren hatte. Bauer verglich mich mit einem „Rumpelstilzchen". Er kandidiere, weil er prinzipiell der Ansicht sei, dass „Teamgeist und Fairness, Respekt und Achtung, Courage und Ehrlichkeit nicht verlieren sollten". Nach den letzten Äußerungen, die er gelesen habe, sei er so „erschüttert über die Wortwahl, die Unterstellungen und Diffamierungen", dass er gar nicht umhinkäme, „Flagge zu zeigen". Deshalb habe er zugesagt, zur Verfügung zu stehen, sollte der Antrag auf Abwahl des Präsidiums erfolgreich sein. Bauer, das war nun offiziell, versuchte mich mit Hilfe der Landesverbände aus dem DHB zu drängen.

8. August 2015 – Tag der Entscheidung: Mit viel Espresso und ein paar Riegeln Yogurette bekam ich meine Anspannung in den Griff. Die Sitzung in Kassel, das war mir nach den turbulenten letzten Tagen und Wochen bewusst, würde wegweisenden Charakter haben. Mit kernigen Reden wurden die Fronten schnell geklärt, die Stimmung im Saal kochte. Alles lief auf eine Kampfabstimmung über den Abwahlantrag unseres Präsidium hinaus, als die Bauer-Fraktion zu ihrem vermeintlich entscheidenden Coup ausholte. Mit einer SMS wollten sie unserer Kampagne endgültig den Garaus machen und unseren Kandidaten Andreas Michelmann zu Fall bringen. „lieber bernhard", hieß es in der Nachricht, die aus dem Frühjahr stammte und nun öffentlich vorgetragen wurde, „tritt nicht zurück. einer muss den hanning ja stoppen. vg andreas." Michelmann würde immer so tun, als sei er mein bester Freund, so das Kalkül der Bauer-Fraktion, doch hintenrum taktiere auch er. Genau das sollte diese SMS beweisen. Mist, murmelte ich vor mich hin. Wie lösen wir das? An der Loyalität von Andreas Michelmann hatte ich keine Zweifel, denn die SMS passte zwar voll in die Welt der Funktionäre. Nicht aber zu ihm. Alle schauten gebannt zu ihm und warteten auf eine Reaktion. „Das ist eine Beleidigung", sagte Michelmann, ein studierter Germanist, und wandte sich an die große Runde, „diese Nachricht ist nicht von mir. Sie entspricht nicht meinem Stil und nicht meinem Ausdruck. Und ich schreibe Grußformeln aus." Es folgte eine beinahe gespenstische Stille. Ich glaubte Michelmann jedes Wort. Ohne jeglichen Vorbehalt. Und diese SMS, das war auch klar, würde keiner rechtlichen Prüfung standhalten. Doch es ging in diesem Fall nicht um juristische Einwände, sondern darum, was das Gefühl der Delegierten sagte. Wir mussten dringend den Verfasser der SMS ausfindig machen. Es dauerte geschlagene dreißig Minuten, bis sich wie aus dem Nichts Andreas Thiel zu Wort meldete. „Auch wenn der Hanning mich erschießt", sagte er, „die SMS kommt von mir."

Bauer und Konsorten entglitten die Gesichtszüge, ihre Angriffstaktik war mit einem Schlag in sich zusammengefallen. Die Nachricht, mit der sie Andreas Michelmann an den Pranger stellen wollten, war von Andreas Thiel, dem Hexer, früheren Torwart-Idol und jetzigen Bundesliga-Justiziar. Damit fanden die Pläne zur Abwahl unseres Präsidiums natürlich keine Mehrheit mehr, das war's für Bernhard Bauer. Mit Andi Thiel bin ich übrigens längst wieder fein. Ich mag Menschen mit klarer Meinung und offenem Visier. Mist wäre es gewesen, wenn er damals in Kassel geschwiegen hätte. Doch er hat es nicht. Dieser Aufrichtigkeit gebührt mein Respekt.

26. September 2015 – Michelmann macht's: Am Tag der Wahl stellte sich der ganze Spuk um eine Rückkehr Bauers und den monatelangen Machtkampf als Sturm im Wasserglas heraus. Michelmann wurde auf dem außerordentlichen Bundestag in Hannover zum neuen DHB-Präsidenten gewählt. Eine goldrichtige Entscheidung für den Verband. Mit seiner Wahl kehrte endlich wieder Ruhe ein. Zu Bernhard Bauer habe ich bis heute keinen Kontakt mehr. Der Erfolg des DHB geht bis zu einem gewissen Grad auch auf seine Kappe.

Bernhard hatte seine Chance, doch er hat sie ohne Not weggeworfen. Bauer war sehr eloquent, sehr durchsetzungsstark und hatte eine große Lobby bei den Landesverbänden. Eigentlich war er genau der richtige Präsident für den Verband. Schade, denn wir hätten uns auf lange Sicht wunderbar ergänzen können, da bin ich mir sicher. Doch er hat sich überschätzt. Und mich und die anderen unterschätzt. Auch beim Schachspielen wird es gefährlich, wenn der Bauer sich für eine Dame hält.

Heiner Brand: (M)eine Lichtgestalt hört auf zu leuchten

Ich saß am Bett meiner schwerkranken Mutter Layla und hielt ihre Hand. Schilddrüsenkrebs im Endstadium. Mich überkam tiefe Traurigkeit, denn es war klar, dass sie nicht mehr lange zu leben hatte. Man hatte meine Mutter vor kurzem von der Berliner Charité in eine Spezialklinik in Hannover gebracht. Jetzt gaben ihr die Ärzte nur noch ein paar Tage. Ich verbrachte jede freie Minute im Krankenhaus, um jeden Moment von meiner Mutter zu erhaschen, den ich noch irgendwie erhaschen konnte.

Wir sprachen über das Leben und den Tod. Wir sprachen über meine Arbeit. Über meine Geschäftsführertätigkeit bei den Füchsen Berlin, aber auch über den seit Monaten andauernden Machtkampf mit Bernhard Bauer im Verband, der mich sehr beschäftigte. Und wir sprachen über unsere gemeinsame Zeit, ließen die Vergangenheit Revue passieren. Ich erinnerte mich noch gut daran, wie meine Mutter zum ersten Mal ein Handballspiel von mir besuchte. Wie sie an der Kasse vorbeistolzierte mit dem Hinweis, sie sei die Mutter von Bob, und dann während des Aufwärmprogramms schnurstracks zu mir marschierte, um mich mitten auf dem Spielfeld mit großem Tamtam zu begrüßen. Was war mir das unangenehm! Meine Mutter hatte mit Sport einfach nichts am Hut, und sie konnte die Dimensionen überhaupt nicht abschätzen, in welche mich der Handball einmal bringen würde. Natürlich war sie stolz auf mich, doch der Handball gehörte einfach nicht in ihre Welt, er existierte für sie nicht.

Wir sprachen in jenen Tagen im Krankenhaus auch viel über sie und ihre bewegte Kindheit. Wie sie nach der Geburt von ihrem leiblichen Vater entführt und in dessen Heimat, den Libanon, verschleppt worden war. Und wie sie erst mit dreizehn Jahren zurück nach Deutschland kam, nachdem meine Oma ein Lösegeld gezahlt hatte. Meine Mutter, und das möchte ich betonen, hatte im Libanon nie gelitten, aber die Erfahrung hat sie sehr geprägt. Wir sprachen über meinen Spitznamen Bob, den mir meine Eltern als Hommage an Bob Dylan, der wie ich mit bürgerlichem Namen Robert heißt, verpasst hatten. Und wir sprachen auch über die Trennung meiner Eltern, als ich zwei Jahre alt war. Und über die Rolle, die der Tod meines Bruders Tobias dabei spielte, der kurz zuvor und fünf Monate nach seiner Geburt an einer Hirnhautentzündung gestorben war. Ich erzählte meiner Mutter von der Verbindung, die ich noch immer zu ihm spürte. Noch heute sitzt die kleine Stoffpuppe von Tobias bei mir im Schlafzimmer auf der Bettkante. Es ist längst ein Ritual, dass ich kurz vor dem Einschlafen noch einen Blick auf das Foto werfe, das mich an seinem Babybett zeigt.

Es waren gute Gespräche, die ich mit meiner Mutter führte. Und sie bedeuteten mir unendlich viel. Ich vergaß die Welt um mich herum, merkte, wie unwichtig meine vielen Projekte und auch meine Probleme eigentlich waren. Und doch werde ich den 5. August nie vergessen, denn an jenem Tag wurden meine Mutter und ich jäh unterbrochen. SMS eines guten Freundes. Ich wollte das Handy wieder beiseitelegen, doch die Nachricht war stärker. „Bob, ich bin sprachlos. Kauf dir die *Sport Bild*! Ich fasse es nicht." Ich rannte also zum nächsten Kiosk. Als ich das Blatt aufschlug, spürte ich einen Stich im Herzen. Unzufriedenheit konnte ich verstehen. Ja, ich hatte die Dinge beim DHB schließlich mit einer gewissen Erbarmungslosigkeit durchgezogen, die gewiss nicht jedermann schmeckte. Doch selbst mit deinem ärgsten Feind gehst du so nicht um, wie Heiner Brand es in diesem Interview mit mir getan hatte. Und das nach unserer gemeinsamen Vergangenheit!

Uns hatte eine Freundschaft verbunden. Bis heute erinnere ich mich gern an unsere gemeinsame Zeit bei der Nationalmannschaft, daran, wie 1997 alles begonnen hatte. Ich war nach meinem Wechsel von TuSEM Essen nach Solingen mit dem Klub gerade in die 2. Bundesliga aufgestiegen, als Brand mich zu sich nach Hause nach Gummersbach einlud. „Deine Arbeit gefällt mir", sagte er. „Ich hätte dich gerne als Assistenztrainer bei mir in der Nationalmannschaft." Ich traute meinen Ohren kaum. Co-Trainer? Ich? Beim großen Heiner Brand? Bei dem Mann, der Gummersbach und Wallau/Massenheim zum Meistertitel geführt hatte? Der als Spieler den WM-Titel gewonnen und auf Vereinsebene so ziemlich alles abgeräumt hatte, was es abzuräumen gab? Brand war seinerzeit nicht weniger als der Inbegriff des deutschen Handballs, für den jungen Bob Hanning war er eine Ikone. „Bob, ich will dich", wiederholte Brand und wischte damit alle Zweifel weg. Die Bundesliga, erklärte er, wolle keinen Bundesligatrainer an seiner Seite. Und da passe es gut, dass ich gerade zum Sport-Ring Solingen-Höhscheid, dem Vorgängerklub des jetzigen Bergischen HC, gewechselt war.

Ich fühlte mich geehrt. Heiners Anfrage war ein Ritterschlag. Mit Heiner, das wusste ich, würde ich in eine neue Dimension vorstoßen. Ich brauchte also nicht lange zu überlegen und sagte zu. Natürlich sagte ich zu! Obwohl sich Deutschland für die WM 1997 in Japan nicht qualifiziert hatte und die letzte Medaille bei einem großen Turnier mit Olympia-Silber 1984 schon dreizehn Jahre zurücklag, stand für mich fest, dass es mit Heiner Brand als Bundestrainer eine positive Geschichte für den Handball geben wird. Und ein kleiner Teil dieser Geschichte war plötzlich ich.

Unser erstes gemeinsames Turnier führte uns im Mai 1997 nach Spanien. Der deutsche Handball war nicht sonderlich erfolgreich zu jener Zeit. Personell hatten wir nicht viel zu bieten. Zu viele ausländische Topleute in der Liga blockierten nachrückende Talente, in der Breite fehlte es uns an Qualität, zudem standen uns einige Schlüsselspieler aufgrund von Verletzungen für das Vier-Länder-Turnier in Torrejón nicht zur Verfügung. Heiner und ich waren recht verzweifelt. Ich erinnere mich noch, wie wir im Hotelzimmer auf den Betten lagen und Handballzeitschriften wälzten. Auf der Suche nach passenden Spielern studierte der eine die Statistiken der Handballwoche, der andere ackerte das Handballmagazin durch. Anschließend telefonierten wir dann die Spieler ab, um sie einzuladen.

Die Arbeit mit Heiner machte unheimlich Spaß. Bei großen Turnieren oder auf Lehrgängen saßen wir abends oft zusammen. Ich konnte ihm stundenlang zuhören, wenn er über Handball sprach, und profitierte enorm von seiner Erfahrung. Heiner hatte mit mir zwar nicht den Partner geholt, mit dem er sein geliebtes Weißbier trinken konnte. Ich neigte damals eher zum Pfefferminztee. Doch es war immer freundschaftlich. Für Heiner war es wichtig, dass er jemanden hatte, der die Sprache der Jungen spricht. Wobei sich schnell rausstellte, dass wir uns mit unseren erzkonservativen Werten viel ähnlicher waren, als er sich das vorher gedacht hatte.

Heiner vertraute mir. Das bewies er beim Supercup 1998, einem Turnier zur Vorbereitung auf die Europameisterschaft in Italien, als er mir die Verantwortung für die deutsche B-Nationalmannschaft übertrug. Ich betreute also das Team mit vielen jungen Leuten aus der zweiten Reihe. Dabei waren auch Spieler wie Markus Baur und Mike Bezdicek. Alle waren erfolgshungrig und brannten auf ihre Einsätze, ging es doch darum, möglicherweise noch auf den EM-Zug aufzuspringen. Ich weiß noch, wie ich vor dem ersten Spiel gegen Vizeweltmeister Schweden jedem Spieler einen Bleistift in die Hand drückte, den er zerbrechen sollte. Das war für die Jungs natürlich kein Problem. Im nächsten Schritt verteilte ich an jeden Spieler dann sieben Stifte, um ihnen zu zeigen, dass man sie zusammen nicht zerbrechen kann. Als eine solche Einheit wollten wir auftreten – und das taten wir. Wir spielten unfassbaren Handball, gewannen 24:22 und standen plötzlich kurz davor, das Halbfinale zu erreichen. Das rief den damaligen DHB-Sportdirektor Arno Ehret auf den Plan. Vor dem entscheidenden Gruppenspiel nahm er mich beiseite, denn es gab da ein Problem. „Ihr dürft auf gar keinen Fall gegen die Russen gewinnen", sagte er. Ich verstand die Welt nicht mehr. Ehret verwies auf die TV-Übertragung in der K.-o.-Runde in der ARD. „Wir können doch den Leuten nicht Deutschland A gegen Deutschland B live im Fernsehen zeigen", sagte er. Es durfte also alles passieren, nur nicht, dass wir dieses Spiel gewinnen. Arno hatte ja recht. Deutschland A gegen Deutschland B wollte keiner sehen. Doch sollte ich tatsächlich Verrat am eigenen Team begehen? Nur weil ein Länderspiel Deutschland A gegen Deutschland B im Fernsehen nicht funktionierte? So etwas mache ich nicht! Nie! Wir einigten uns schließlich auf einen Kompromiss. Ich wechselte ein bisschen durch, doch verschenken wollte ich nichts. Ehret standen die Schweißperlen auf der Stirn, er konnte aber schnell aufatmen. Nach ausgeglichener Anfangsphase gerieten wir rasch in Rückstand und verloren am Ende deutlich. Die Rechnung ging auf. Deutschland A holte den Pokal. Mit Heiner Brand als Trainer und mir als seinem Assistenten.

Mein Job als Co-Trainer war seinerzeit schwer zu definieren, wobei die Fronten zwischen Heiner und mir immer klar abgesteckt waren: hier der große Heiner, dort der kleine Bob. Und damit meine ich nicht unsere Körpergrößen. In Sachen Spielvorbereitung und Matchplan machte Heiner eigentlich fast alles selbst. Natürlich tauschte er sich mit mir aus und hörte mir zu, die Entscheidungen traf am Ende aber immer er und er übernahm auch immer die volle Verantwortung. Heiner wusste genau, was er wie wollte. Ich machte dann so ziemlich alles, was drumherum gerade anfiel. Ich half Heiner im Videoschnitt, was damals mit den VHS-Kassetten noch viel mühsamer war als heutzutage. Ich war für die Trikots verantwortlich, bestellte die Leihwagen oder rechnete das Tagegeld mit den Nationalspielern ab. „Was wollt ihr haben?", pflegte ich die Jungs immer zu fragen, „und was geht davon in meine Jugendkasse?" Jeder Nationalspieler musste bei mir immer einen kleinen Obolus für den Nachwuchs spenden. Die Arbeit des Assistenztrainers in jener Zeit war nicht im Ansatz damit zu vergleichen, wie sie heute ist. Für Tätigkeiten, für die wir heute sieben Leute haben, waren wir damals zu zweit zuständig. Und da konnte auch mal etwas schiefgehen. Eine Erfahrung, die ich bei der Europameisterschaft 1998 in Italien machte.

Um es vorwegzunehmen: Wir schlossen das Turnier auf einem tollen dritten Platz ab und holten mit Spielern wie Jan Holpert und Klaus-Dieter Petersen die erste Medaille für Deutschland in der EM-Geschichte. Für mich war das ein toller Erfolg, doch in der Vorrunde zahlte ich bei meinem ersten großen Turnier auf internationalem Parkett erst einmal Lehrgeld.

Es liefen die Vorbereitungen auf unser letztes Gruppenspiel in Meran gegen Litauen. Wie es damals üblich war, teilte ich die Trikots schon im Hotel an die Spieler aus. Auch Henning Siemens bekam eines. Der Rückraumspieler vom THW Kiel wurde von Heiner an jenem Tag in die Startaufstellung beordert und sollte sein erstes EM-Spiel bestreiten. Mit großer Vorfreude ging es in die Halle. Noch ein Spiel bis zum Halbfinale! Kurz vor dem Anpfiff schmetterten wir zusammen die Nationalhymne, als mich der Supervisor vom Kampfgericht plötzlich und wild gestikulierend zu sich winkte. Er zog mich dann ganz nah zu sich und flüsterte mir, dass Siemens auf keinen Fall spielen dürfe. Die Nummer auf seinem Trikot stimmte nicht mit der auf dem Spielberichtsbogen überein. Ich hatte Siemens das falsche Hemd gegeben! Was für ein Fauxpas. Mir wurde ganz schummrig … Ich lief schnell rüber zu Heiner und beichtete meinen Fehler. Er war – gelinde gesagt – nicht besonders glücklich.

Mein Ausweg aus dieser verzwickten Situation war Christian Schwarzer. Unser Kreisläufer wurde bei dem sportlich unbedeutenden Spiel geschont, und so konnte ich ihn losschicken, um das fehlende Trikot aus dem Hotel zu holen. Ich ärgerte mich maßlos, so ein Fehler war mir noch nie passiert … Doch das Schicksal stand mir bei. Blacky war gerade losgefahren, als in der Halle das Licht ausfiel. Es dauerte geschlagene 25 Minuten, bis der Fehler behoben war und die Partie wieder angepfiffen werden konnte. Kurze Zeit später stand Schwarzer dann auch schon mit dem richtigen Trikot bei uns an der Auswechselbank. Ab dem zweiten Angriff war Siemens mit von der Partie – und kam doch noch zu seinem Debüt. Die Jungs grinsten mich an. Für den Stromausfall hatten sie mich verantwortlich gemacht. Diesmal hatte mir aber eine glückliche Fügung aus der Patsche geholfen. Schon am Abend konnte auch Heiner über den Vorfall lachen. Er hatte mir verziehen. Doch er konnte auch anders.

Heiner ist ein typischer oberbergischer Sturkopf mit einem ganz weichen Herzen. Wenn die Jungs allerdings mal ohne seine Erlaubnis Party machten, dann brannte es lichterloh. Da verstand er keinen Spaß und konnte ziemlich laut werden. Mein Job war es dann zu vermitteln. Ich erinnere mich, wie nach einem Qualifikationsspiel wild gefeiert wurde. Heiner tobte. Einen Spieler wollte er rausschmeißen, weil der gesoffen hatte. Dabei mussten wir erst drei Tage später wieder antreten. „Heiner", sagte ich am nächsten Morgen zu ihm, „lass mich das lösen. Ich mache nach der Einheit noch ein bisschen Schusstraining hinten raus." Heiner willigte ein, und ich absolvierte mit dem Spieler ein Training, das er nicht mehr vergessen sollte. Es war so anstrengend, dass er sich kurz nach dem Training übergeben musste. Auf Partys bei der Nationalmannschaft verzichtete er fortan.

Zum Abschluss unserer gemeinsamen Zeit beim DHB durfte ich an Heiners Seite meine ersten Olympischen Spiele erleben. Es waren geradezu magische Momente mit dem Team 2000 in Sydney. Wir wohnten mit der Mannschaft im olympischen Dorf, und ich genoss die abendlichen Spaziergänge mit Heiner über das weitläufige Gelände in vollen Zügen. Natürlich sprachen wir über das Sportliche, über unsere tolle Vorrunde und am Ende auch über die schmerzhafte Viertelfinal-Niederlage mit einem Tor gegen Spanien. Wir redeten aber auch über Privates, über meine Zukunftspläne und Heiners Familie. An einen Abend erinnere ich mich noch, da kamen wir gerade von einer unserer gemeinsamen Runden und hatten den Eindruck, dass etwas nicht stimmte. Einer unserer Spieler, das war unsere Vermutung, war getürmt. Und wir dachten dabei an Kretzsche, unseren Linksaußen, bei dem sich damals ein Verhältnis zur Schwimmerin Franziska van Almsick anbahnte. Wir wussten damals von nichts. Kretzsche hatte sein Zimmer mit Sven Lakenmacher unten rechts bei uns im Haus. Kurz vor dem Schlafengehen schlichen wir also vor deren Tür und überlegten, ob wir reingehen und nach dem Rechten schauen sollten. Doch alles war ruhig. Heiner und ich grinsten uns an – wir ließen die Tür verschlossen. Es war gut so.

Nach Sydney endete unsere Zusammenarbeit beim DHB. Ich hatte Solingen als Trainer inzwischen in die Bundesliga geführt. Trainer in der ersten Liga und Co-Trainer in der Nationalmannschaft: Das ließ sich zeitlich nicht miteinander vereinbaren und war auch vom Ligaverband so nicht gewollt. Heiner und ich gingen im Guten auseinander. Ich habe ihm unheimlich viel zu verdanken. Er hat mich auf ein neues Level gehoben. Und ja, für ihn hätte ich damals sogar mein letztes Hemd gegeben. Heiner war für mich unantastbar, ich schaute zu ihm hoch. Nichts, aber auch gar nichts deutete darauf hin, dass unser Verhältnis Jahre später dermaßen zerstört werden würde.

Während ich in den folgenden Jahren erst als Trainer und dann als Manager in der Bundesliga Karriere machte, führte Heiner die Nationalmannschaft in neue Höhen. Der EM-Titel 2004 und die olympische Silbermedaille waren große Erfolge, die dem deutschen Handball einen Schub gaben. Der WM-Titel im eigenen Land 2007 toppte dann noch mal alles. Beim Endspiel gegen Polen saß ich auf der Kommentatoren-Tribüne und war Heiners größter Fan. Spätestens als sie ihn mit angeklebten Schnauzbärten durch die Halle trugen und er ein paar Monate später das Bundesverdienstkreuz erhielt, wurde er für mich zur Lichtgestalt des deutschen Handballs.

In den Jahren nach dem Wintermärchen war in der Nationalmannschaft jedoch spürbar die Luft raus. Der neunte Platz bei den Olympischen Spielen 2008 in Peking war nicht das, was man sich erhofft hatte. Weil die Tendenz deutlich nach unten zeigte, fing es in der Liga an zu rumoren. Und auch die Verbandsachse mit Präsident Strombach und dessen Vize Bredemeier an der Spitze, die zunächst super funktionierte, geriet mehr und mehr in die Kritik. Begriffe wie Kumpanei und Vetternwirtschaft machten die Runde. Und auch ich bekam allmählich Magengrummeln, wenn ich an die Zukunft des deutschen Handballs dachte. Nach Platz zehn bei der EM 2010 und Rang elf bei der WM 2011 war klar, dass etwas passieren musste.

Mit meiner Wahl zum Vizepräsidenten wechselten Heiners und meine Rollen. Brand war inzwischen vom Bundestrainer zum DHB-Manager für die Bereiche Nachwuchsförderung und Sponsoren umfunktioniert worden. Und ich verantwortete ab dem Herbst 2013 plötzlich den gesamten Leistungssport im Verband. Natürlich wusste ich um Heiners herausragende Verdienste und erinnerte mich an unsere schöne und intensive gemeinsame Zeit bei der Nationalmannschaft. Ich kannte auch seinen unglaublich liebenswürdigen Umgang mit seinen Enkelkindern. Aber all das hatte nichts mit der Sache zu tun. Im Handball war Heiner inzwischen zu einem Auslaufmodell geworden. Leider. Er verkörperte die gute alte Zeit. Das ist gut und wichtig und hat auch seine Berechtigung. Ich aber kämpfte für eine goldene Zukunft, in der es für die alte Riege keinen Platz mehr gab. Ich wollte die Veränderung, und beim Verband hatten es sich nach dem WM-Titel alle bequem gemacht. Auch Heiner Brand. Der DHB war ein Klub von Freunden unter sich geworden, ein lähmendes System mit großem Wasserkopf und kleinem Ertrag. Ich hatte nicht mehr das Gefühl, dass wir uns entwickeln, und ich betrachtete das als große Gefahr für den Handball in Deutschland. Ein Bruch mit der Person Heiner Brand stand damals für mich aber nicht zur Diskussion. Nie! Es ging mir in meinem beruflichen Leben nämlich nie um Persönliches. Ich habe die Person Heiner Brand und die Sache, um die es mir ging, immer voneinander getrennt. Doch in der Sache brauchten wir dringend Veränderung. Das System Brand war am Ende!

Heiner hatte mit der neuen Situation schwer zu kämpfen. Das spürte ich. Er wusste, dass er mich bei meinem Reformkurs nicht aufhalten konnte. Doch er versuchte, es mir so schwer wie möglich zu machen, und akzeptierte mich vom ersten Tag an nicht als seinen Vorgesetzten. Bei meiner Wahl verhielt er sich zwar neutral, doch ansonsten kritisierte er mich und meine Maßnahmen, wo und wann immer er konnte. Zum großen Bruch war es eigentlich schon mit der Veröffentlichung meines Thesenpapiers „Amateure hoffen, Profis arbeiten“ gekommen. Meinen Angriff auf den DHB wertete er als einen persönlichen Angriff auf ihn.

Es dauerte nicht lange, bis Heiner sich bei unserem Präsidenten Bernhard Bauer beschwerte. Unter mir, sagte Brand, seinem einstigen Lehrling, könne er nicht arbeiten. Ich verabredete mich daraufhin zu einem Gespräch mit Heiner bei einem Juniorenlehrgang in Warendorf. Über Dritte und die Öffentlichkeit war genug geredet worden. Mir war es jetzt wichtig, die Dinge persönlich zu klären. Auf der Anreise schwirrten mir viele Dinge im Kopf herum. Ich dachte an unsere vielen wunderbaren Gespräche bei Pfefferminztee und Weizenbier, an unseren gemeinsamen Bronze-Coup in Italien und an unsere Spaziergänge durchs olympische Dorf in Sydney. Doch ich wusste, dass all die schönen Erinnerungen für unser Treffen jetzt keine Rolle spielen durften. Ich hatte beim Verband schließlich nicht als Frühstücksdirektor angefangen – für gute Laune waren andere zuständig.

Was jetzt kam, hätte sich wohl kaum einer getraut. Denn so etwas konntest du mit einem Heiner Brand zu jener Zeit und mit seiner Geschichte eigentlich nicht machen. Ich machte es trotzdem. „Heiner, ich finde es schade, wenn du nicht mit mir arbeiten willst. Damit ist für mich aber auch klar, dass du ab sofort aus jeder sportlichen Entscheidung raus bist." Ich hielt kurz die Luft an und wartete gespannt auf seine Reaktion. Die war überraschend. Heiner blieb betont ruhig und akzeptierte. Es war aus meiner Sicht ein gutes Gespräch, es gab keine Beleidigungen, Vorwürfe oder Schuldzuweisungen. Den Veränderungen im Verband würde künftig nichts mehr im Weg stehen. Mit diesem Gespräch war der Ära Brand das Licht ausgeschaltet, die Lichtgestalt leuchtete nicht mehr.

Mein Wunsch, dass sich unsere persönliche Beziehung von nun an normalisieren würde, erfüllte sich nicht. Ab jetzt herrschte Eiszeit zwischen Heiner und mir. Eine direkte Kommunikation fand nicht mehr statt. Ich erinnere mich an ein Treffen, bei dem ich ihm zur Begrüßung die Hand reichen wollte, doch er wich aus. Es machte mich traurig, ließ sich aber ganz offensichtlich nicht ändern. Es gab in den folgenden Monaten dann immer mal Angriffe aus dem Hinterhalt mit bissigen Kommentaren oder kritischen Aussagen in den Medien über meine Arbeit, doch die interessierten mich nicht. Bis zu Heiners Interview in der *Sport Bild* an jenem Mittwoch im August 2015.

Ich traute meinen Augen kaum, als ich das Heft aufschlug. „Dass der DHB so tief gespalten ist, basiert allein auf der Person von Bob Hanning", las ich mit offenem Mund. „Es war vielen bekannt, dass er eine sehr narzisstische Persönlichkeitsausprägung hat. Solche Menschen können keine vernünftige Beziehung aufbauen oder im Team arbeiten." Bei mir, so formulierte es Heiner in dem Beitrag, stehe „vor allem die Eigeninszenierung im Vordergrund. Hanning braucht Leute und benutzt sie."

Die Kritik traf mich unvorbereitet und mit voller Wucht am Bett meiner todkranken Mutter. Heiner, dessen hochdotierter Vertrag beim DHB kurz zuvor ausgelaufen und nicht verlängert worden war, stellte mich öffentlich an den Pranger. Und das in einer Art und Weise, wie ich es zuvor noch nicht erlebt hatte und auch hinterher nie wieder erlebt habe. Ich lasse mir einiges nachsagen und bin offen für alle möglichen Formen der Kritik, doch dieses Zerstörungsinterview – nichts anderes war es – war definitiv der eine Schritt zu viel. Nie im

Leben würde ich so mit einem Menschen umgehen, da bin ich anders erzogen worden. Heiner hatte eine Grenze überschritten, und mir war klar: Jetzt musst du dich auch emotional von diesem Menschen trennen. Und so gab ich mir am Totenbett meiner Mutter Layla ein Versprechen: „Ich werde nicht auf seine Beerdigung gehen."

Beim Thema Heim-WM 2019 rauften wir uns noch einmal zusammen, weil Heiner für uns als Turnier-Botschafter auftrat. Wir gaben ihm noch einmal die Bühne, die er mit seinen großen Erfolgen als Trainer und Spieler zweifellos verdient hatte. In diesem Moment war mir die Plattform unserer Sportart wichtiger als unser Zwist. Und doch hätte ich mir gewünscht, dass Heiner sich im Laufe der Jahre für seine Aussagen irgendwann mal bei mir entschuldigt. Diese Möglichkeit gibt es schließlich immer. Inzwischen warte ich aber nicht mehr darauf, das Thema ist für mich durch. Auf persönlicher Ebene ist Heiner Brand im August 2015 für mich zusammen mit meiner Mutter gestorben.

Bad Boys: Was mir keiner nehmen kann

„Bob", fauchte Dagur Sigurðsson in unsere Richtung, und seine blauen Augen blitzten dabei gefährlich auf, „tut mir einen Gefallen: Redet bitte draußen. Das lenkt extrem ab." Andreas Michelmann, Mark Schober und ich schauten uns schuldbewusst an und schlichen aus dem Raum. Wir hatten uns über die Olympischen Sommerspiele unterhalten, das war beim Bundestrainer überhaupt nicht gut angekommen. Jetzt war Januar. Jetzt war Polen. Jetzt war Europameisterschaft. Das erste Vorrundenspiel gegen Spanien stand an. Und er verlangte, dass alle sich zu einhundert Prozent darauf konzentrieren. Zu Recht! Nichts und niemand sollte ihn und die Mannschaft stören.

Im Aufenthaltsraum unseres Teamhotels in Breslau war die ungeheure Energie zu spüren, die im Januar 2016 von der Truppe und ihrem Trainer ausging. Dagur war vollkommen humorlos, wenn er Störgeräusche wahrnahm. Er duldete kein Kasperletheater. Ich fand das nur gut. Die leise Hoffnung keimte auf, dass es nach den ganzen Querelen an der Verbandsspitze vielleicht doch ein leidlich erfolgreiches Turnier werden könnte. Trotz der Ausfälle von vier Stammspielern. Trotz des Fehlens von Kapitän Uwe Gensheimer. Und trotz der Tatsache, dass vierzehn unserer sechzehn Spieler noch kein einziges EM-Spiel bestritten hatten. Sigurðsson hatte der Mannschaft in den ersten fünfzehn Monaten seiner Amtszeit Leben eingehaucht und ein Klima des Vertrauens geschaffen, untereinander und in die eigene Stärke. Sein Motto war: „Keiner ist größer als die Mannschaft."

Dass er kurz vor dem Turnier mit Silvio Heinevetter seinen langjährigen Torwart von den Füchsen Berlin aus dem Kader gestrichen hatte und stattdessen auf das Gespann Andreas Wolff aus Wetzlar, damals noch eher wenig bekannt, und Oldie Carsten Lichtlein setzte, war mutig. Damit demonstrierte er, dass er auch vor unpopulären Maßnahmen nicht zurückschreckte. Man spürte: Dagur wusste, was er tat, er verfolgte einen Plan. Und wenn er mal keinen hatte, war genau das sein Plan! Er verbreitete eine Aura der Unnahbarkeit um sich, die ihn unantastbar machte – nach innen für die Mannschaft und nach außen für die Öffentlichkeit.

Er verstand es, die Spieler mitzunehmen und sie für seine Themen zu begeistern, er schuf immer wieder Situationen, die besonders waren. Und herrlich unkonventionell und überraschend, zum Beispiel bei der Turniervorbereitung. Da reiste er mit der Mannschaft schon mal in seine Heimat nach Island. Ein einfaches Hostel in einer ehemaligen Keksfabrik diente als Unterkunft. Tagsüber ließ er die Spieler Vulkane hochsprinten oder im Box-Gym schwitzen, abends gab es Burger und Bier oder Pizza und Rotwein. Im Trainingslager kam es vor, dass die Jungs Szenen aus *Romeo und Julia* einstudierten oder eigene Lieder komponierten. Bei allem Spaß wusste Dagur dabei aber immer auch eine gewisse Distanz zu wahren.

Sigurðsson war nicht bloß Handballtrainer. Sein Blick ging über den Tellerrand hinaus. Er ordnete alles der Sache unter, wenn er überzeugt war, dass es dem Erfolg der Mannschaft diente. Beispielsweise reduzierte er den Betreuerstab deutlich, um weniger Leute um das Team herum zu haben und den Fokus stärker auf den Sport zu lenken. Bei Lehrgängen bestand er auf eine standesgemäße Art der Unterbringung. „Wir gehen mit den Jungs künftig nur noch in Fünf-Sterne-Hotels in den großen Städten", ordnete er an. Seine Begründung: „Wir wollen, dass die Jungs gern zur Nationalmannschaft kommen." Das war ein neuer, bisher unbekannter Weg: Weg aus den Sportschulen und Dörfern, rein ins pralle Leben der Zentren. Dagur dachte immer groß. Zur Vision Olympiasieg gehörte nun mal Fünf-Sterne-Hotel. Da hatte er schon recht, wie auch Bundeskanzlerin Angela Merkel bei einem Empfang im Kanzleramt nach der EM bemerkte: „Ich verstehe diese Einstellung. Damit die Jungs auch mal einen Kaffee trinken gehen können." Wir lachten. Aber genau das war es. Kaffee im Fünf-Sterne-Hotel ist halt etwas anderes als Sportschule in Badelatschen.

Seinen größten Coup landete Sigurðsson mit seiner Idee der *Bad Boys*. Er spürte, dass dem Team noch etwas fehlte, etwas, das über das Sportliche hinausgeht. Ein Momentum, das du nicht erklären kannst. Also zeigte er der Mannschaft einen Dokumentarfilm über die Basketballer der Detroit Pistons, die in den 1980er Jahren mit ihrer körperbetonten Spielweise ohne große Superstars als *Bad Boys* die NBA aufmischten. Was sie sich dabei denken sollten, überließ er den Spielern. Die Sache mit den Bad Boys war einzig und allein Dagurs Idee und seine Geschichte gewesen. Damit hatte keiner sonst etwas zu tun, auch ich nicht. Nichts. Alles Sportliche war sein Ding. Immer.

Die Jungs fanden es großartig. In der Kabine hingen fortan Plakate von den Pistons, es lief deren Musik, und die Mannschaft machte sich den Schlachtruf der Bad Boys zu eigen, nach dem Motto: Wir gegen den Rest der Welt. Es wirkte wie Magie, Magie, die in den folgenden Tagen für alle sichtbar werden sollte.

Zwar ging das Auftaktspiel gegen Spanien verloren, doch die Mannschaft, das jüngste aller EM-Teams, ließ sich davon nicht beeindrucken. Für den weiteren Turnierverlauf war die Partie gegen Schweden entscheidend. Zur Halbzeit lagen wir mit vier Toren zurück, mit einer Niederlage wären wir aus dem Turnier ausgeschieden. Unsere Co-Trainer Axel Kromer und Alexander Haase hatten dann die zündende Idee, die Deckung auf eine offensive 4:2-Variante umzustellen. Obwohl die erste Abwehraktion komplett schiefging und die Schweden besser in die zweite Halbzeit starteten, vertraute Dagur der Maßnahme seiner Assistenten. Und die Mannschaft vertraute den Worten ihres Trainers. Wenn Dagur damals sagte: Springt!, dann sind die Spieler gesprungen. So auch gegen die Schweden. Unsere Abwehr ließ in der zweiten Halbzeit kaum noch etwas zu, und speziell Andi Wolff wuchs über sich hinaus. Er schien die Bälle magisch anzuziehen. Und so schieden wir nicht vorzeitig aus dem Turnier aus, sondern gewannen 27:26 und qualifizierten uns für die Hauptrunde.

Wir waren jetzt voll im Turnier, besiegten Slowenien, Ungarn und Russland, und selbst Dänemark konnte uns auf dem Weg ins Halbfinale nicht stoppen. Die Dänen waren haushoher Favorit, doch sie hatten Schiss vor uns. Das ist kein Witz! Dänemark mit seinen vielen Ausnahmehandballern hatte Angst vor unserer Bubi-Truppe. Sie trauten sich phasenweise nicht mehr in die Nähe unserer Abwehr, denn dort gab es dermaßen vor die Brust, dass es schon beim Zuschauen weh tat. Ich bin wahrlich nicht mit der Hoffnung nach Breslau gefahren, Europameister zu werden. Die Wettquote auf einen

Titelgewinn der deutschen Mannschaft lag nach den vielen Enttäuschungen in der Vergangenheit und angesichts der vielen Ausfälle vor dem Turnier bei 1:23. Wir waren krasser Außenseiter. Aber ich hatte die Entwicklungssprünge unter Dagur in den vorangegangenen Monaten bemerkt und wusste, welches Potenzial in dieser Mannschaft mit diesem Trainer schlummerte. Selbst die Verletzungen von Steffen Weinhold und Christian Dissinger im Laufe des Turniers wurden kompensiert und fielen nicht groß ins Gewicht. Es war dieser Teamgedanke, der uns ausmachte. Team stand nicht für Toll-Ein-Anderer-Macht. Sondern es gab ein Totales-Engagement-Aller-Mitspieler. Und mit jedem Sieg wuchs der Glaube an etwas ganz Großes. Andi Wolff sprach schon nach den ersten Spielen offen vom EM-Titel. Je länger das Turnier dauerte, desto mehr Spieler schlossen sich ihm an. Die Bad-Boy-Nummer verselbständigte sich. Am Ende glaubte jeder daran. Wir waren nicht mehr zu stoppen.

Abseits der Platte hätte man keinem der Jungs den Bad Boy abgenommen. Doch wehe, wenn der Anpfiff ertönte. Dann wurde aus dem 24-jährigen Andi Wolff das Tier im Tor und aus dem 23-jährigen Finn Lemke, dem sonst so unaufgeregt-zurückhaltenden Studenten der Sozialen Arbeit, ein gefürchteter Abwehrriese, der seine Gegenspieler reihenweise durchschüttelte. Lemke war es, der sinnbildlich für den Geist des Teams stand. Auf der einen Seite ist Finn der am sozialsten veranlagte, der liebste Mensch, den ich kenne, der scheinbar keiner Fliege etwas zuleide tun kann. In Polen jedoch schlüpfte er in die Bad-Boy-Rolle wie kein Zweiter. Die Gegenspieler wollten auf jeden zukommen, aber nicht auf Lemke. Auch in der Kabine gab er den Ton an. „Wir nennen uns Bad Boys", sagte er, „dann lasst uns auch so spielen, hart, aber fair." Wo Finn war, da brannte es. Nach den Spielen rannte er aufgedreht und voller Adrenalin durch die Katakomben und wusste manchmal nicht einmal, wie es ausgegangen war. Die EM war sein erstes Turnier mit der Nationalmannschaft. Innerhalb weniger Länderspiele nahm er eine Entwicklung, wie ich es nie zuvor bei einem Nationalspieler erlebt hatte. In Rekordzeit wurde er zum Herzstück unserer Defensive, gab im Innenblock lautstark die Richtung vor, warf sich in jeden Zweikampf und stopfte jedes Loch mit bestechender Beinarbeit. Das Feuer in seinen Augen war für jeden gut sichtbar, vor allem für seine Gegenspieler.

Dann folgte das Halbfinale gegen Norwegen. Es war das einzige Spiel bei dieser EM, bei dem Dagur nicht so recht wusste, was er machen sollte. Wir waren plötzlich nicht mehr der große Außenseiter, sondern auf Augenhöhe. Norwegisches Märchen gegen deutsches Märchen. Aber auch in diesem Spiel bewies Dagur das richtige Händchen, indem er den beiden Nachzüglern Kai Häfner und Julius Kühn das Vertrauen schenkte. Beide waren nach den Verletzungen von Weinhold und Dissinger erst wenige Tage zuvor zum Team gestoßen, hatten unsere Hauptrundenerfolge noch auf der heimischen Couch verfolgt. Jetzt schrieben sie eine der großen Geschichten des Turniers. Beide trafen im Thriller gegen Norwegen fünfmal. Häfner war es, der mit seinem Tor fünf Sekunden vor dem Ende der Verlängerung das Spiel zu unseren Gunsten entschied. Während die Mannschaft auf dem Feld ausgelassene Jubeltänze aufführte, musste ich mich auf der Tribüne kneifen lassen. Es wirkte alles so surreal. Mit einer Truppe lauter No-Names, von denen einige Spieler inzwischen mehr Länderspiele als Bundesligaeinsätze auf dem Buckel hatten, standen wir plötzlich im EM-Finale. Als erstes deutsches Team seit zwölf Jahren.

Der Tag vor dem Endspiel gegen Spanien war besonders. Natürlich war er das. Tage vor Endspielen sind immer besonders. Merkwürdigerweise spürte ich aber keinerlei Nervosität. Es war eher ein Kribbeln, eine geradezu kindliche Vorfreude auf das, was kommen würde. Das mag vielen so gegangen sein. Sogar die Kanzlerin hatte angerufen, um uns ihre guten Wünsche mit auf den Weg zu geben. Nachmittags saß ich mit Fabian Wiede, meinem Nationalspieler von den Füchsen Berlin, in der Innenstadt von Krakau. Wir tranken Kaffee. Das haben wir immer so gemacht. Vor unseren Finalspielen im DHB-Pokal oder im Europacup, im Weltpokal, aber auch vor den vielen Endspielen bei Jugend-Meisterschaften. Ich begleite Fabian als Trainer und Manager schon von Kindestagen an. „Dieser Tag wird euer Tag", sagte ich zu ihm.

Davon war ich in diesem Augenblick überzeugt. Diese Mannschaft konnte keiner mehr aufhalten. Egal, wer da kam. Die Jungs hatten einen Vertrag gemacht, einen Vertrag mit sich selbst. Und darin stand der Titel. Nehmen wir Andi Wolff. Er redete nicht und machte auch keine Faxen. Saß einfach da. Die Aura des Unbezwingbaren umgab ihn. Mit so einem Torwart, dachte ich, kann nichts passieren. Undenkbar. Wir spielen zu null!

Ich bin überzeugt davon, dass Spiele entschieden werden, bevor der Anpfiff ertönt. Im Kopf. Jedenfalls war es so in Polen. Das war unser Moment. Das war unser Titel. Und das war vor dem Spiel klar. Wir waren alle dermaßen überzeugt, dass es passieren wird, dass ich vor dem Endspiel gegen Spanien mit unserem Präsidenten heimlich die Stadt abklapperte, um den richtigen Laden zu finden, wo hinterher gefeiert würde.

Am 31. Januar 2016 wurde tatsächlich ein Kapitel deutscher Sportgeschichte geschrieben. Einem Vergleich mit den EM-Coups der Fußballer Dänemarks 1992 und Griechenlands 2004 hält unser sensationeller Titelgewinn locker stand. „Heute kann uns niemand schlagen! Heute nicht!“, brüllte Finn Lemke der Mannschaft vor dem Spiel in der Kabine entgegen. „Heute ist unser Tag!“ Und genau so kam es. Mit einer Abwehrleistung, die uns auf der Tribüne sprachlos machte, und einem Andi Wolff, der das Torwartspiel mit unfassbaren Paraden und 48 Prozent gehaltener Bälle neu zu definieren schien, entzauberten wir die Spanier. Wir revanchierten uns nicht bloß für die Niederlage zum Turnierauftakt. Nein, dieses Spiel kam einer Demontage gleich. 24:17. In Worten: vierundzwanzig zu siebzehn! Im Endspiel. Gegen Spanien. Noch nie hatte eine Mannschaft in einem EM-Finale so wenig Gegentore zugelassen wie unsere Mannschaft an jenem Tag. Unsere Spieler kamen aus Wetzlar, Balingen oder Lübbecke, und nun waren sie die Handballkönige Europas. Kein Drehbuchautor der Welt hätte sich eine bessere Dramaturgie ausdenken können. In den zwei Wochen von Breslau und Krakau wurden aus Bubis Männer, aus belächelten Nobodys wurde eine furchteinflößende Bad-Boy-Gang.

Die Glückwünsche kamen aus der gesamten Republik, von Freunden, Kollegen, Vereinen und Verbänden, von Sportlern und Prominenten aus dem ganzen Land, was diese Leistung widerspiegelte. Selbst Bundespräsident Joachim Gauck gratulierte persönlich. „Als jüngstes Team haben Sie Hervorragendes geleistet", schrieb er unseren Jungs. „Mit Ihnen freut sich ganz Deutschland über diesen beeindruckenden Erfolg." Er zeigte sich „begeistert von dem Mannschaftsgeist. Sie können mit Recht stolz auf diese großartige Leistung sein. Feiern Sie diesen Sieg." Oh ja, das taten wir. Dem Partybefehl kamen wir gerne und gründlich nach. Noch in der Kabine bekam ich eine Sektdusche verabreicht, anschließend zogen wir weiter in die Krakauer Innenstadt und erlebten eine Nacht, die wir so schnell nicht wieder vergessen sollten.

Ich hielt mich bei der ganzen Feierei wohlweislich etwas zurück. Und das war auch gut so, denn einer musste schließlich den Überblick behalten. Ich erinnere mich noch gut an einen „Notfall" mitten in der Nacht. Unser Präsident Andreas Michelmann, unser Betreuer Volker Schurr und ich wollten gerade das Lokal, in dem wir mit der Mannschaft feierten, verlassen und uns brav auf den Heimweg machen, als uns ein deutscher Fan aufhielt: „Kümmert euch mal um euren Spieler da", sagte er und deutete auf unseren Abwehrchef. Finn Lemke war die polnische Kneipenluft anscheinend nicht so gut bekommen, er wirkte etwas derangiert. Wir setzten ihn ins Taxi und fuhren mit ihm zurück ins Hotel. Leider war Finn so müde, dass ihm schon im Auto nach Schlafen war. Weil eine Rückbank im Taxi für einen schlafenden 2,14-Meter-Riesen aber etwas klein ist, kurbelte er das Fenster runter, so dass sein Kopf während der Fahrt rauslugte. Ich saß im Auto dahinter und hoffte inständig, dass der Fahrer bloß weit genug Abstand von Ampeln und Betonpfeilern halten würde. Am Hotel angekommen, schleiften wir Lemke auf sein Zimmer und hievten ihn mit vereinten Kräften ins Bett. Mit der Presse, die noch immer im Hotelfoyer ausharrte und das Schauspiel interessiert beobachtete, machten wir einen Deal und vereinbarten Stillschweigen.

Es war eine fabelhafte Reise gewesen. Der letzte Stopp sollte am Tag nach dem Finale Berlin sein. Schon vor dem Halbfinale gegen Norwegen hatten wir die Schmelinghalle gemietet. Wir hatten keinen blassen Schimmer, wie viele Leute an einem Montagnachmittag kommen würden, um mit der Mannschaft zu feiern. Würden es 100 sein, 200, 1000 oder 2000? Ein Empfang, ein Fanfest, war ja sonst nur im Fußball üblich. Die erste Schrecksekunde des Tages ereilte uns im Mannschaftsbus auf dem Weg zum Flughafen in Krakau. Wir hatten gerade Platz genommen, da kam die Durchsage: „Terrorwarnung." Mir brach der Schweiß aus. Die Party in Berlin war bestellt, mit DJ Ötzi als Liveact. Die ARD wollte übertragen. „Dann fahren wir eben mit dem Bus durch", rief Dagur. Alle lachten. „Das können wir nicht machen", antwortete ich, „das schaffen wir niemals rechtzeitig. Die Leute warten doch alle auf uns." Kurz bevor wir den Flughafen erreichten, wurde die Terrorwarnung aufgehoben. Meine nächste Sorge war, ob wir unsere Schwergewichte nach der ausschweifenden Partynacht mit wenig Schlaf und viel Alkohol alle heil in den Flieger bekommen würden. Aber selbst Lemke war äußerlich nichts mehr anzumerken.

Die nächste Klippe auf dem Weg auf die große Bühne war der Fahrstuhl der Max-Schmeling-Halle, meinem Fuchsbau. Im VIP-Raum sollte es für die Spieler vor unserem Auftritt noch einen Happen zu essen geben. Wir also alle rein in den Aufzug, die sich wild und ausgelassen gebärdende Mannschaft, danach Präsident Michelmann und zuletzt ich. „Wer klaustrophobisch ist, bitte jetzt aussteigen." Der Präsident hob den Finger. Doch da war es schon zu spät, die Tür ging zu, und der Aufzug setzte sich in Bewegung. Allerdings nur für eine Sekunde, dann stoppte er abrupt, und das Licht ging aus. Die gesamte Nationalmannschaft samt ihrem Präsidenten und ihrem Vizepräsidenten saß im Fahrstuhl fest. Dumpf drang das Gejohle der vielen Zuschauer in der Halle zu uns durch. Wir standen, aber meine Gedanken fuhren Achterbahn. Die Spieler hatten Hunger, mein Präsident war klaustrophobisch, die Fans warteten. Jetzt nur kühlen Kopf bewahren! Als Erstes zog ich meinem Präsidenten die Jacke aus, um ihm Erleichterung zu verschaffen. Dann versuchte ich, die singende und springende Horde zu bändigen. Für mich ging es nur um den Termin, doch um meinen Präsidenten machte ich mir ernsthafte Sorgen. Nach acht Minuten – es waren die längsten acht Minuten meines Lebens – waren wir endlich wieder in Freiheit. Aber was uns danach erwartete, sprengte erst recht jegliche Vorstellungskraft. Nicht 1000, nicht 2000, nein, 10 000 Menschen waren gekommen, um mit uns den Titelgewinn zu feiern! Gänsehaut pur! Die Feier mit den Fans war der unvergessliche Abschluss eines unvergesslichen Turniers.

Auch für den deutschen Handball insgesamt war der Erfolg bei der Europameisterschaft eine gigantische Sache. Das Finale gegen Spanien hatten in der Spitze bis zu siebzehn Millionen Zuschauer im Fernsehen verfolgt. Selbst bei der Siegesfeier am Tag danach, einer Party von salopp gesagt zwanzig pubertierenden jungen Männern, schauten bis zu drei Millionen Menschen zu. Wir hatten mit dem Turnier in Polen eindrucksvoll bewiesen, dass wir die Nummer eins der Ballsportarten hinter dem Fußball sind. Was mich aber noch viel mehr freute, war die Tatsache, dass mich noch Wochen später viele Mails von Vereinen erreichten, die von unseren leidenschaftlichen Auftritten schwärmten und sich über zahlreiche Neuanmeldungen, vor allem von Kindern, freuten. Genau darum geht es. Mit unserer Nationalmannschaft wollen wir die Menschen für unseren Sport begeistern. Wir wollen die Kinder begeistern! Das haben wir mit den Bad Boys geschafft.

Belohnungsprinzip: 3200 Löcher für den Kopf

Das Geräusch und die Schmerzen waren schwer zu ertragen. Trotz der K.-o.-Tropfen. Und trotz der Teilnarkose. Ich erinnere mich an jedes einzelne der 3200 Löcher, die sie mir mit dem kleinen silbernen Gerät in die Kopfhaut jagten. Es hört und fühlt sich in etwa so an, als wenn sie in Styropor reinbohren. Und das bekam ich alles mit. Sie bohrten und bohrten und bohrten. Stundenlang. Dann gab es eine kleine Pause fürs Mittagessen, bevor die neuen, deutlich dickeren und resistenteren Wurzeln, die sie mir am Hinterkopf entnommen hatten, an der Stirn und in der Mitte meines Kopfes eingepflanzt wurden.

Meine Entscheidung, mir eine Haartransplantation zu gönnen, fiel ziemlich direkt nach unserem EM-Coup von Krakau. Ich hatte den Gedanken schon lange mit mir herumgetragen. Mir gefiel mein schütteres Haupthaar überhaupt nicht, beim Gedanken an eine Glatze grauste es mir. Und so wollte ich nun meine Eitelkeit befriedigen und plante, quasi als Belohnung für den Erfolg mit der Nationalmannschaft, die Verpflanzung neuer Haare. Belohnungen für gute Arbeit oder auch Entschädigungen für Entbehrungen finde ich ein probates Mittel. Normalerweise gönne ich mir ein gutes Essen mit einem leckeren italienischen Rotwein, kaufe mir ein paar neue Klamotten oder suche mir ein besonderes Reiseziel. Diesmal entschied ich mich für Haare auf dem Kopf.

Bei einem Empfang der Berliner Wirtschaft, dem VBKI-Ball im Februar 2016, hatte ich den früheren Diskus-Olympiasieger Robert Harting getroffen, der mir ganz offen von seiner erfolgreichen Operation erzählte und mir einen Arzt in Düsseldorf empfohlen hatte. Gleich am nächsten Morgen hatte ich bei Pearl of Aesthetic angerufen und einen Termin vereinbart. Vier Monate später war es so weit. Ich fand mich in der vierten Etage des Breidenbach Hofs, dem schönsten Hotel Düsseldorfs, wieder. Nach einer entspannten Nacht startete die Prozedur in der angegliederten Klinik. Beim Team von Dr. Malte Villnow, der vor Harting und mir auch schon etlichen anderen Promis wie Jürgen Klopp und Benedikt Höwedes Eigenhaar transplantiert hatte, fühlte ich mich in den besten Händen.

Der Eingriff dauerte geschlagene sieben Stunden, dann war ich erlöst. Das heißt, von Erlösung konnte keine Rede sein. Das Antibiotikum, das man mir nach der Operation gegen die Entzündungen verabreichte, schlug irgendwie nicht an. Das war grausam. Ich hatte höllische Schmerzen, biss aber erst mal auf die Zähne. Das muss wohl so sein, dachte ich. Nach drei schlaflosen Nächten kam mir die Sache langsam spanisch vor. Und der Blick in den Spiegel bestätigte mein ungutes Gefühl: Auf meinem Kopf hatte sich alles entzündet, was sich irgendwie entzünden konnte. Es hatten sich riesige Eiterpocken gebildet, nahezu jede Wurzelpore blutete. Ich rief panisch in der Klinik an und schickte Fotos. „Das sieht wirklich nicht gut aus!", antwortete der Doc. Ich fragte, ob ich mich in der Berliner Charité melden solle. Aber nein, er beorderte mich umgehend zu sich nach Düsseldorf. „Solche Nebenwirkungen sind selten", sagte er, „aber sie kommen vor." Wie beruhigend.

Zurück in Düsseldorf wurden meine Wunden gespült, und nach einer weiteren Stunde auf dem Behandlungsstuhl bekam ich ein neues Antibiotikum. Danach wurde es schlagartig besser. Zwei Jahre später, im Frühsommer 2018, ließ ich noch einen zweiten Eingriff vornehmen. Diesmal verlief alles ohne Komplikationen. Es hatte nicht mal jemand gemerkt, dass ich noch einmal in der Klinik war.

Umsonst war meine neue Frisur natürlich nicht. Dank eines Werbedeals mit dem Arzt zahlte ich für beide Eingriffe einen niedrigen fünfstelligen Betrag. Wenn die *Bild* hätte dabei sein dürfen, hätte ich die Operationen sogar umsonst bekommen. Doch das wollte ich nicht. Die neuen Haare waren mir jeden Cent wert. Ich fühle mich seitdem wie neugeboren. Und in gewisser Weise erinnern sie mich bis heute an unseren EM-Triumph von 2016.

Erst Rio, dann Reinfall: Dem Rausch folgt der Kater

Mit EM-Gold im Gepäck reisten wir im Sommer hoffnungsfroh nach Rio. Olympische Spiele am Zuckerhut. Viel mehr geht nicht! Allein die Teilnahme war ein Traum. Es gab in unserem Kader seinerzeit keinen einzigen Spieler, der schon einmal bei Olympia dabei gewesen war. (Gut, ich hatte das besondere Flair der fünf Ringe bereits im Jahr 2000 als Co-Trainer in Sydney erleben dürfen.) Die Vorfreude auf das Brasilien-Abenteuer war riesig.

Umso ernüchternder dann die Situation vor Ort. Die Zimmer im Olympischen Dorf glichen eher einer Hundehütte mit Toilette. Mal davon abgesehen, dass die Anlage noch gar nicht fertiggestellt war, als wir dort einzogen, hatten die Zellen keine Fenster und waren eiskalt. Auch beim Essen war es eiskalt. Denn alle Räume wurden per Klimaanlage derart runtergekühlt, dass man permanent fror, egal wohin man kam. Das war ein Grauen! Es gab in Rio wirklich nichts, was neben sportlichem Erfolg für gute Laune hätte sorgen können. Mit Wehmut erinnerte ich mich zurück an Sydney, an die wunderbaren Wochen als Assistent von Heiner Brand, wo wirklich alles perfekt war. Doch Sydney war Sydney. Jetzt war Rio. Wir versuchten das Beste aus der Situation zu machen und konzentrierten uns auf unseren Job. Und das gelang uns schließlich ziemlich gut. Nach vier Siegen aus fünf Spielen in der Vorrunde qualifizierten wir uns souverän für das Viertelfinale. Dort stellte Katar kein Problem dar. Nach einem 34:22-Sieg über den Wüstenstaat standen wir im Halbfinale. Eine Medaille schien zum Greifen nah. Wären da nicht die alten Franzosen gewesen …

Die goldene Generation um Thierry Omeyer, Nikola Karabatic und Daniel Narcisse lief in Rio noch einmal zur Höchstform auf. Unseren Olympia-Grünschnäbeln erteilten die Oldies eine vierzigminütige Lehrstunde. 15:22 hieß es nach zwei Dritteln des Spiels. Kaum jemand von den knapp neuntausend Fans in der Future Arena im Olympic Park rechnete noch mit uns. Aber dann starteten wir eine fulminante Aufholjagd, kamen Tor um Tor heran und schafften in der

Schlussminute den Ausgleich, 28:28. Es roch nach Verlängerung. Die Franzosen hatten nur noch einen letzten Angriff. Freiwurf. Durchbruch auf rechts. Tor. Der Treffer des früheren Kielers Narcisse zwei Sekunden vor dem Ende war wie ein Stich ins Herz. Der Traum von der Goldmedaille war zerplatzt.

Meine undankbare Aufgabe war es, die Enttäuschung der Mannschaft wieder in positive Gefühle umzuwandeln, den Kampfgeist neu zu entfachen. Denn es gab ja noch das Spiel um Platz drei gegen Polen. Am Ende gewannen wir souverän mit 31:25, Bronzemedaille, das erste olympische Edelmetall seit zwölf Jahren. EM-Gold und Olympia-Bronze: Was bei der Verpflichtung von Dagur Sigurðsson im Sommer 2014 nach einer wilden Phantasie geklungen hatte, war Realität geworden. Ich empfand diesen Erfolg auch als Bestätigung meiner Arbeit.

Wie das aber so ist im Leben: Dem Rausch folgte ein böser Kater. Und das in dreifacher Hinsicht. Bereits im Herbst, die olympische Bronzemedaille war erst ein paar Wochen alt, verkündete Dagur Sigurðsson seinen Abschied. Seine Planungen stimmten mit meinen Vorstellungen nicht mehr überein. Nach der WM im Januar 2017 in Frankreich, darauf verständigten wir uns, würde für ihn Schluss sein. Von 52 Länderspielen unter seiner Regie hatte die Nationalmannschaft zu jenem Zeitpunkt 39 gewonnen. Sigurðsson kam auf eine Siegquote, die kein Bundestrainer vor ihm vorweisen konnte. Und doch war eine Trennung unvermeidbar. Es ging Dagur nie so sehr ums Geld. Es gibt Situationen im Leben, in denen man neue Wege einschlagen will und manchmal auch muss. Solch eine Situation war nun gekommen. Sigurðsson machte von einer Klausel in seinem eigentlich bis 2020 datierten Vertrag Gebrauch, die beiden Seiten einen vorzeitigen Ausstieg ermöglichte. Während sich in den folgenden Wochen bei Dagur der Wechsel zur japanischen Nationalmannschaft anbahnte, stürzte ich mich in die Suche nach einem Nachfolger.

Sigurðssons Abgang war nicht die einzige Baustelle, die uns im Verband seinerzeit beschäftigte. Für Kopfzerbrechen sorgte auch die ungeklärte Übertragungssituation bei der bevorstehenden WM in Frankreich. Noch immer gab es keine Zusage der Öffentlich-Rechtlichen, die Spiele der deutschen Mannschaft im Free-TV zu übertragen.

Uns lief allmählich die Zeit davon. In etlichen Gesprächen und Krisensitzungen versuchten wir, bei den festgefahrenen Verhandlungen mit Rechteinhaber beIN Sports zu vermitteln. Doch technische Zwänge machten eine Lösung angeblich unmöglich. Der amtierende Europameister bei der WM nicht im Free-TV? Ich brauche wohl kaum zu erwähnen, dass das für den deutschen Handball einer Katastrophe gleichkam. Denn die ganz große Aufmerksamkeit der Öffentlichkeit bekommst du in unserem Sport nur, wenn du im frei empfangbaren Fernsehen vorkommst. Und zwar mit der Nationalmannschaft. Ein Ligaspiel meiner Füchse gegen Melsungen interessiert im TV vielleicht zehntausend Leute. Das Spiel Deutschland gegen Spanien bei einem großen Turnier holt dagegen zehn Millionen Menschen vor die Bildschirme. Um Kinder zum Handball zu bringen, muss die Nationalmannschaft sichtbar sein. Frei zugänglich. Für alle. Sie ist das Bindeglied zur Basis. Die Plattform Fernsehen ist für unseren Sport elementar.

Der TV-Blackout war grausam. Doch lamentieren hilft selten. Fieberhaft fahndete ich nach einer Lösung. Handball-Deutschland hatte es verdient, dass man die WM-Spiele irgendwo zu sehen bekam. Und wenn es die große Politik mit den großen Sendern nicht hinbekommt, dachte ich mir, dann müssen wir im Verband versuchen, die Karre allein aus dem Sumpf zu ziehen. Die Lösung sah dann so aus: Zusammen mit der Deutschen Kreditbank stellten wir eine Übertragung der deutschen Spiele per gesponsertem Internet-Livestream auf die Beine. Das war ein Novum in der deutschen TV-Geschichte, nie zuvor hatte es ein ähnliches Projekt gegeben. In der Rückschau waren wir damit innovativer Vorreiter. Heute sind Handballspiele im Internetfernsehen gang und gäbe. Natürlich gab es nach unserem Last-Minute-Deal mit der DKB kurz vor dem Turnier einen öffentlichen Aufschrei, weil es sich „nur" um Internetfernsehen, um „Sponsoren-TV" handelte. Wir waren aber einfach nur froh, dass die deutschen Fans auf diese Weise überhaupt Livebilder unserer Spiele aus Frankreich zu sehen bekamen.

Schwebende Bundestrainer-Frage, Schlagzeilen um den TV-Blackout: Die Unruhe im Umfeld strahlte auf unsere Mannschaft ab. Schon vor dem ersten Anpfiff der Weltmeisterschaft. Und trotzdem spielten wir eine so starke Vorrunde, wie wir sie bei einem großen Turnier seit Jahren nicht gespielt hatten. Fünf Siege aus fünf Spielen, darunter ein famoses 28:21 im letzten Gruppenspiel gegen Kroatien – unsere Jagd nach der ersten WM-Medaille seit dem Wintermärchen von 2007 hatte mächtig an Fahrt aufgenommen. Zum Schlüsselmoment dieses Turniers sollte aber ausgerechnet eine gutgemeinte Personalentscheidung von Dagur Sigurðsson werden.

Denn für die heiße Turnierphase beorderte unser Trainer 2007-Weltmeister Holger Glandorf und 2016-Europameister Hendrik Pekeler nach Frankreich. Vor allem die Personalie Pekeler war brisant. Nicht sportlich. Denn sportlich war der Kreisläufer über jeden Zweifel erhaben. Jeder wusste, dass unser Erfolg mit Hendrik deutlich wahrscheinlicher war. Er war schon damals ein Sieger-Typ. Zu gerne hätte ich ihn zu den Füchsen Berlin geholt, doch gegen das Angebot der Rhein-Neckar Löwen hatten wir seinerzeit keine Chance. Wie wertvoll Hendrik für eine Mannschaft ist, bewies er in den letzten Jahren ja auch beim THW Kiel eindrucksvoll. Während die Löwen ohne ihn nach 2018 keinen einzigen Titel mehr gewannen, verlieh er dem THW eine neue Qualität bis hin zum Gewinn der Champions League.

Im Januar 2017 freuten wir uns entsprechend über Hendriks Nachnominierung. Doch die Tatsache, dass er im Vorfeld wegen der hohen Belastungen auf das Turnier verzichtet hatte und während des deutschen WM-Auftakts mit seiner Frau im Urlaub auf Mauritius weilte, stieß bei Teilen des Teams auf Unverständnis. Die Nominierung störte das Gefühl des maximalen Miteinanders, erst recht, weil mit Rune Dahmke einer der gefeierten Europameister des vergangenen Jahres, ein Teamplayer durch und durch, für Pekeler weichen musste. Sportlich, davon bin ich überzeugt, war Dagurs Entscheidung vollkommen richtig, für die Stimmung war sie aber Gift. Dennoch vertraute ich darauf, dass Dagur auch diesmal richtig liegen würde. Im Laufe der Jahre hatte er in der Nationalmannschaft und zuvor auch bei den Füchsen schließlich immer wieder Entscheidungen getroffen, die ich vielleicht anders gefällt hätte. Und in 95 Prozent der Fälle lag er damit genau richtig.

Dass bereits das Achtelfinale gegen Katar zum letzten Spiel für Dagur Sigurðsson als Bundestrainer werden würde, damit hatte wohl keiner gerechnet. Doch wenn man erfolgreich sein will, muss jeder mehr in den gemeinsamen Topf einzahlen, als er sich rausnimmt. In Frankreich hatte ich zum ersten Mal den Eindruck, dass dieses Verhältnis nicht mehr stimmte. Mit Sorge sah ich, wie unsere Jungs kurz vor dem Spiel in den Katakomben vor dem Halleneingang standen. Das sensationelle Ausscheiden der Dänen gegen Ungarn flimmerte über die Bildschirme, und mit Slowenien stand unser möglicher Gegner im Viertelfinale schon fest. Der Weg ins Halbfinale gegen Gastgeber Frankreich schien geebnet, sogar der Titel war angesichts des Scheiterns des dänischen Top-Favoriten plötzlich keine Utopie mehr. Doch Spiele, das gilt im Guten wie im Schlechten, werden häufig, siehe oben, im Kopf entschieden. Ähnlich wie mir vor dem EM-Finale in Krakau klar war, dass wir an jenem Tag unbesiegbar waren, dämmerte mir nun, dass es gegen Katar schiefgehen könnte. Wir waren uns einfach zu sicher und mit dem Kopf schon im Halbfinale, alle dachten an das Handballspiel im Fußballstadion gegen Frankreich. Die spielerisch stark limitierten Katarer nutzten das eiskalt aus. Und so verloren wir gegen eine Mannschaft, die wir bei den Olympischen Spielen ein halbes Jahr zuvor noch mit zwölf Toren Unterschied besiegt hatten – und das nach einer 17:13-Führung. Endstand 20:21. Als es in der Schlussphase drauf ankam, fehlte es den Spielern, aber auch dem Trainer, der keine Lösung mehr parat hatte, ganz offensichtlich an geistiger Frische.

Sigurðsson sprach hinterher von einem „Schock“ und der „mit Abstand größten Enttäuschung“ seiner Zeit beim DHB. Genauso erlebte ich es. So endete seine Zeit am 22. Januar 2017 in Paris mit einem Systemabsturz. Wie gelähmt ergab sich unser Team in der Schlussphase seinem Schicksal. Sigurðssons Abschiedstour endete abrupt. Dagur hatte in Frankreich alles riskiert – und am Ende eine durchaus mögliche Medaille verloren. Denn bei der Jagd nach dem WM-Titel setzte er die eigenen Grundsätze aufs Spiel: Teamgeist, Gleichheit, blindes Vertrauen. Durch die Nachnominierungen von Holger Glandorf und Hendrik Pekeler, vor allem aber durch die

Degradierung von Rune Dahmke, kam es im Team zu feinen, aber möglicherweise entscheidenden Rissen, die das Erfolgsprinzip Sigurðsson außer Kraft setzten.

Dennoch ist das Vermächtnis Sigurðssons riesig. Das frühe Aus in Frankreich kann das Gesamtbild seiner Verdienste nicht trüben. Dagur hat für den deutschen Handball Herausragendes geleistet, der Nationalmannschaft ein neues Selbstbewusstsein gegeben und sie massiv nach vorne gebracht.

Die Akte Prokop: Aufstieg und (Fast-)Fall meines Bundestrainers

Kommentar des Sport-Informations-Dienstes (SID) zur Ernennung von Christian Prokop als neuen Bundestrainer, 3. Februar 2017:

Wochenlang wurde verhandelt. Es wurde gebalzt, es wurde geblufft, es wurde gezockt und gezofft – und am Ende bekam Bob Hanning, was er wollte: Wunschkandidat Christian Prokop als neuen Handball-Bundestrainer.

Für die Verbandsvorderen des Deutschen Handballbundes um Sportchef Hanning galt es nicht bloß beim Prokop-Klub SC DHfK Leipzig Widerstände zu überwinden, auch im Ligaverband HBL musste so manches Brett gebohrt werden. Noch am Freitagmorgen glühten die Telefondrähte, der Deal hing bis zum Schluss am seidenen Faden, ehe auch das HBL-Präsidium grünes Licht für die Einstellung Prokops gab.

Hannings Vorgehen erinnerte dabei stark an die Verhaltensmuster von Francis Underwood in der preisgekrönten TV-Serie „House of Cards". Nach dem überraschenden Abschiedsgesuch von Dagur Sigurðsson im vergangenen Herbst legte sich der DHB-Vize, der gern mit einer Folge des TV-Dramas in den Tag startet, früh fest auf seinen Wunschkandidaten und richtete fortan all sein Handeln auf einen erfolgreichen Abschluss aus. Jeder Schritt war bis ins kleinste Detail geplant. Etwaige Kollateralschäden nahm er – wie Serienheld Underwood – in Kauf.

Seine Rechnung ging auf. Am Ende des zähen Vertragspokers wahrten alle Beteiligten ihr Gesicht. Der DHB bekommt seinen Wunschtrainer, Prokop seinen Traumjob und Leipzig mit seinem mächtigen Aufsichtsrat Stefan Kretzschmar kassiert eine fette Ablöse.

Doch nun muss Hannings 1-A-Lösung Christian Prokop auch liefern. Der Shootingstar der Trainerszene verfügt zweifelsfrei über die nötige Expertise für seinen neuen Job, das große Vermächtnis des scheidenden Sigurðsson nicht bloß zu verwalten, sondern bei der Heim-WM 2019 und Olympia 2020 zu vergolden.

Doch für die breite deutsche Öffentlichkeit ist der 38-Jährige ein weitgehend unbeschriebenes Blatt. Während Alternativkandidat Markus Baur mit dem Kredit eines Weltmeisters angetreten wäre, beginnt Prokop quasi bei null. Bleiben die gewünschten Ergebnisse aus, könnte das Kartenhaus ziemlich schnell in sich zusammenfallen.

Ich schwitzte und rutschte unruhig auf meinem Stuhl herum. Sollte der Deal jetzt tatsächlich noch platzen? Wir würden uns lächerlich machen, dachte ich. Alles war bis ins kleinste Detail durchgeplant. Christian Prokop, mein Kandidat für die Nachfolge von Dagur Sigurðsson, sollte den Staffelstab übernehmen und am Rande des All-Star-Games offiziell als neuer Bundestrainer vorgestellt werden. Fünfjahresvertrag. Keine Ausstiegsklausel. Alles nur noch eine Formalie. So hatten wir es ausgemacht. Doch jetzt, in der Präsidiumssitzung unmittelbar vor dem Show-Spiel, baute sich plötzlich eine Front gegen mich auf. Oder besser gesagt: gegen meine Entscheidung für Christian Prokop. Es ging nicht um Prokop als Trainer, von dessen Qualitäten waren alle Anwesenden überzeugt. Es ging auch nicht ums Gehalt. Denn Christian war deutlich günstiger, als Dagur es war. Nein. Es ging einzig und allein um die Ablösesumme. Prokop kostete den Verband 500 000 Euro. Solch eine Ablöse hatte es im Handball für einen Bundestrainer bis dahin noch nicht gegeben. Einigen meiner Präsidiumskollegen war das zu viel. Und auch ich muss zugeben, dass eine halbe Million reichlich viel Geld ist für einen Verband, der über ein Jahresbudget von rund 8,5 bis 9 Millionen Euro verfügt. Doch ich war der festen Überzeugung, dass Prokop eine strategisch gute Entscheidung wäre. Auch für das Geld. Zudem war er im Gesamtpaket nicht teurer, als wenn wir den Vertrag mit Dagur langfristig verlängert hätten. Nachdem noch einmal alle Argumente ausgetauscht waren, kam es zur Abstimmung per Handzeichen. Nie und nimmer hatte ich erwartet, dass es für Christian noch einmal eng werden würde. Die Finger gingen in die Höhe. Ich schloss die Augen. 6:4. Für Christian! Mit dem knappsten aller möglichen Ergebnisse entschied sich das DHB-Präsidium für den neuen Bundestrainer. Ich atmete auf.

Die neue Geschichte unserer Nationalmannschaft mit ihrem neuen Trainer konnte beginnen. Zu diesem Zeitpunkt hatte ich nicht die leiseste Ahnung, dass jene kuriose Präsidiumssitzung am 3. Februar 2017 in Leipzig der Anfang eines nicht enden wollenden Irrweges mit Prokop sein würde …

Der Entscheidung für Prokop war ein wochenlanges Trainer-Casting vorausgegangen. Mit dem Tag, an dem mir Dagur Sigurðsson von seinen Abwanderungsplänen erzählt hatte, hatte ich begonnen, den Markt zu sondieren. Ich hatte dabei die volle Rückendeckung des Präsidiums. Ob DHB-Präsident Andreas Michelmann oder Bundesligachef Uwe Schwenker: Nach dem Glücksgriff mit Dagur vertrauten mir meine Mitstreiter sozusagen blind. Bald gab es zwei potenzielle Kandidaten: Markus Baur und Christian Prokop. Baur, der in den zurückliegenden vier Jahren mit den DHB-Junioren einige Erfolge gefeiert und gerade als Bundesligatrainer in Stuttgart angeheuert hatte, war ein großer Stratege. Wie Dagur war er als Spieler ein Mittelmann gewesen. Er hatte das deutsche Team als Spielmacher 2007 zum WM-Titel geführt. Eine Entscheidung für ihn wäre auch eine Art Schulterschluss mit den Weltmeistern gewesen, der Generation Brand. Also auch all jenen, die mir das Leben beim DHB so schwermachten. Kurzum: Es wäre der Weg des geringeren Widerstands gewesen.

Auf der anderen Seite gab es mit Christian Prokop einen Kandidaten, der etwas vollkommen Neues versprach. Er war so etwas wie der Shootingstar der Szene und gerade als Bundesligatrainer des Jahres ausgezeichnet worden. Er brachte alles mit, was man in meinen Augen für den Job des Bundestrainers brauchte. Christian war ein Perfektionist, ein Taktiktüftler mit einer klaren Idee und Leitlinie. Er wusste, wie man junge Spieler entwickelt. Und er hatte in den vier Jahren mit dem SC DHfK Leipzig eindrucksvoll bewiesen, dass er ein Bessermacher war. Er hatte den Klub in die Bundesliga geführt und ihn dort in Rekordzeit etabliert. Mit ihm hoffte ich jemanden zum

Verband zu holen, der unsere Handball-Philosophie von klein bis groß entwickelte. Eine Philosophie, die sich von den jüngsten Auswahlteams bis zur Männer-Nationalmannschaft durchziehen sollte. Eine Art deutsche Handball-Schule. Und so machte ich Christian Prokop zu meiner 1a-Lösung.

Allerdings hatte Prokop in Leipzig noch einen langfristigen Vertrag bis 2021, und Leipzigs Manager Karsten Günther wollte seinen Trainer partout nicht gehen lassen. Er organisierte sogar eine Kampagne für Prokops Verbleib. Bei einem Heimspiel des DHfK am 20. November 2016 gegen Minden reckten die Fans Schilder mit Christians Initialen „CP" in die Höhe, es gab Transparente mit der Aufschrift „Machs wie wir, bleib HIER! Christian, du bist Leipziger" oder „Leipzig braucht DICH". Durch die Halle tönten „Christian"-Rufe. Und über die Lautsprecher spielten sie den Hit „Auf uns" von Andreas Bourani. Das war schon irre, was da abging! Prokop ließ das ganze Theater um seine Person verständlicherweise nicht kalt. Er bekam Skrupel. „Bob", warnte mich Andreas Michelmann, „mit jemandem, der jetzt wackelt, könnte es auf Dauer schwierig werden. Wenn einer nicht zu hundert Prozent für die Sache brennt, dann macht es keinen Sinn."

Die Worte meines Präsidenten brachten mich zum Nachdenken. Ich nahm Kontakt zu Markus Baur auf und war drauf und dran, ihm zuzusagen, als Prokop anrief. Ich saß gerade im Auto und fuhr die Landsberger Allee in Richtung Füchse Town. „Bob", sagte Christian, „ich habe es mir überlegt, ich mach's, ich sage meinen Jungs heute Abend nach dem Spiel in Flensburg, dass ich die Nationalmannschaft übernehme." Nach dem Bundesligaspiel in Flensburg am 30. November 2016 verkündete er dann tatsächlich öffentlich: „Ich möchte das Amt des Bundestrainers annehmen. Die Entscheidung ist mir schwergefallen, Leipzig ist eine Herzensangelegenheit." So wurde der Vertrag nach harten Verhandlungen mit Leipzig und deren Aufsichtsrat Stefan Kretzschmar über die Ablösesumme am 3. Februar 2017 doch noch unterschrieben.

Kaum jedoch war Prokop im Amt, hagelte es Kritik. Natürlich hagelte es Kritik. An mir. Mit Christian Schwarzer, Daniel Stephan und Martin Schwalb kamen die üblichen Verdächtigen aus ihren Löchern, um mich zu attackieren. Schlechter Stil wurde mir vorgeworfen wegen der öffentlichen Trainersuche und der Tatsache, dass ich Prokop von Leipzig mit einer so hohen Ablöse losgeeist hatte. Ein zu großes Wagnis sei es, ihm, dem international Unerfahrenen, die Nationalmannschaft anzuvertrauen. Ich hoffte, die Kritik würde wie nach der Verpflichtung Dagur Sigurðssons mit sportlichen Erfolgen schnell verstummen.

Und in der Tat, Prokops Start verlief vielversprechend. Zwei Siege in seinen ersten beiden Pflichtspielen gegen den WM-Dritten Slowenien sorgten erst einmal für Ruhe. Auch aus der Mannschaft gab es viele positive Signale. Mit seiner Akribie, seinem Willen, seiner Expertise und seinem Ehrgeiz erinnerte Prokop stark an seinen isländischen Vorgänger. Und doch war er in gewisser Weise ein Gegenentwurf. Denn während Sigurðsson als großer Schweiger galt, suchte Prokop das Gespräch. Ständig. Und immer. Ob während des Spiels oder in den Trainingseinheiten. Ich hatte das gute Gefühl, dass diese neue Art der Ansprache unserer Mannschaft guttat. Aber dann sorgte Prokop kurz vor der Europameisterschaft in Kroatien für einen Paukenschlag. Aus dem Nichts und für uns alle vollkommen überraschend.

Die Mannschaft hatte gerade erfolgreich ihre Turnier-Generalprobe gegen Island bestanden, als mein Handy klingelte. „Bob“, meldete sich Christian mit fester Stimme, „ich möchte Bastian Roscheck und Maximilian Janke mit zur EM nach Kroatien nehmen. Finn Lemke, Fabian Wiede und Rune Dahmke sind dagegen erst einmal nicht dabei.“ Ich dachte, ich höre nicht richtig. Janke und Roscheck waren solide Bundesligaspieler, sie hatten zwei Tage zuvor ihre Länderspiel-Premiere gefeiert und unter Prokop in Leipzig eine gute Saison gespielt. Aber Lemke war immerhin unser Ober-Bad-Boy und eines der prägenden Gesichter des EM-Titels 2016 – und ausgerechnet der sollte nun zu Hause bleiben? Christian erklärte, er wolle anders Handball spielen lassen. In meinen Augen war diese Entscheidung falsch, zumal sie ihm innerhalb der Mannschaft viele Sympathien kosten würde. Aber für mich stand auch fest: Da gehen wir jetzt gemeinsam durch! Öffentlich gab es von mir zu dieser Entscheidung des Bundestrainers seinerzeit kein kritisches Wort.

Wie befürchtet, ging Prokops Rechnung nicht auf. Noch vor dem Ende der Vorrunde holte er Finn zum Team zurück. Dieser Entschluss war absolut richtig und zeugte von charakterlicher Stärke. Doch die Rolle rückwärts unseres Trainers kam ganz offensichtlich zu spät. Auch mit Lemke, für den Roscheck weichen musste, kamen wir nicht mehr in den gemeinsamen Flow. Wir gewannen bei der Europameisterschaft nur zwei von sechs Spielen und verpassten das Ziel Halbfinale. Negativer Höhepunkt war das letzte Spiel gegen Spanien, das wir nach einer phasenweise desolaten Leistung 27:31 verloren. Von den Bad Boys, die zwei Jahre zuvor ein EM-Märchen geschrieben hatten, war in Kroatien nicht mehr viel zu sehen. Das sportliche Versagen war das eine. Noch schlimmer fand ich die miese Stimmung rund ums Team. Irgendwie hatte ich in den Tagen von Zagreb und Varazdin das Gefühl, dass zwischen Mannschaft und Trainer etwas kaputtgegangen war. Ein Jahr vor der Heim-WM war bei uns plötzlich Feuer unterm Dach. Bei der Aufarbeitung des Turniers durfte es keine Tabus geben. Auch nicht bei der Personalie des Bundestrainers.

Gleich nach dem Spanien-Spiel setzten wir uns zusammen. Ich schnappte mir ein Bier und hockte mich zu Finn Lemke. „Ich bin sauer auf Christian“, sagte der, „richtig böse bin ich und enttäuscht. Aber klar, wenn wir uns mehr auf ihn eingelassen hätten, dann hätten wir dennoch eine erfolgreichere Europameisterschaft spielen können.“ Das fand ich großartig von ihm, diese Selbstkritik. Ich dachte, vielleicht geht es doch weiter mit meinem Trainer, vielleicht lernen wir aus dem Turnier.

Noch heute läuft mir ein kalter Schauer über den Rücken, wenn ich an den Tag unserer Abreise aus Kroatien denke. Es herrschte eine Stimmung wie auf einer Beerdigung. Auf der Abschlusspressekonferenz behalfen Präsident Andreas Michelmann und ich uns mit billigen Floskeln. Ein Treueschwur war das ganz bewusst nicht. Zunächst wollten wir die Situation in Ruhe analysieren. Christian Prokop, der mit uns auf dem Podium saß, tat mir in diesem Moment leid. Sein Blick irrte haltlos durch den Raum, als er mit brüchiger

Stimme sein Turnierfazit zog: „Es ist enttäuschend, weil wir uns alle viel größere Ziele gesteckt haben." Einen Rücktritt schloss er indes brüsk aus. „Bei allem Respekt: Wir haben eine ganz tolle Qualifikation gespielt", diktierte er den Journalisten in die Blöcke. „Die Zeitungen, die hier sitzen, haben mich als Messias und den Julian Nagelsmann des Handballs betitelt. Und jetzt soll ich an Rücktritt denken? Wir sollten da schon irgendwo realistisch bleiben." Prokop wechselte in den Angriffsmodus, es ging schließlich um seine Zukunft. Die Presse schoss sich immer mehr auf Christian ein. Während des Turniers war von einem angeblichen „Abwehr-Aufstand" die Rede, weil die Spieler sich während einer Partie eigenständig entschieden hatten, die Deckungsformation zu wechseln. Zwei Tage nach dem Spanien-Spiel titelte die *Bild*: „Trainings-Eklat vorm EM-Aus – ist der Riss zwischen Trainer und Team noch zu kitten?" Nach einem offenen Disput mit der Mannschaft soll Prokop wenige Stunden vor dem alles entscheidenden Spanien-Spiel wutentbrannt die Halle verlassen haben. Ja, es hatte damals ein Zerwürfnis gegeben. Doch ich war nicht dabei und weiß bis heute nicht, wer diese Information den Medien zugespielt hat. Es war beileibe nicht die einzige Indiskretion in diesen Tagen. Kritischer Journalismus gehört in unserer Branche dazu. Er ist in gewisser Weise auch eine Form von Unterhaltung und zahlt unterm Strich auf die Marke Handball ein. Nie habe ich mit jemandem gebrochen, nur weil er schlecht über mich oder meine Sache berichtet hat. Doch in den Tagen nach der EM in Kroatien gab es einen Fall, der das Fass zum Überlaufen brachte. Es ging um einen Beitrag des Deutschlandradios, der unwahre Aussagen und ehrverletzende Behauptungen enthielt. Erik Eggers, ein angeblicher Handball-Experte, äußerte öffentlich den Verdacht, dass ich die Information über den Trainingsdisput zwischen Christian und der Mannschaft selbst an die Presse gegeben habe, um Prokop loszuwerden. Zudem behauptete Eggers, ich sei in die Lemke-Ausbootung eingebunden gewesen und würde Mannschaftssitzungen torpedieren. So reihte sich eine Lüge an die andere.

Ich las den Beitrag und dachte mir: Eine solche Vielzahl an Unwahrheiten komprimiert in einem Artikel – das ist zu viel! Zum ersten Mal in meinem Leben nahm ich mir einen Medienanwalt und klagte auf Unterlassung. Weil der Deutschlandfunk bei seiner Art der Darstellung blieb, erwirkten wir eine einstweilige Verfügung. Erst verklagten wir den Deutschlandfunk, weil er diese Unwahrheiten verbreitet hatte, dann ließ ich mir von Erik Eggers als Autor des Schmierenstücks eine Unterlassung unterschreiben. Eigentlich ist das gar nicht mein Stil, aber hinterher fühlte ich mich besser. Im Laufe der Jahre hatte Eggers immer wieder versucht, meinen Ruf zu beschmutzen.

Das Turnier war gerade vorbei, da diskutierte gefühlt ganz Deutschland darüber, ob Prokop der richtige Mann für das Amt des Bundestrainers sei. Ich bekam unzählige Anrufe und saß in diversen Fernsehsendungen: Alle wollten wissen, ob und wie es mit Prokop weitergehe. Der Trainer, hieß es, sei mit seiner Aufgabe „überfordert" und durch die Geschehnisse in Kroatien „verbrannt". Es war eine regelrechte Hetzjagd, bei der erst Ruhe herrschen würde, wenn er, die Beute, erlegt ist.

Aber wir wollten Prokop der Meute nicht zum Fraß vorwerfen. Axel Kromer, seit Herbst 2017 Sportdirektor des Verbands, und ich stützten Christian, weil wir ihn im Amt halten wollten.

Christian war aber auch ein Kämpfer, der sich von Rückschlägen nicht so leicht unterkriegen ließ. Das hatte er schon als Spieler bewiesen. Nach einer schweren Knieverletzung, die seine Karriere zu beendigen drohte, hatte er sich unter Vollnarkose den linken Oberschenkel brechen und die Beinachse um neun Grad verschieben lassen. Danach hatte er von Rechts- auf Linkshänder umgeschult, um mit rechts abspringen und das lädierte linke Knie entlasten zu können. So einer war er. Als er aber dann doch einsehen musste, dass es derart gehandicapt für eine Laufbahn als Handballprofi nicht reicht, entschied sich Christian kurzerhand, die Seiten zu wechseln und den Trainerschein zu machen. Bereits im Alter von vierundzwanzig Jahren hatte er die A-Lizenz, um vierzehn Jahre später das Amt des Bundestrainers zu übernehmen.

Rund eine Woche nach der EM trafen wir uns mit einigen Nationalspielern zu einer Krisensitzung. Liga-Präsident Uwe Schwenker war dabei, Axel Kromer und ich. „Ihr entscheidet nicht, wer Bundestrainer ist", sagten wir der Gruppe um Kapitän Uwe Gensheimer, „aber wir wollen eure Sicht der Dinge hören." Die Jungs waren bestens vorbereitet, hatten die wichtigsten Punkte auf einem Zettel festgehalten. Demnach war die Stimmung innerhalb des Teams diffus. Es gab Spieler wie etwa Silvio Heinevetter, die sich für Prokop aussprachen. Auch meine Berliner Jungs gehörten dazu. Andere kritisierten die Entscheidung gegen Finn Lemke und fühlten sich vom Trainer zu wenig einbezogen und teilweise überfordert. Prokop habe seine Vorstellungen, seine Taktik und seinen Spielstil unter allen Umständen durchdrücken wollen, ohne Rücksicht auf die individuelle Spielweise, auf vorhandene Strukturen und die Meinungen der Spieler. Die Nationalmannschaft war nicht Leipzig – das war die eigentliche Kernbotschaft. Und die Nationalspieler eben kein Durchschnitt, sondern die Elite. Auch wenn ich in manchen Dingen komplett anderer Meinung als die Jungs war: Sie haben das richtig gut gemacht.

Die schwache EM, die permanenten Anschuldigungen, die Behauptung, dass ich Prokop loswerden wolle, all das setzte mir zu. Kein Tag verging, ohne dass eine neue Sau durchs Dorf getrieben wurde. Im Hintergrund formierte sich eine Opposition, die Martin Schwalb als Bundestrainer installieren wollte. Wie ich hintenrum erfuhr, waren unter der Hand Gespräche in diese Richtung geführt worden. Ich witterte ein Komplott, in den auch der damalige Sky-Sportchef Burkhard Weber involviert war. Je länger dieses unwürdige öffentliche Schauspiel dauerte, desto klarer wurde mir: Sollte sich das Präsidium gegen Prokop entscheiden, würde auch ich meinen Hut nehmen. Sein Schicksal würde auch meines sein. Es war mein letzter Trumpf. Prokop war mein Bundestrainer. Ich hatte ihn installiert, und ich wollte nicht von ihm abrücken, nur weil ein Turnier wenig erfolgreich verlaufen war. Natürlich hatte Prokop Fehler gemacht. Aber die hatte er eingeräumt. Er hatte das Turnier aufgearbeitet, das Gespräch mit seinen Spielern gesucht und zeigte sich kompromissbereit. Er hatte eine zweite Chance verdient.

Ich erinnere mich noch an ein Telefonat mit Andreas Michelmann unmittelbar vor der entscheidenden Präsidiumssitzung am

19. Februar 2019 in Hannover. „Andreas“, sagte ich, „nach der Sache mit Bernhard Bauer haben wir uns versprochen, uns nie in den Rücken zu fallen und dass es nichts gibt, was uns auseinanderbringt. In Hannover werde ich alles dafür tun, dass Christian Prokop Bundestrainer bleibt, obwohl ich weiß, dass du davon nicht angetan bist. Alternativ komme ich nicht zur Sitzung. Ich kann mich nicht verbiegen.“ Michelmann beschwichtigte: „Bob, es geht hier um den Handball und nicht um dich oder mich. Es geht um die richtige Entscheidung für den Sport. Und wenn du inhaltlich anderer Auffassung bist als ich, dann möchte ich, dass du sie kundtust. Vor dem gesamten Präsidium.“

Zweite Chance oder Vollbremsung? Elf Monate vor der Heim-WM stand der gesamte Verband am Scheideweg. Zunächst präsentierte Axel Kromer dem Präsidium seine Analyse: „Da die Gefahr besteht, dass einige Nationalspieler aufhören, wenn wir mit Christian Prokop weitermachen, und da wir eine WM im eigenen Land vor der Brust haben, komme ich zu dem Schluss, dass es besser wäre, wenn wir den Vertrag mit dem Bundestrainer kündigen.“ Andreas Michelmann hatte dem nichts mehr hinzuzufügen. Danach hielt Präsidiumsmitglied Berndt Dugall eine Brandrede für Prokop und machte sich für eine zweite Chance stark. Schließlich ergriff ich das Wort: „Das Argument, dass einzelne Spieler im Falle eines Bleibens von Prokop aufhören könnten, für Deutschland zu spielen, ist für mich der triftigste Grund, den Trainer nicht zu wechseln. In Berlin habe ich es einmal zugelassen, dass Spieler meinem Trainer auf der Nase herumtanzen. So etwas passiert mir nicht mehr.“ Ich erwähnte Thomas Tuchel, den Innovationstrainer, den sie bei Borussia Dortmund vom Hof gejagt hatten, nur weil einige ihn nicht mochten. Auf Tuchel folgte Peter Bosz, der nach nur einem halben Jahr gnadenlos scheiterte und durch Peter Stöger ersetzt wurde. „Wollen wir regelmäßig neue Trainer verpflichten, oder wollen wir langfristig arbeiten und unserer Vision folgen? Einem Trainer nur eine Chance einzuräumen und ihn danach sofort aufzugeben, finde ich erbärmlich.“ Monika Wöhler meldete sich und sagte: „Jetzt habe ich nichts mehr hinzuzufügen.“ Die Stimmung kippte. Die Abstimmung fiel 5:3 zugunsten Prokops aus.

Auf der anschließenden Pressekonferenz verkündeten Andreas Michelmann und Axel Kromer zähneknirschend die Entscheidung des Präsidiums. Sie hatten sich intern tendenziell gegen Prokop ausgesprochen und mussten nun der Öffentlichkeit erklären, warum der Trainer weiterhin der richtige war. Ich konnte mir das Grinsen nicht verkneifen und genoss das Schauspiel. Ja, ich verspürte an jenem Montag in Hannover auch Genugtuung. Ich würde lügen, wenn ich etwas anderes sagen würde. Ich hatte in diesem verrückten Roulettespiel nicht auf Farbe gespielt, wo die Chance zwei zu eins steht, sondern auf Zahl. Und ich hatte gewonnen.

Dass sich mein großer Erfolg schon bald als Pyrrhussieg herausstellen sollte, ahnte ich nicht.

Kommentar des Sport-Informations-Dienstes (SID) zur Entscheidung, an Handball-Bundestrainer Christian Prokop festzuhalten, 19. Februar 2018:

Christian Prokop bleibt Handball-Bundestrainer – und darf sich dafür vor allem bei einem bedanken: Bob Hanning.

Als alles verloren und sein Wunschkandidat verbrannt schien, setzte der charismatische Verbandsvize (mal wieder) alles auf eine Karte und riskierte seinen Job. Mit seinem Schachzug, sein weiteres persönliches Engagement beim DHB vom Schicksal Prokops abhängig zu machen, setzte er dem zehnköpfigen Präsidium kurz vor der entscheidenden Sitzung am Montag die Pistole auf die Brust.

Die klare Botschaft: Entweder Prokop darf weitermachen oder ihr müsst euch einen neuen Sportchef suchen. Die „nicht einstimmige, aber deutliche" Präsidiumsentscheidung war deswegen vor allem eine pro Hanning.

Hanning beherrscht die Klaviatur des Taktierens wie kein Zweiter in der Szene. Er ist ein Zocker. Selbst die Meinung von Uwe Schwenker, dem mächtigen Ligaboss, der noch am Sonntag öffentlich an Prokop gezweifelt hatte, war am Ende nicht ausschlaggebend.

Und doch birgt die Entscheidung für den jungen Bundestrainer ein nicht zu unterschätzendes Risiko. Sicherlich wird die harte, teilweise überzogene Kritik an Prokop nun erst einmal verstummen. Doch sobald es auf dem Weg zur so wichtigen Heim-WM im kommenden Jahr Rückschläge gibt, wird sich zeigen, wie weit es mit dem Burgfrieden im deutschen Handball her ist.

Wetten, Liebe, Pferdesport: Einen Drux verkauft man nicht

Ich bin ein Zocker. Wobei … Zocker? Das Wort hat im Deutschen einen sehr negativen Beiklang. In England ist das anders. Dort gehört es zum guten Ton, auf den großen Pferdederbys Wetten zu platzieren. Also ich habe keine Probleme damit, als Zocker bezeichnet zu werden. Sechzehn Stunden am Tag verausgabe ich mich, hauptsächlich für den Handball. Doch einen halben Tag in der Woche versuche ich mir freizuhalten, mir Zeit nur für mich zu nehmen. Dann gehe ich ins Theater, schaue mir ein Musical an, lese einen spannenden Krimi oder fröne meiner Spielleidenschaft. Mal tippe ich auf die Partien der Fußball-Bundesliga, mal gehe ich ins Casino – am liebsten wette ich aber auf Pferderennen. Das ist für mich Stressabbau und ein bisschen Luxus, den ich mir leiste. Ich fahre kein großes Auto, besitze kein Schloss und rauche nicht. Nicht, dass wir uns falsch verstehen: Ich wette gern und regelmäßig, aber ich setze mir stets ein Limit. Sobald das Spielgeld, das ich mir vorher beiseitegelegt habe, weg ist, höre ich auf. Es gibt eine klare Regel: Kenne deine Grenzen und gehe nie über das gesetzte Limit. Das hat etwas mit Disziplin zu tun. Und lässt sich auch auf die Arbeit übertragen: Tue das, was du tun möchtest, wichtig ist nur, dass du die Kontrolle behältst.

Die Leidenschaft für den Pferdesport begleitet mich ein Leben lang. Schon als Kind besuchte ich mit meinem Vater die Galopprennbahnen der Republik, vor allem im Ruhrgebiet. Ob in Dortmund, Gelsenkirchen oder Mülheim, in Düsseldorf, Köln oder Krefeld: Wochenende für Wochenende standen wir an den Rennbahnen in unserer Nähe und fieberten mit den Pferden. Heute will mein Vater als Finanzvorstand eines großen Unternehmens zwar nichts mehr davon wissen, dass er für meine Liebe zum Rennsport verantwortlich ist. Doch aus der Nummer kommt er nicht mehr raus.

In Berlin ist die Galopprennbahn Hoppegarten mein Platz. Draußen im Osten Berlins genieße ich nicht bloß den Trubel an den Renntagen, bei Spaziergängen über die weitläufige Anlage tanke ich auch den Akku auf. Ich hole mir einen Cappuccino, schaue mir die Pferde an und lasse es mir gutgehen. Auf einem meiner Besuche in Hoppegarten lernte ich Gerhard Schöningh kennen, den Eigentümer der Rennbahn. Wir unterhalten uns regelmäßig über den Galopprennsport, über meine Arbeit bei den Füchsen – und über Pferde. „Bob", sagte er eines Tages, „ich möchte dir ein Pferd schenken, die Hälfte eines Pferdes." Ich traute meinen Ohren nicht. „Ein Rennpferd? Für mich? Davon habe ich als Kind geträumt", rief ich, „und sei es nur ein halbes!" – „Na ja, es ist nicht gerade ein Weltklasse-Pferd. Obwohl es vielleicht auch mal ein Rennen gewinnt." Tatsächlich, Schöningh schenkte mir die Hälfte eines Pferdes. Die andere Hälfte behielt er selbst. Es war eine Art Marketingdeal: „Der Handball-Hanning hat ein Pferd in Hoppegarten stehen" – das hörte sich gut an. Aber es war ohne Zweifel auch eine überwältigend großzügige Geste!

Allein, es fehlte noch ein Name für den zweijährigen, zweigeteilten Wallach. Schöningh überließ mir die Namenswahl. Einzige Bedingung war, dass der Anfangsbuchstabe, wie es in der Pferdezucht üblich ist, mit dem Anfangsbuchstaben der Mutter übereinstimmte. Die Mutter hieß Doggistyle – und so brauchte ich nicht lange zu überlegen: Das Pferd sollte Drux heißen. Wie Paul Drux, mein Spieler aus dem Füchse-Nachwuchs. Paul war inzwischen gestandener Nationalspieler und gehörte zu den Top-Handballern des Landes. Als Aushängeschild unseres Vereins passte er als Namenspate perfekt. Und weil in Frankreich schon ein Pferd namens Drux gelistet war, hängte ich kurzerhand noch ein „The King" hintendran. Seither genieße ich meine Besuche in Hoppegarten noch mehr. Erst bekommt Drux The King seine Möhrchen und wird ausgiebig getätschelt, dann halte ich das ein oder andere Pläuschchen mit Pflegern und dem Trainer und bin vollkommen glücklich.

Rennpferdbesitzer, das merkte ich schnell, ist ein teures Hobby. Rund siebenhundert Euro gebe ich im Monat für Drux The King aus. Eine Rendite gibt es nicht. Mit mittelmäßigen Pferden ist im Galopprennsport in Deutschland nichts zu verdienen. Schon gar nicht, wenn dein Pferd Drux The King heißt. Die Quoten sind dann erst recht niedrig, weil halb Berlin aufgrund seines Namens und seiner prominenten Besitzer auf dieses Pferd spielt. Das ist, wie wenn du mit einem Mini ein Formel-1-Rennen gewinnen willst, und im Falle eines Sieges trotzdem kein Geld dafür bekommst, weil alle auf den Mini gewettet haben.

Doch am 9. Mai 2021, einem Sonntag – es war das vierte Rennen von Drux The King –, hatte ich doch einmal Grund zum Jubeln. Es war ein besonderer Tag. Am Nachmittag spielten wir mit den Füchsen Berlin gegen den THW Kiel. Das Rennen war vormittags. In aller Frühe war ich auf den Beinen. Der Veranstalter hatte das Rennen extra auf den Vormittag gelegt, damit ich dabei sein konnte. Als Drux The King als Erster die Ziellinie überquerte, konnte man meinen Jubelschrei vermutlich über die gesamte Anlage hören – denn aufgrund der Corona-Pandemie waren außer mir nur ein paar andere Pferdebesitzer und Trainer vor Ort. Alle freuten sich mit mir, und ich freute mich für Drux The King.

Ich wollte mein Pferd belohnen und drückte einem Füchse-Praktikanten dreißig Euro in die Hand, um ein paar Möhren zu kaufen. Eine Stunde später stand er schweißgebadet im Büro und verkündete: „Die Möhren sind unten im Auto." Beim Blick in den Kofferraum wurde mir ganz anders. Dass es für dreißig Euro so viele Karotten wären, hätte ich wirklich nicht gedacht, musste mir aber eingestehen, noch nie vorher welche gekauft zu haben. Und so fuhr ich mit meinem Kofferraum randvoll mit Möhren am nächsten Abend wieder nach Hoppegarten, wo mich eine Überraschung erwartete. Nach seinem großen Sieg hatte jemand aus heiterem Himmel ein Kaufgesuch für Drux The King eingereicht. Achtzigtausend Euro wollte ein Japaner für das Pferd bezahlen. Ihm waren wohl die niedrigen Quoten bei Drux The King aufgefallen, die ihm auf eine hohe Qualität des Pferdes hinzudeuten schienen. „Im Vertrauen", sagte mir mein Trainer, „aus unternehmerischer Sicht musst du das Angebot annehmen. Kauf dir von dem Geld zwei neue Pferde und lege den Rest beiseite. Dann hast du einen Riesendeal gemacht."

Ja, der Trainer hatte recht. Natürlich war es wirtschaftlicher Unsinn, das Pferd zu behalten. Doch einen Verkauf brachte ich nicht übers Herz. „Unter sechsstellig brauchen wir gar nicht reden", ließ ich dem potenziellen Käufer aus Fernost ausrichten, wohl wissend, dass ich Drux The King auch dann nicht verkauft hätte.

Ich verstand die Argumente, die für einen Verkauf sprachen. Dennoch ließ ich mich nicht umstimmen. Einen Drux verkauft man nicht. Das habe ich übrigens auch im Handball immer beherzigt. Bei Spielern wie Paul Drux und Fabian Wiede geht es um Persönliches. Spieler wie sie sind der Grund, warum ich all das im Handball mache. Genauso unumstößlich war meine Entscheidung bei meinem Pferd. Es hatte etwas mit mir gemacht, ich hatte eine Bindung zu ihm aufgebaut. In der Gegenwart von Drux The King komme ich zur Ruhe. Eine innere Ruhe, die ich jedes Mal, wenn ich in den Stall nach Hoppegarten fahre, aufs Neue spüre.

Bunte Pullis, Riesenstimmung: Die Bob-WM

Ein Dutzend Kamerateams, knapp hundert Journalisten – spätestens als wir den proppenvollen Saal am Hackeschen Markt in Berlin betraten, wusste ich: Das Vorgeplänkel ist vorbei, jetzt wird es Ernst! Zwölf Jahre nach dem Wintermärchen 2007 wollten wir eine neue Geschichte schreiben. Die Handballwelt schaute auf uns. Der Druck war nach den zwei missratenen Turnieren immens, aber die Vorfreude an jenem Tag im Januar 2019 überstrahlte alles. Wir waren fest entschlossen, den Druck als Rückenwind zu nutzen, um wie ein Hurrikan über unsere Gegner hinwegzufegen. „Ich spüre, dass ich die Mannschaft nur noch loszulassen brauche", rief Bundestrainer Christian Prokop den Journalisten zu. Und Kapitän Uwe Gensheimer sagte: „Wir wollen unserer Sportart mit unserer Leistung einen Push geben, jeden Sportfan zu einem Handballfan machen."

Ich genoss das muntere Treiben bei der Pressekonferenz. Obwohl noch kein Ball geworfen war, hatte unsere Mannschaft eine wahre Handball-Euphorie in Deutschland entfacht. Zu einer öffentlichen Trainingseinheit des Teams, wie es sie sonst nur beim Fußball gibt, kamen zwei Tage vor dem Turnierauftakt rund zweitausend Fans. An den deutschen Spielorten Berlin, München, Köln und Hamburg hatten wir mehr als eine halbe Million Eintrittskarten verkauft, ein neuer Rekord in der WM-Geschichte. Am meisten freute ich mich aber über die Tatsache, dass Mannschaft und Trainer sich wieder zusammengerauft hatten. Christian hatte sich die Kritik nach der völlig missratenen EM zu Herzen genommen. Er war über seinen Schatten gesprungen und hatte in unzähligen Gesprächen auch jene Spieler erreicht und auf seinem Weg mitgenommen, die noch vor einem Jahr gegen ihn intrigiert hatten. Das war ein Zeichen von Größe. Christians ganze Mühe schien sich auszuzahlen. Denn es gelang ihm tatsächlich, in der Mannschaft wieder ein gutes Klima zu schaffen und alle hinter dem großen Ziel WM-Medaille zu versammeln.

Auch ich hatte mir etwas einfallen lassen, um die Menschen im Land auf die WM einzustimmen und gleichzeitig etwas Druck von der Mannschaft zu nehmen. Dafür nutzte ich mein Faible für schrille Outfits. Während die Verbandsspitze am Tag vor dem Start geschlossen in schlichten Anzügen unseres DHB-Ausstatters Walbusch aufmarschierte, trug ich einen gold-blauen Pullover, verziert mit Leoparden und einer Göttin. Mein Plan, die Aufmerksamkeit gezielt auf mich zu lenken, ging auf. Das Foto, das mich als bunten Hund inmitten meiner uniformierten Kollegen zeigt, ging um die Welt. Ich schaffte es sogar auf die Titelseite der *Bild*-Zeitung und konnte damit zusätzliche Werbung für die WM und unseren Sport machen. Mehr denn je war ich für den deutschen Handball Lautsprecher, Blitzableiter und Hingucker in einer Person.

Die Schlagzeilen, mit denen nicht bloß der Boulevard auf meinen farbenfrohen Auftritt reagierte, zeigen, welche Wirkung Äußerlichkeiten wie ein einfaches Kleidungsstück auf die Menschen haben können. An jenem 9. Januar 2019, dem Tag, der in der Rückschau quasi als Sündenfall meiner modischen Ausflüge in die Verbandsgeschichte einging, zerrissen sich einige Leute im DHB das Maul. Ich sagte mir: Das bekommt ihr jetzt jeden Tag! Ich erinnerte mich in dieser Situation an den Besuch mit Stefan Kretzschmar in der Harald-Schmidt-Show, bei dem ich im Mai 1999 gelernt hatte, dass Handball nicht bloß Sport, sondern auch beste Unterhaltung sein konnte. Und so machte ich aus der Heim-WM spontan eine Art Bob-WM, zumindest was die Outfits angeht. Dass dieses Thema dermaßen groß wird und sogar die *Süddeutsche Zeitung* in ihrem Magazin Bilderreihen mit mir publizieren würde, ahnte ich freilich nicht. Ich machte mir einfach einen Spaß daraus, zu den Spielen der Nationalmannschaft in den schrägsten Outfits zu erscheinen. Mal trug ich quietschgelbe Pullover mit Schweinchen drauf, mal lief ich im rosa-blauen Hemd mit Mohnblumen-Print auf und mal im tiefroten Samtanzug.

Mein Faible für farbenfrohe Kleidung entdeckte ich aber nicht erst 2019. Das möchte ich an dieser Stelle betonen. Die Vorliebe reicht nämlich weit zurück in die Anfänge meiner Zeit bei den Füchsen Berlin in den 2000er Jahren. Es war eine Zeit, in der ich regelmäßig zu viel aß und mir mein Äußeres ganz und gar nicht gefiel. Es war am Morgen nach einem Auswärtsspiel. Ich kam aus der Dusche meines Hotelzimmers und warf im Vorbeigehen einen flüchtigen

Blick in den Badezimmerspiegel. *Moment mal,* dachte ich. *Das warst doch nicht du?* Ziemlich schnell stellte es sich aber heraus, dass ich allein in dem Zimmer war … Ich erschrak dermaßen, dass ich mir an jenem Tag schwor, etwas an meiner Ernährung und an meinem Lebenswandel zu ändern. *Für die kurzen Beine kannste nichts,* sagte ich mir, *aber an dem Gewicht solltest du arbeiten.* Und wenn ich etwas mache, dann mache ich es richtig. Und mit Plan. Ich ließ von einem Tag auf den anderen ganze Mahlzeiten weg, verzichtete auf Cola und verkniff mir bis auf einmal in der Woche die geliebten Süßigkeiten. So bin ich dann innerhalb weniger Monate von 103 Kilogramm auf 85 runter. Diese Zahl hielt ich ein halbes Jahr, bevor ich noch mehr abnahm und mich irgendwann bei einem Wohlfühlgewicht knapp unter 75 Kilo einpendelte. Das Essen diente als Ventil in stressigen Situationen. Aber ganz ohne Ventil ging es nicht. Fortan belohnte ich mich mit neuen Klamotten. Es war praktisch, dass mit den Kilos auch die Kleidergrößen purzelten und ich gezwungen war, mir ständig neue Sachen zu kaufen. Mit jedem Kleidungsstück wurde mein Schrank ein kleines bisschen bunter.

Bestimmte Vorlieben habe ich bei der Auswahl meiner Kleidung nicht. Ich ziehe an, was mir gefällt, je nach Laune. Es muss nicht teuer sein. Hauptsache bunt, bunt ist positiv. Das mache ich seit jeher im privaten Umfeld so, und dann entschied ich mich eben, es in aller Öffentlichkeit genauso zu machen. Nach meinen vieldiskutierten Auftritten bei der Heim-WM bekam ich sogar Angebote von Modefirmen, die mich unter Vertrag nehmen und mich für das Tragen ihrer Outfits bezahlen wollten. Das ist aber nicht meine Intention. Das will ich nicht. Genauso wenig mag ich es, wenn die Leute mich auf die Klamotten reduzieren und die Inhalte darüber vergessen. Ich habe kein Problem damit aufzufallen. Aber sobald eine gewisse Aufmerksamkeit geweckt ist, möchte ich über Inhalte sprechen. Das ist meine Intention. So auch bei der Weltmeisterschaft 2019.

Natürlich musste ich für meine schrillen Auftritte rund um die Nationalmannschaft in den letzten Jahren viel Kritik einstecken. Vor allem intern. Auf einem Verbandstag wurde wegen mir tatsächlich mal die Einhaltung gewisser Kleiderregeln für Funktionäre eingefordert, vor allem unser Vorstandschef Mark Schober fühlte sich durch meine modischen Alleingänge gekränkt. Mark ist ein Funktionärsprofi, der vieles im Verband mit angeschoben hat, ein akribischer Arbeiter und gewiefter Strippenzieher. Auch wenn wir uns hier und da mal kabbeln, haben wir in all den Jahren recht vertrauensvoll zusammengearbeitet. Doch ein Problem zwischen uns blieb bis zum Ende: meine Pullover. Immer wieder redete er über Sponsoren und Strafzahlungen und eine angemessene Kleidung. „Bob", pflegte er vor großen Reisen zu sagen, „es wäre schön, wenn du neben deinen bunten Pullis auch einen blauen Anzug für offizielle Anlässe mitnehmen könntest." Haben wir denn keine anderen Probleme, als über meinen Kleidungsstil zu diskutieren?, dachte ich. Nehmt mich einfach, wie ich bin. Lebt mit meinen Stärken und lebt mit den Schwächen. Ich mag weder Schuluniformen noch Mainstream. „Ein bisschen Farbe", sagte ich zu Mark Schober, „schadet dem Verband doch wirklich nicht."

Unsere Spieler und unser Trainer störten sich am wenigsten an meinen Farben. Sie ließen ihren großen Worten mit Beginn des WM-Turniers 2019 große Taten folgen. Wir spielten eine tolle Vorrunde, verloren kein einziges Spiel und rissen die Menschen in der mit 13 500 Zuschauern immer ausverkauften Mercedes-Benz-Arena in Berlin mit begeisternden Auftritten von den Sitzen. Den Druck von außen schien die Mannschaft mühelos zu schultern und als emotionalen Rückenwind mitzunehmen. Es war eine Win-Win-Situation. Das Team sog die Atmosphäre bei den Spielen in der Hauptstadt förmlich auf. Oder wie Silvio Heinevetter es nach dem WM-Auftakt in seiner gewohnt flapsigen Art auf den Punkt brachte: „Da war schon ein bisschen Pipi in den Augen." Prokop wirkte seinerseits wie ausgewechselt. Er war akribisch wie immer, doch nun brachte er auch eine neue Lockerheit mit rein. Er wirkte fokussiert, souverän, selbstbewusst und kommunikativ. Hier und da brachte er sogar ein Späßchen unter. Bei den Menschen kam das gut an. Die Fans riefen in der Arena seinen Namen, und Kinder fragten nach den Spielen nach Selfies und Autogrammen. Es war wie Balsam auch auf meiner Seele. Das war der Christian Prokop, den ich kannte und den ich verpflichtet hatte. Auch im Umgang mit den Medien, die ihn noch ein Jahr zuvor so heftig kritisiert hatten, agierte er nun abgeklärt und angenehm unaufgeregt.

Die ersten Spiele waren aber nur ein lockerer Aufgalopp, denn in der Hauptrunde warteten mit Island, Kroatien und Europameister Spanien weitaus knackigere Aufgaben. Mir war klar: Nur mit der bislang gezeigten maximalen mannschaftlichen Geschlossenheit war das Halbfinale möglich. Und mit der bedingungslosen Unterstützung unserer Fans.

Ich erinnere mich noch gut daran, wie wir am 18. Januar 2019, dem Tag vor unserem ersten Hauptrundenspiel, in Köln ankamen und am späten Nachmittag zum lockeren Anschwitzen erstmals zusammen die Halle betraten. In mir erwachten beim Anblick der riesigen Arena mit den steilen Tribünen die Erinnerungen an den WM-Triumph von 2007. Allein die Gedanken an die Stimmung von vor zwölf Jahren lösten eine Gänsehaut aus. Damals war ich als Kommentator in der Halle und analysierte die nervenaufreibenden Spiele der Finalrunde fürs Fernsehen – nun durfte ich selbst ein Teil der Geschichte sein. „Wenn die Mannschaft so spielt wie in der Vorrunde in Berlin“, sagte unser Teammanager Oliver Roggisch nach der Ankunft in Köln. „Dann habe ich keine Bedenken, dass das Hallendach hier wegfliegt.“ Auch Prokop setzte für die nun beginnende heiße Turnierphase auf einen „Energieschub von den Rängen“. Und Heiner Brand, der das Team an diesem für den deutschen Handball schon fast mythischen Ort zum WM-Titel geführt hatte, mutmaßte: „In Köln sind wir unschlagbar.“ Brand sollte recht behalten.

Angepeitscht von zwanzigtausend lärmenden Fans starteten wir mit einem souveränen 24:19 gegen Island in die Hauptrunde und hatten durch eine günstige Gruppen-Konstellation schon im zweiten Spiel in Köln unseren ersten Matchball. Mit einem Sieg gegen Kroatien bot sich uns die Chance, den Einzug in die K.-o.-Runde vorzeitig klarzumachen. Das Ticket für das Halbfinale in Hamburg war zum Greifen nah – und wir griffen beherzt zu! Durch ein 22:21 schrieben wir ein Stück deutsche Handballgeschichte und erreichten erstmals nach zwölf Jahren wieder ein WM-Halbfinale. Die

Freude über den großen Erfolg war bei allen riesig. Und doch wurde sie getrübt. Denn unser Spielmacher Martin Strobel, der Denker und Lenker unseres Angriffsspiels, unser Ruhepol und der verlängerte Arm von Christian Prokop auf dem Feld, verletzte sich im Kroatien-Spiel schwer. Für ihn endete der WM-Traum abrupt. Kreuzband-OP statt WM-Halbfinale. Es war so bitter! Ich werde es nie vergessen, wie er schreiend vor Schmerzen nach neun Minuten vom Feld getragen werden musste und noch während der Partie ins Krankenhaus transportiert wurde. Strobel war bis dahin die große Überraschung des Turniers. Ein Zweitliga-Spieler aus Balingen bei der WM, der größten aller Bühnen des Handballs? Verrückt! Dass er überhaupt dabei war, geht auf Christian Prokop zurück. Als im Herbst viele auf eine Rückkehr von 2007-Weltmeister Michael Kraus spekuliert hatten, überredete Prokop Strobel zu einem Comeback. Diese Entscheidung entpuppte sich schnell als meisterlicher Schachzug. Der Europameister von 2016, der seine Nationalmannschaftskarriere nach dem Superjahr 2016 eigentlich längst beendet hatte, glänzte bei seinen Auftritten in Berlin und Köln mit Spielübersicht und pfiffigen Ideen. Martin gab unserem Spiel genau jene Struktur, die wir bei der EM im Vorjahr noch so schmerzlich vermisst hatten, und überzeugte zudem als eiskalter Vollstrecker – bis sein WM-Märchen auf so schreckliche Weise endete. Kurz vor seiner Abreise, er kam gerade aus dem Krankenhaus, schaute Strobel noch beim nächtlichen Bankett im Teamhotel vorbei und verabschiedete sich mit einer emotionalen Rede. Er bedankte sich für die „geile Zeit“ und wünschte uns viel Glück. Nicht bloß seinen Mitspielern standen Tränen in den Augen. Das war für mich einer der bewegendsten Momente, die ich im Sport erlebt habe. Noch in der Nacht schworen wir uns, nun auch für ihn zu spielen.

Ohne Strobel, aber mit ganz viel positiver Energie gingen wir in das letzte Hauptrundenspiel gegen Spanien. Sportvorstand Axel Kromer, unsere Betreuer und ich trugen das Trikot mit der Nummer 19 zu Ehren unseres Spielmachers. Und die Mannschaft unterstrich mit dem 31:30-Erfolg gegen den Europameister ihre Medaillen-Ambitionen. Die Arena bebte. „Oh, wie ist das schön“, sangen die zwanzigtausend Fans und wedelten mit ihren schwarz-rot-goldenen Fähnchen im Takt der Musik. Die Spieler bedankten sich mit einer Ehrenrunde für die phantastische Unterstützung bei den drei Hauptrundensiegen. Ich stand glückselig am Spielfeldrand und hätte in diesem Moment zu gerne die Pause-Taste gedrückt, denn ich spürte, dass die magischen Tage von Köln nicht mehr zu toppen waren. Mit dem Druck des Kessels waren wir zu allem fähig. Doch in Hamburg?

Beim Gedanken an den bevorstehenden Umzug in die Hansestadt musste ich unweigerlich an eine heftige Diskussion mit der Verbandsspitze zurückdenken. Die Entscheidung für Hamburg als Spielort fürs Halbfinale, die wir lange vor dem Turnier getroffen hatten, hatte mir schließlich ganz und gar nicht gefallen. Ihr Amateure, dachte ich und schimpfte in Richtung meiner Präsidiumskollegen: „Wollt ihr gewinnen oder City-Hopping machen?" Hamburg verfügt über eine wunderschöne Arena und hat ein tolles Handballpublikum. Keine Frage. Ich liebe Hamburg. Spätestens seit meiner Trainerzeit dort. Doch angesichts der Alternative sträubte ich mich gegen die Pläne von Andreas Michelmann und unseren Kollegen vom Organisationskomitee. Ich war beseelt von der Idee, auch das Halbfinale unserer Weltmeisterschaft in Köln zu spielen. Dies hatte aus leistungssportlicher Sicht zwei Vorteile: Zum einen bot die Lanxess Arena mit ihren zwanzigtausend Zuschauern eine atemberaubende Atmosphäre für unser Team. Die Halle war schließlich schon für die deutsche Weltmeistermannschaft von 2007 zum „Wohnzimmer" geworden und stellte seinerzeit einen ganz wichtigen Baustein auf dem Weg zum Titelgewinn dar. Zum anderen hatten meine Überlegungen noch einen anderen, ganz profanen Grund: Denn mit einem Halbfinale in der Domstadt hätten wir im Gegensatz zur Konkurrenz einen Reisetag und damit wertvolle Kräfte sparen können. Am Ende beugte ich mich der Mehrheit und arrangierte mich mit der Entscheidung, mit dem Turnier in die vier größten deutschen Städte zu gehen. Und da gehörte Hamburg nun mal dazu.

Ob nun Köln oder Hamburg: Für unsere Sportart war das, was im Januar 2019 in Deutschland passierte, ein absoluter Glücksfall. Die

Hallen waren ausverkauft, die TV-Quoten gingen durch die Decke, und überall im Land fanden sich die Menschen zu spontanen Public-Viewing-Veranstaltungen zusammen. Hinzu kam der sportliche Erfolg. Kaum jemand hatte uns etwas zugetraut vor dem Turnier. Das Team galt als zu durchschnittlich. Der Trainer als zu bieder. Doch jetzt, zwei Wochen später, waren wir in aller Munde. Landauf, landab waren die Leute im Handballfieber. Getragen von einer einzigartigen Welle der Begeisterung und Euphorie war vor dem Final-Wochenende auf einmal alles möglich. Das Finale im dänischen Herning und sogar der Titel. Schon vor dem Halbfinal-Showdown gegen Norwegen in Hamburg stand fest: Die Heim-WM war ein voller Erfolg.

Am Tag des Halbfinales schloss sich ein Kreis. In Hamburg hatten wir Anfang Januar die Turnier-Vorbereitung begonnen – und hier wollten wir nun den letzten Schritt in Richtung Finale gehen. „Wir haben noch nicht genug“, beschwor Uwe Gensheimer sein Team. Norwegen sei zwar „ein harter Brocken, aber bei der Leistung, die wir bisher gezeigt haben – vor allem auch bei der Deckung –, brauchen wir uns vor keinem Gegner zu verstecken.“ Ich spürte, wie heiß die Jungs waren. Vor allem Gensheimer. Unser Kapitän hatte bis dahin das Turnier seines Lebens gespielt. Nie zuvor hatte ich ihn so fokussiert und konzentriert erlebt wie in den Tagen dieser WM. Er war unser emotionaler Leader und Leistungsträger. Gensheimer ging voran – und die Mannschaft folgte ihm.

Seit Jahren galt Uwe schon als bester Linksaußen der Welt und hatte als Torjäger vom Dienst Meisterschaften und Pokale geholt – auf einen großen internationalen Titel wartete er aber noch immer. Und gerade weil er beim EM-Titel in Polen verletzt gefehlt hatte, wünschte ich ihm nun von Herzen, endlich mit der Nationalmannschaft den ganz großen Wurf zu landen.

Doch unser Traum von WM-Gold platzte jäh mit einer 25:31-Niederlage gegen überlegene Norweger. Wir waren chancenlos. Zwar avancierte Gensheimer mit sieben Treffern einmal mehr zu unserem besten Torschützen, doch es reichte nicht. Unsere Abwehr erreichte nicht die Top-Form der vorherigen Spiele, und auch vorne fehlte es an Durchschlagskraft, so dass wir eine völlig verdiente Niederlage gegen eine überragende norwegische Mannschaft kassierten. Natürlich tat das Ende unserer wunderbaren Reise jedem weh. Zumal wir zwei Tage später auch das Bronzespiel gegen Frankreich in den letzten Sekunden höchst unglücklich mit 25:26 verloren. Doch bis zum Halbfinale hatten wir eine überragende Weltmeisterschaft gespielt. Wir hatten gezeigt, dass wir wieder in der Weltspitze sind. Und wir hatten ein ganzes Land begeistert. Das Halbfinale gegen Norwegen sollte mit knapp zwölf Millionen TV-Zuschauern zur meistgesehenen Sportübertragung des Jahres werden. Noch vor allen Fußballspielen. Bundespräsident Frank-Walter Steinmeier sprach von einem „Fest für den Handball".

Ein weiteres emotionales Highlight hielt das Turnier für uns parat. Am Abend des verlorenen Frankreich-Spiels saßen wir im Bone's in der Innenstadt des dänischen Herning. Für die Jungs gab es Chicken Wings und Pommes, Spare Ribs und Burger. Und natürlich gab es auch das eine oder andere Bier, als sich plötzlich ein fremder Gast vor uns aufbaute. „Ich bin neunhundert Kilometer gefahren", sagte er, „und es hat sich gelohnt. Mir ist bei euren Auftritten das Herz aufgegangen. Danke!" Ich sah rüber zu Christian Prokop. Ein Lächeln huschte über sein Gesicht. Die Spieler applaudierten. „Mit ein bisschen Abstand", zog unser Kapitän Gensheimer das Turnierfazit, „können auch wir vielleicht stolz sein. Wenn wir wieder zu Hause sind und vielleicht mal auf der Straße angesprochen werden, werden wir realisieren, was wir in den vergangenen zwei Wochen erreicht haben."

DHB-Präsident Andreas Michelmann über Bob Hanning am Rande der Handball-WM 2019:

„Er ist wie ein Mittelmann, der sich ab und zu an den Kreis absetzt. Er geht dabei immer dahin, wo es weh tut. Er scheut keine Auseinandersetzungen und hat sich dabei schon eine Menge Blessuren geholt. Auch deswegen hat er das Recht, auch mal das ein oder andere Trikot zu tragen. Bob hat einen riesigen Anteil am momentanen Erfolg. Er ist der geistige Vater

der sportlichen Entwicklung der Nationalmannschaft. Wenn wir Bobs Alleingänge, die sicherlich auch mal schmerzhaft waren, im Prozess unserer Entwicklung nicht ausgestanden hätten, wären wir nicht da, wo wir jetzt sind. Einen Menschen wie Bob Hanning bekommt man nicht ohne B-Seite."

Prokop ist kein Klopp: Ich bin gescheitert

> *„Natürlich hat bei Christian Prokop nicht alles auf Anhieb funktioniert, aber auch Jürgen Klopp hat man beim FC Liverpool die nötige Zeit gegeben. Und siehe da: Inzwischen greift es, und wie! Wir befinden uns mit Christian auf einem ordentlichen Weg, die Richtung stimmt."*

Diese Passage stammt aus einem meiner Interviews kurz vor dem Start in die Europameisterschaft 2020. Und sie entsprach meiner tiefen Überzeugung. Die Entwicklung unter unserem Trainer stimmte mich positiv. Nach Prokops schwachem Premierenturnier in Kroatien zwei Jahre zuvor hatte die Nationalmannschaft in 29 Länderspielen unter ihm nur vier Niederlagen kassiert. Unsere Leistungskurve zeigte wieder deutlich nach oben, und das Team schien nach Platz vier bei der Heim-WM nun reif für den nächsten Schritt. Bereit für den Kampf um die Medaillen. Prokop sprach vor dem Turnier in Norwegen, Österreich und Schweden, der ersten EM mit 24 Mannschaften, von „ungebremster" Vorfreude und demonstrierte Vertrauen in die eigene Stärke: „Wir wissen, was wir leisten können."

Die Auslosung hatte es gut mit uns gemeint. Niederlande, Spanien und Lettland hießen unsere Vorrundengegner in Trondheim. Und doch kamen wir in der ersten Turnierphase nicht richtig in Fahrt. Nach einem lockeren Auftaktsieg gegen die Niederlande (34:23) gab es gegen Titelverteidiger Spanien eine höllische Reise. Wir hatten keine Chance und verloren auch in der Höhe verdient mit 26:33. Ein 28:27-Zittersieg gegen den EM-Neuling Lettland bildete den passenden Abschluss einer ziemlich miesen ersten Turnierwoche. Für den angepeilten Sprung ins Halbfinale brauchte es vor dem Start in die Hauptrunde viel Phantasie – und eine gewaltige Steigerung aller Beteiligten. Natürlich mehrten sich auch wieder die kritischen Stimmen in der Heimat. Sie mäkelten an einzelnen Spielern, an ganzen Mannschaftsteilen und am Trainer. Über den Fauxpas im Auftaktspiel gegen die Niederlande, als Prokop in einer Auszeit im Eifer des Gefechts den Vornamen seines Rechtsaußen Timo Kastening („Wie heißt du?") vergaß, konnte nicht jeder schmunzeln. Ich ließ mich auf diese Art von Diskussionen aber nicht ein. Ich erlebte Christian während der EM konzentriert, voll fokussiert und zunächst positiv. Druck machte ich ihm vor dem Beginn der zweiten Turnierphase keinen, sondern appellierte an die Mannschaft und forderte von jedem Einzelnen, mehr in den gemeinsamen Topf einzuzahlen, als es in der Vorrunde der Fall gewesen war.

Der Umzug in den Hauptrundenspielort Wien tat den Jungs gut. Raus aus der dunklen Tristesse des norwegischen Winters, rein ins pralle Leben der österreichischen Hauptstadt. Das setzte Kräfte frei! Mit einer richtig starken Leistung besiegten wir Weißrussland mit 31:23 und gingen mit frischer Energie in den Showdown gegen Kroatien. Die Ausgangslage war klar: Mit einem Sieg, aber auch nur mit einem Sieg, würde der Traum vom Halbfinale weiterleben. Bei einer Niederlage oder einem Unentschieden wären wir raus aus dem Medaillenkampf. Und, was soll ich sagen: Wir machten ein richtig gutes Spiel. Die Wiener Stadthalle mit den über neuntausend größtenteils deutschen Fans glich einem Tollhaus, als wir mit einem 14:11-Vorsprung in die Pause gingen. Kurz nach dem Seitenwechsel schraubten wir unsere Führung bis auf 17:12 in die Höhe und behaupteten sie bis kurz vor dem Ende – ehe uns in den Schlussminuten wieder einmal die Nerven versagten … 24:25! Dreimal hatten wir in der gesamten Partie zurückgelegen. Zweimal ganz am Anfang und dieses eine Mal ganz am Schluss. Es fühlte sich grausam an! Wir waren einen Millimeter von unserem großen Ziel entfernt und scheiterten, als es in der Crunch Time drauf ankam, doch wieder. Wie schon bei der EM in Kroatien. Wie schon bei der Heim-WM.

Die Aufregung nach dem Spiel war riesig. So stark die Vorstellung unserer Mannschaft gegen Kroatien über weite Strecken war, so beherzt sie sich nach der schwachen Vorrunde ins Turnier gekämpft hatte – unterm Strich stand für Prokop wieder ein verpasstes Ziel. Und das schon zwei Spiele vor dem Ende der Hauptrunde. Dennoch dachte ich nicht im Ansatz daran, den Trainer etwa zu feuern, als ich am nächsten Tag auf der Pressekonferenz saß. Doch mein Auftritt im Raum „Schönbrunn" des vornehmen Hilton-Hotels in Wien an jenem 19. Januar 2020 markierte einen Wendepunkt in meiner Beziehung zu Christian Prokop.

Einen Tag nach dem Kroatien-Spiel, es war ein Sonntag, drehte sich alles um die Zukunft des Trainers. Mit bissigen Fragen und spitzen Bemerkungen legten die Journalisten den Finger in die noch frische Wunde. Ich wich aus, so gut ich konnte, bis mir dann doch dieser im Nachhinein folgenreiche Satz über die Lippen ging: „Am Montagabend wird sich zeigen, was diese Mannschaft mit ihrem Trainer macht. Österreich in Österreich ist der beste Gegner, um diese Frage zu überprüfen." Prokop hatte den Raum zu diesem Zeitpunkt längst verlassen, er bekam von meiner Aussage zunächst nichts mit. Ich besuchte ihn später noch auf seinem Hotelzimmer. „Christian", sagte ich. „Du musst das Spiel morgen gewinnen. Wir müssen das Spiel gewinnen. Sonst wird es eng für uns." Von möglichen Spielerwechseln für den weiteren Turnierverlauf riet ich ihm zusammen mit unserem Sportvorstand Axel Kromer ab. „Mach das nicht. Wir müssen die bestmögliche Platzierung bekommen. Wir brauchen jetzt eine gute Stimmung und Platz fünf, um alles zu erhalten, wie es ist."

Wie ein Orkan fegten wir am nächsten Tag über Österreich hinweg. 34:22! Ich atmete erleichtert durch. Die Jungs hatten in der Trainerfrage eine klare Botschaft gesendet. „Das Spiel spricht für sich", sagte unser Torhüter Andi Wolff und schob augenzwinkernd hinterher: „Taktikfuchs Bob Hanning hat das sehr clever gemacht, dass er die Mannschaft gekitzelt hat, damit es kein Spiel wird, das zur Schlafnummer mutiert. Es ging nicht nur um die numerische Platzierung, sondern darum, ein Zeichen zu setzen. Die Taktik ist aufgegangen, wir haben das Zeichen gesetzt." Um es an dieser Stelle noch einmal ganz klar zu sagen: Es war genau wie Andi es gesagt hatte. Ja, ich wollte einen gewissen Druck aufbauen. Aber es war nicht einmal im Ansatz meine Idee, den Trainer, meinen Trainer, zu schwächen oder öffentlich in Frage zu stellen. Mir ging es einzig und allein darum, die Konzentration und Fokussierung aller Beteiligten auf das Spiel zu richten. Ich wollte einen Sieg. Auch vor dem Hintergrund der vielen Millionen Fernsehzuschauer. Sportlich war die Luft schließlich raus. Wir hatten das Halbfinale frühzeitig verpasst, spielten aber zur Prime Time bei den Öffentlich-Rechtlichen. Und so ging es auch ein bisschen darum, den Fans vor den TV-Geräten eine Geschichte zu liefern. Wolff hatte das zu hundert Prozent verstanden. Christian leider nicht.

Der Bundestrainer war außer sich. Kurz vor dem Spiel war er mit meinem Satz aus der Presserunde vom Vortag konfrontiert worden – und bestand nun auf ein Gespräch mit der gesamten Verbandsspitze. Am Morgen nach dem Österreich-Spiel trafen wir uns in einem Hinterzimmer unseres Teamhotels. Christian Prokop, Axel Kromer und ich. Prokop redete und redete und redete. Sein minutenlanger Monolog wurde zu einer Abrechnung. Einer Abrechnung mit mir. Ich wolle ihn köpfen, so lautete sein Vorwurf, und ihn mit meinen Aussagen ans Messer liefern. „Christian", sagte ich, als er fertig war. „In einem vernünftigen Ton können wir über alles reden. Ich akzeptiere deinen Frust. Und bis zu einem gewissen Grad akzeptiere ich auch, dass meine Aussage bei dir so angekommen ist. Aber ich möchte dich hier auch noch einmal daran erinnern, dass ich derjenige war, der dich immer unterstützt hat wie kein Zweiter und der sein eigenes Schicksal mit deinem verknüpft hat, als es drauf ankam. Mir nun so etwas vorwerfen zu lassen, dazu auf diese Art und Weise, das lasse ich mir nicht gefallen. Hier ist Schluss. Diese Diskussion brauchst du mit mir nicht führen. Das finde ich unterirdisch." Wir beendeten unser Gespräch nach rund zwanzig Minuten. Es machte keinen Sinn mehr. Christian hatte in diesem Moment die Chance, Größe zu zeigen. Er hätte reagieren können wie Andi Wolff nach dem Motto: „Der Bob hatte doch recht. Er hat uns eine Frage gestellt – und wir haben ihm mit unserem Kantersieg eine passende Antwort gegeben. Mannschaft und Trainer." Doch Prokop tat es nicht. Es war das erste Mal, dass ich Christians Hilfe gebraucht hätte, denn man hatte mich ganz offensichtlich missverstanden. Ich habe die Hilfe nicht eingefordert. Aber ich hätte mich gefreut, wenn ich für all meine Mühe für ihn und meine Treue zu ihm nun etwas zurückbekommen hätte.

Ich hatte kein Verständnis für Prokops Sicht der Dinge, und doch lösten seine Worte in mir ein schlechtes Gewissen aus. Getrieben von diesem Gefühl begingen Axel Kromer und ich dann einen großen

Fehler. Wir sprachen Prokop unser Vertrauen aus. In aller Öffentlichkeit. Am Tag nach dem Österreich-Spiel. Dabei hatte uns Präsident Andreas Michelmann kurz vorher noch gewarnt: „Lasst euch nicht unter Druck setzen“, hatte er mit eindringlicher Stimme an uns appelliert. „Macht es so, wie ihr es vor zwei Jahren gemacht habt. Wartet ab und analysiert alles in Ruhe nach dem Turnier.“ So schlau dieser Satz auch war – wir beherzigten ihn nicht. Wir ließen uns von den Medien treiben. Von den Spielern, die Klarheit in der Trainerfrage wollten und von denen sich einige nach dem Österreich-Spiel vehement für eine Zukunft mit Christian ausgesprochen hatten. Und vom Trainer. Wenn wir uns damals an meinen Freund Andreas Michelmann gehalten hätten, wäre uns vieles erspart geblieben. Wir dachten aber nur an den Moment und zogen die kurzfristige Ruhe rund ums Team einer langfristigen klugen Entscheidung vor. Das war unprofessionell. Es war töricht. Und es war eigentlich auch gegen meinen Verstand.

Während ich mich in den Tagen danach öffentlich zurücknahm und mich über den versöhnlichen Turnierabschluss mit zwei weiteren Siegen und Platz fünf freute, kostete Prokop seine vermeintliche Jobgarantie voll aus. Er nutzte nun jede sich bietende Gelegenheit, mir einen mitzugeben. Auf der Pressekonferenz nach dem Österreich-Spiel gab er sich keine Mühe, seine Unzufriedenheit mit mir zu verbergen. Und auch beim inoffiziellen Turnierabschluss mit der Mannschaft ließ er seinem Ärger freien Lauf. Christian hielt eine Ansprache, bedankte sich bei jedem Einzelnen und sagte dann: „Es wäre noch besser gewesen, wenn es ruhiger gewesen wäre hinter der Bank.“ Er hat meinen Namen nicht genannt. Doch alle wussten, dass ich gemeint war.

Ein paar Tage später rief ich Christian an. Wenn Emotionen im Spiel sind, ist es immer gut, wenn man ein paar Nächte drüber schläft. Ich erzählte ihm von meinen Gedanken und wie ich mich bei all dem Theater gefühlt hatte. „Mensch, Christian“, sagte ich. „Da hättest du mir doch helfen können. Stattdessen schlägst du mir noch mal ins Gesicht. Erst auf der Pressekonferenz und dann vor den Spielern. Ich finde das einfach nicht in Ordnung.“ Für mich ist das keine

Art des Miteinanders, und das gab ich ihm deutlich zu verstehen. Genauso deutlich machte ich ihm aber auch, dass ich zusammen mit ihm wieder als Team auftreten wollte. Ich reichte ihm die Hand und machte ein Versöhnungsangebot. „Das können wir so nicht stehen lassen. Wir müssen uns treffen. Und wir müssen eine gemeinsame Lösung finden", sagte ich. Mit einem Telefonat, das war mir klar, war es in unserem Fall nicht getan. Ich wollte unbedingt mit ihm die Kurve kriegen. Als Trainer. Und als Mensch. Christian und ich vereinbarten ein Gespräch. Das war auch bitter nötig, denn er hielt mich vermutlich für Lord Voldemort, seinen bösen Gegenspieler im Reich der Nationalmannschaft, gegen den er ankämpfen musste. Er wollte einfach nicht kapieren, dass ich nicht auf der Seite seiner Feinde saß und dass ich im Grunde bis zuletzt sein größter Fürsprecher von allen war. Doch zu unserem klärenden Vier-Augen-Gespräch sollte es nicht mehr kommen …

Es war ein grauer, regnerischer Tag Anfang Februar, als wir uns mit dem Verbandspräsidium in Hannover zu einer turnusmäßigen Sitzung trafen. Die EM war Geschichte, eine mögliche Ablösung von Prokop stand öffentlich nicht mehr zur Debatte. Selbst aus den Reihen der Chefkritiker hatte es seit Tagen keine Vorstöße gegen den Bundestrainer mehr gegeben. Nichts, aber auch wirklich gar nichts deutete auf die Turbulenzen hin, die uns im Laufe des Tages ereilen würden. Auf Wunsch von Andreas Michelmann hatten wir zu unserem Treffen auch die Bundestrainer der Männer- und Frauennationalmannschaft eingeladen und um eine Analyse ihrer jeweiligen Turniere gebeten. Frauencoach Henk Groener machte den Anfang. Weil Henk mit seinem Team gerade einen Lehrgang absolvierte, wurde er per Video zugeschaltet und referierte digital über den achten Platz bei der zurückliegenden Frauen-WM. Es gab ein, zwei Nachfragen. Dann machten wir ziemlich schnell einen Haken dran. Blieb also der Vortrag von Prokop, der persönlich anwesend war. Christians Einlassungen wirkten nicht sehr lebendig und waren ganz schön selbstbeweihräuchernd für das, was die deutsche Mannschaft gerade bei der EM abgeliefert hatte. Ja, wir schlossen das Turnier auf dem fünften Platz ab. Das war okay. Wir steigerten uns und hatten am Ende fünf der sieben Spiele gewonnen – die entscheidenden zwei, auch das gehörte zur Wahrheit, aber wieder nicht. Wie dem auch sei. Am Ende des Vortrags kam Prokop wieder auf mich zu sprechen. Unser Gespräch in Wien, die öffentliche Pressekonferenz, die Mannschaftsbesprechung, das Telefonat – all das war ihm anscheinend nicht Bühne genug. Jetzt attackierte er mich noch einmal vor der versammelten Verbandsspitze. Er geißelte die angebliche „Unruhe hinter der Bank" und ärgerte sich über „Störfeuer von außen". Meinen Namen nannte er auch jetzt nicht. Natürlich nicht. Doch niemand hatte auch nur den leisesten Zweifel daran, auf wen es Prokop bei seinen Ausführungen abgesehen hatte.

Ich saß da wie paralysiert. Nach all dem, was Christian und ich zusammen erlebt hatten, fühlte sich das wie ein unerlaubter Tiefschlag an. Ich hatte wirklich geglaubt, dass die Sache nach unserem Telefonat endlich vom Tisch sei. *Der hat nichts gelernt*, dachte ich mir, *der hat einfach gar nichts gelernt*. Nach seiner Analyse verabschiedete sich Prokop, ohne unserer Einladung zum Mittagessen zu folgen. Mit seinem Vortrag hatte er seine Schuldigkeit getan. Dass er mich erneut bloßgestellt hatte, schien ihn nicht zu interessieren.

Kreidebleich verabschiedete ich mich in die Mittagspause. Christian war bis zu jenem Tag im Februar 2020 ein Freund für mich. Mit der Kritik vor versammelter Verbandsspitze hatte er es nun aber endgültig geschafft, mich persönlich zu treffen. Ich taumelte den Flur unseres Tagungshotels entlang, als Uwe Schwenker hastigen Schrittes herbeieilte und mich heftig am Arm packte. „Bob", zischte er, „jetzt ist Schluss. JETZT IST SCHLUSS! Jetzt musst auch du begreifen, dass wir wechseln müssen. Es kann nicht dein Ernst sein, dass du eine solche Analyse noch einmal durchgehen lässt. Ich möchte, dass wir über die Sache, die gerade passiert ist, sachlich im Präsidium diskutieren und du nicht mit mir in die Konfrontation gehst. Du redest immer von der Verantwortung fürs Ganze, die wichtiger ist als Einzelschicksale. Genau das müssen wir jetzt beherzigen. Wir müssen handeln!" Unser Gespräch dauerte maximal zwei Minuten. Obwohl: Ein Gespräch war es nicht. Es war eine klare Ansage des Chefs der Handball-Bundesliga. Auf dem Hotelflur.

Nach der Mittagspause ergriff Uwe das Wort. „Leute", sagte er, „wir müssen noch mal über den Trainer reden." Es dauerte keine Viertelstunde, da hatte er die Arbeit von Christian in ihre Einzelteile zerlegt. Und seine Alternative, die präsentierte Schwenker gleich mit: „Alfreð Gíslason weilt gerade in Russland zu Vertragsgesprächen. Wenn wir schnell sind, können wir uns seine Dienste sichern. Ansonsten unterschreibt er als Nationaltrainer Russlands." Es folgte eine lebhafte Diskussion. „Was sagst du denn dazu?", wurde ich gefragt. Doch ich war noch immer sprachlos. Zum ersten Mal in meinem Leben war ich von einer Situation überrannt worden. Erst der Angriff von Prokop, nun die Sache mit Alfreð. Ich war mit der festen Überzeugung in den Tag gestartet, dass Christian unser Trainer bliebe. Und jetzt zog Uwe Schwenker plötzlich jenen Kandidaten aus dem Hut, mit dem ich vor ein paar Jahren schon einmal über den Posten beim DHB verhandelt hatte.

Den Gedanken, mein Schicksal an das von Christian Prokop zu ketten, den gab es bei mir diesmal nicht. 2018 hatte ich die Angriffe auf meinen Trainer von außen und von innen in gewisser Weise als Angriffe auf mich empfunden. Ich war mir seinerzeit sicher, dass Christian der Richtige war und er mit der Mannschaft die Kurve kriegen würde. Doch das war diesmal anders. Es ging bei unserer Sitzung in Hannover in keinster Weise um Bob Hanning. Und es ging diesmal auch nicht um die Frage, ob die Mannschaft ihrem Trainer noch folgt. Denn das tat sie inzwischen, die zentralen Spieler standen geschlossen hinter Prokop. Es ging meinen Präsidiumskollegen einzig und allein um die sportliche Entwicklung der Nationalmannschaft. Nicht ums Erlebnis, sondern ums nackte Ergebnis. Drei Mal hatte Prokop mit dem Team die Chance, bei großen Turnieren etwas Zählbares zu holen. Drei Mal gingen wir leer aus. Unser großes Ziel Olympische Spiele, so sah es das Präsidium, war in Gefahr. Wir waren schließlich noch nicht qualifiziert.

„Bob", wiederholten meine Mitstreiter, „was hast du dazu zu sagen?" Ich schaute kurz auf und antwortete: „Wenn ihr mich fragt, ob der Zusammenhalt zwischen Mannschaft und Trainer stimmt, dann sage ich: ‚Ja.' Wenn ihr mich fragt, ob wir die Olympia-Qualifikation mit Christian Prokop bestehen, dann sage ich: ‚Ja, wir schaffen das mit Christian.' Wenn ihr mich jetzt auch noch fragt, ob Alfreð den Erfolg wahrscheinlicher macht, dann kann ich das nicht verneinen. Ich werde meine Stimme aber nicht gegen Christian stellen. Das kann ich nicht." Bei der folgenden Abstimmung über die Zukunft des Bundestrainers enthielt ich mich. In der Vergangenheit hatte ich mich schon häufiger über Uwe hinweggesetzt und den Rest des Präsidiums mit ganz viel Leidenschaft von meiner Meinung überzeugt. Ich tat es aus tiefer Überzeugung heraus. Wie 2018. Doch diesmal brachte ich die Kraft nicht mehr auf, die Mauer um Prokop aufrechtzuerhalten. Und ich wollte es nicht mehr. Ich ließ es geschehen.

Als die Abstimmung durch war und sich das Präsidium mehrheitlich für einen Trainerwechsel entschieden hatte, wurden die Aufgaben verteilt. Axel Kromer bekam als Sportchef den Auftrag, Alfreð Gíslason anzurufen. Dann war die große Frage: Wer redet mit Prokop? Keiner wollte. Natürlich nicht. Andreas Michelmann übernahm schließlich den Job. Und ich assistierte ihm. Ich wollte unbedingt dabei sein. Das war ich Prokop schuldig. Ich erinnere mich noch genau an das Telefonat. Ich saß im Auto, Christian auch. Unser Präsident telefonierte aus seinem Büro. „Bob", sagte Christian, nachdem wir ihm die Nachricht überbracht hatten. „Ich bin immer vor dir gewarnt worden. Das hat sich nun bestätigt." Er machte mir schwere persönliche Vorwürfe, doch das traf mich nicht mehr. Ich versuchte später noch mehrmals, ihn zu erreichen. Per Telefon und SMS. Er wollte aber nicht. Und das akzeptierte ich.

In der Rückschau betrachte ich die Geschichte mit Christian Prokop als persönliche Niederlage. Noch heute bin ich überzeugt davon, dass die Idee, ihn zu verpflichten, die richtige war. Denn ich halte Christian für einen exzellenten Trainer. Für jemanden, dem eine große Karriere bevorsteht und der auf jeden Fall noch großen sportlichen Erfolg haben wird. Niemals würde ich ihm die volle Verantwortung für die drei Jahre in die Schuhe schieben. Es hat ihn schließlich auch jemand auf diese Position gesetzt. Und mit Verlaub: Das war ich. Ich habe auf das richtige Pferd gesetzt, doch ich habe es in ein Rennen geschickt, für das es nicht geboren war. Bei der Nationalmannschaft handelt es sich um ein Sprinterrennen und nicht um einen Dauerlauf. Ich habe die Sache falsch eingeschätzt. Christian Prokop ist eben nicht Jürgen Klopp. Er war mein Bundestrainer, und ich bin mit dieser Idee gescheitert.

Viel Lärm um Nichts: Das Tokio-Theater

Andreas Wolff sprach mit stockender Stimme. Immer wieder machte er Pausen, er atmete schwer, setzte neu an und fand doch nicht die Worte, nach denen er suchte. Worte, die das auf treffende Weise erklärten, was wenige Stunden zuvor passiert war. Nachts um vier telefonierten wir. Andi hatte gerade seine Koffer im Olympischen Dorf in Tokio gepackt und ich spendete ihm Trost so gut es ging. Die 26:31-Niederlage im Viertelfinale der Olympischen Spiele gegen Ägypten hatte nicht bloß unseren Torhüter um den Schlaf gebracht. Das abrupte Ende unseres goldenen Traums, das Scheitern meiner Vision, versetzte natürlich auch mir einen tiefen Stich ins Herz. Bis zuletzt hatte ich daran geglaubt. Mal mehr, mal weniger. Jetzt war es aus!

Ich lag in meinem Bett und wälzte mich von rechts nach links. In jener Nacht auf den 4. August kamen mir die Geschehnisse aus dem Februar 2020 wieder in den Sinn. Wie wir Christian Prokop nach Platz fünf bei der EM und getrieben vom Druck der Liga aus heiterem Himmel den Laufpass gegeben und praktisch in einer Nacht- und Nebelaktion den langjährigen Kieler Meistertrainer Alfreð Gíslason inthronisiert hatten. Die Erklärung von einst schien mir mit Blick auf die Sommerspiele noch immer plausibel: Gíslason, jener alte Trainerhaudegen, der mit Kiel und Magdeburg Titel und Triumphe zuhauf errungen hat, konnte einen Erfolg in Tokio sicherlich nicht garantieren, aber er würde ihn wahrscheinlicher machen. 543 Tage, eine völlig misslungene WM und ein unterm Strich enttäuschendes olympisches Turnier später musste ich der Realität ins Auge sehen: Unsere Rechnung im Verband war nicht aufgegangen. Was weniger an Gíslason lag als an einem anderen, ganz profanen Grund. Unsere Nationalmannschaft ist nicht (mehr) gut genug, der deutsche Handball anno 2021 hat ein Qualitätsproblem. Es fehlt an Spielern, die ihr Leistungsvermögen auf höchstem Niveau verlässlich abrufen, es fehlt an Spielern mit Weltklasseformat. Ein Kai Häfner ist kein Dika Mem, ein Philipp Weber kein Sander Sagosen und ein Julius Kühn kein Mikkel Hansen.

Natürlich gibt es auf den ersten Blick recht einfache Erklärungen, warum es in Tokio nicht so richtig funktionierte. Wir waren nah dran an der Weltspitze, verloren in der Gruppenphase gegen Spanien (27:28) und Frankreich (29:30), den späteren Bronzemedaillengewinner und den Olympiasieger, jeweils nur mit einem Tor. Doch als es in der K.o.-Runde drauf ankam, fehlte uns schlicht und einfach die Kraft. Wir waren körperlich nicht auf der Höhe! Da hatte unser Kreisläufer Hendrik Pekeler ganz recht mit seiner Analyse, dass wir in der Vorrunde zu viele Totalausfälle in der Mannschaft hatten. Weil langjährige Nationalspieler wie Häfner und Kühn nicht wie erhofft zündeten, mussten unsere Leistungsträger früh im Turnier an ihre Grenzen und darüber hinaus gehen. Die zweite Reihe hat der ersten nicht die Pausen gegeben, die sie gebraucht hätte. Steffen Weinhold, der ein überragendes Turnier spielte und geradezu Unmenschliches im rechten Rückraum leistete, und auch Pekeler und Paul Drux hatten schon viel zu viel Energie verloren, um im entscheidenden Moment neue Impulse zu setzen. Wir waren platt und machten ungewohnt viele technische Fehler, und das ist für unser Spiel tödlich. Zudem machte sich der Kräfteverschleiß deutlich in der Abwehr bemerkbar, die eigentlich unser Prunkstück ist, so dass mir am Ende die Torhüter Wolff und Johannes Bitter fast ein bisschen Leid taten.

Noch mehr fühlte ich aber mit unserem Trainer. Denn Alfred war in dem ganzen Tokio-Theater, mit Verlaub, die ärmste Sau. Wegen der immens langen Bundesligasaison hatte er sich mit dem Team kaum einspielen können und reiste nach dem späten Ende der vollgestopften Corona-Spielzeit quasi aus dem Bauch heraus nach Japan. Die Dänen, die sich immerhin mit Silber belohnten, konnten die ähnlich hohen Belastungen ihrer Spieler dank einer enormen Breite in ihrem Kader kompensieren. Doch für die hoch gehandelten und mit vielen Bundesliga-Spielern gespickten Norweger war wie für uns schon im Viertelfinale Schluss. Die spanische und auch die französische Liga sind im Vergleich zur Bundesliga wie Urlaub, wie man unschwer am Ergebnis ablesen konnte.

Zu all dem kam bei Alfreð die enorm tragische und tieftraurige Zeit in der Turniervorbereitung hinzu. Erst wurde er im März 2021

Opfer von anonymen Drohungen und abscheulichen rassistischen Beleidigungen, zudem verstarb vor den Olympischen Spielen seine geliebte Frau Kara-Gudrun nach schwerer Krankheit. Mir tat es in der Seele weh, ich fühlte mit Alfreð. Mir imponierte, wie er den Spagat zwischen diesem persönlichen Schicksalsschlag und Professionalität für den Verband hinbekam. Damit eines aber klar ist: Egal, wer unsere Mannschaft in Tokio als Trainer betreut hätte, niemand hätte seinen Job besser gemacht und niemand hätte besser abgeschnitten als Alfreð. Denn unterm Strich wurde Alfreð in den letzten anderthalb Jahren ein Opfer des Systems Bundesliga, in dem während der Coronakrise jeder vor allem und als erstes an sich dachte. Der deutsche Handball, das wurde mir mit jedem Tag mehr Abstand zu den Olympischen Spielen deutlicher, hat nämlich nicht bloß ein Qualitätsproblem. Er hat vor allem ein Kopfproblem, es mangelt an einer Mentalität pro Nationalmannschaft, die auch ich unserer Sportart in den acht Jahren meines Schaffens offensichtlich nicht in ausreichendem Maße implementieren konnte.

Krisen – das gilt im Allgemeinen wie im Speziellen – sind demaskierend. Sie zeigen den wahren Charakter der Menschen. Und sie zeigten in der zurückliegenden Zeit leider auch den wahren Charakter vieler Klubs in der Bundesliga, denn die Molekularinteressen Einzelner standen leider zu oft über dem Wohl der Nationalmannschaft. Nicht anders lässt sich erklären, dass bestimmte Manager ihren Nationalspielern dazu geraten haben, Turniere nicht zu spielen und unserer Mannschaft abzusagen. Wir hatten eigentlich gehofft, dass mit der Entscheidung, Alfreð zum Bundestrainer zu machen, alle wieder in die gleiche Richtung ziehen. Doch das hat nicht funktioniert. Schon bei der WM Anfang 2021 in Ägypten wollten einzelne Spieler nicht für ihr Land auflaufen, einige Vereine hätten das Turnier mit Verweis auf das Coronavirus gerne ganz abgesagt. Jeder achtete darauf, dass es im gutgeht. Die Interessen des deutschen Handballs und speziell die Sorge um die Nationalmannschaft war für viele sehr begrenzt, obwohl die Liga mit Alfreð genau jenen Mann als Bundestrainer bekommen hatte, den sie sich statt Prokop gewünscht hatte.

Aus dieser Erkenntnis, dass wir ein Mentalitätsproblem haben, gilt es, die richtigen Schlüsse zu ziehen. Ja, die vorolympischen Belastungen waren aufgrund der langen Saison heftig. Und die Turniervorbereitung der deutschen Mannschaft war durch das späte Saisonende tatsächlich deutlich kürzer als die anderer Teams. Doch will das deutsche Team in Zukunft nicht dauerhaft der Musik hinterherlaufen, braucht es eines gemeinsamen Kraftaktes. Zuvorderst sind die Spieler gefordert. Vor allem vor dem Hintergrund des personellen Neuanfangs ohne den langjährigen Anführer Uwe Gensheimer, ohne Steffen Weinhold und auch erstmal ohne Hendrik Pekeler wird es auf den Willen und die Motivation ankommen, ohne Wenn und Aber für Deutschland spielen zu wollen. Und das heißt auch, sich in das System Nationalmannschaft zu fügen. Die Rolle anzunehmen, die dem Einzelnen vom Bundestrainer zugedacht ist. Und sei es nur für Kurzeinsätze in besonderen Situationen. Dies hat mir sowohl bei der WM in Ägypten als auch bei den Olympischen Spielen gefehlt. Kein Spieler ist größer als das System – diesen Grundsatz gilt es wieder mehr zu verinnerlichen, wenn wir wieder erfolgreich sein wollen.

Alle deutschen Spieler müssen die Zäsur nach den Olympischen Spielen als Chance begreifen. Sie dürfen nicht zu schnell zufrieden sein, etwas erreicht zu haben, sondern müssen jeden Tag aus ihrer Komfortzone herauskommen. Nur weil ich in Melsungen oder bei den Rhein-Neckar Löwen einen dicken Vertrag unterschrieben habe, habe ich noch nichts erreicht. Das Jahrzehnt des Handballs mit einer EM und einer WM im eigenen Land hat schließlich gerade erst begonnen. Und wir können diese Epoche noch immer zu einer Goldenen machen. Jeder einzelne kann sie für sich zu einer Goldenen machen. Da bleibe ich Optimist, und davon bin ich überzeugt. Wir werden die Herausforderungen erfolgreich bewältigen, aber nur, wenn alle gemeinsam an den Zielen festhalten und dafür einstehen.

Alfreð wird jetzt alte Zöpfe abschneiden und bestehende Hierarchien bewusst aufbrechen. Er wird Mut brauchen, konsequent auf hungrige Spieler zu setzen und ein neues (jüngeres) Team aufzubauen. Aber er wird auch, und das mehr denn je, auf die Klubs der Bundesliga angewiesen sein. Es reicht nicht, gute Jugendarbeit zu machen, um dafür vom Ligaverband irgendwelche Zertifikate mit Sternchen und Bienchen zu erhalten. Damit ist es nicht getan. Wir müssen jetzt mutig sein und unseren jungen Spielern in unseren Bundesligateams Einsatzzeiten geben. Die Vereine müssen bereit sein, diesen Weg mitzugehen. Kiel, Flensburg, Magdeburg. Wir alle! Nur so werden unsere Jungs besser und können zu Garanten für eine erfolgreiche Zukunft des deutschen Handballs werden. Wir müssen endlich begreifen, und zwar alle, dass die Plattform Handball viel wichtiger ist als irgendwelche Egoismen und das eigene kurzfristige Wohlergehen.

Eine Sache möchte ich aber betonen. Auch wenn viele im deutschen Handball das Ziel Olympia-Gold schon vor Tokio aufgegeben hatten: Diese Vision war alternativlos! Sie war es bei meinem Amtsantritt 2013. Und sie war es auch noch unmittelbar vor dem Turnier. Wie oft musste ich mir von irgendwelchen sogenannten Experten anhören, wie unrealistisch dieses Ziel sei. Aber sollen wir uns tatsächlich nur Ziele setzen, die schon mal von anderen erreicht wurden? Oder nur solche, die unseren tatsächlichen Fähigkeiten entsprechen? Ich erinnere mich in diesem Zusammenhang gern zurück an das Jahr 2016. Was wurde Andi Wolff belächelt, als er zum Start der Europameisterschaft vom Titel sprach. „Setzt euch realistische Ziele", hieß es von allen Seiten. Doch mit jedem Spiel verstummten die Kritiker mehr, das Ende ist bekannt. Die Welt, und das sage ich in aller Deutlichkeit, wäre mit solchen Grundsätzen nicht sonderlich weit gekommen. Ein Zufriedensein mit dem Status Quo macht Innovation und Fortschritt unmöglich und bedeutet unterm Strich vor allem Rückschritt. Hermann Hesse formulierte einst: „Damit das Mögliche entsteht, muss immer wieder das Unmögliche versucht werden." Nach diesem Grundsatz handele ich – und werde ich weiter handeln. Punkt!

VII. Rückzug von der großen Bühne? Was ich noch sagen möchte

Während ich dieses Buch schrieb, kam mir immer mal wieder dieses eine Gespräch mit Henning Lorenz in den Sinn. Lange ist es her. Es war in meiner Kindheit in Essen, ich war fünfzehn Jahre alt, und Henning Lorenz war damals mein Jugendtrainer. Es ging um Glück und Schicksal, um Herkunft und Demut. „Bob", sagte er zu mir, „du machst mit deinen Eltern tolle Reisen und darfst die Welt sehen, während viele deiner Mitspieler Urlaub auf Balkonien machen. Das ist ein großes Privileg. Sei dir dessen immer bewusst." Diese Sätze trage ich seither im Herzen. Heute vielleicht mehr denn je.

Ich bin unheimlich dankbar für das, was mir das Leben geschenkt hat. Ich bin dankbar für meine Familie. Meine Eltern, die mich gefordert und gefördert, mir dabei aber immer meine Persönlichkeit gelassen haben. So konnte ich der werden, der ich heute bin. Unendlich dankbar bin ich auch dem Sport. Meinem geliebten Handball, der mir auf meinem Weg so viel gegeben hat und gibt, der mir große Triumphe und bittere Niederlagen beschert, der mir spannende Reisen und immer wieder tolle Begegnungen mit ganz unterschiedlichen Menschen ermöglicht hat. Es ist sehr beglückend, sich regelmäßig mit einem Vorstandsvorsitzenden eines DAX-Konzerns auszutauschen oder erfolgreichen Managern zu lauschen, wie sie ihr Unternehmen positiv entwickelt haben. Doch glauben Sie mir, ich sitze genauso gerne mit unseren Hallenwarten in Füchse Town zusammen, um mit ihnen eine Tasse Kaffee zu trinken und über handfeste Aufgaben zu sprechen. Das Gefühl von Freundschaft und Verbundenheit ist für mich das Entscheidende.

Wenn ich auf die acht Jahre beim Deutschen Handballbund zurückblicke, spüre ich Zufriedenheit. Ich denke, mein Einsatz hat sich gelohnt. Natürlich gab es nicht nur schöne Momente. Es gab Momente, in denen ich mich geärgert, mich einsam gefühlt habe, in denen die Wut in mir hochkochte. Es gab Momente, in denen ich mir gewünscht hätte, nicht nur als Provokateur gesehen zu werden, der mit ungeahnter Brutalität in jeden Konflikt geht und sich skrupellos überall Feinde macht. Ich wäre manchmal gerne mehr als Problemlöser wahrgenommen worden, der ich in meinen Augen immer auch und bist zuletzt war. Den Sanierer zu geben, der den Schweinen den Trog wegnimmt, und dann acht Jahre die Stellung zu halten, war wahrlich nicht immer einfach. Einige Leute – am Anfang mehr, später weniger – haben auf mein Scheitern nur gewartet.

Ich musste manch unpopuläre Entscheidung treffen, war dabei nicht zaghaft und nicht zimperlich, durfte es nicht sein. Denn Zweifler siegen nicht. Und Sieger zweifeln nicht! Dass ich auf meinem Weg nicht immer alles richtig gemacht und einigen Leuten weh getan habe, das liegt in der Natur der Sache. Wer mit den Adlern fliegt, anstatt mit den Fröschen zu quaken … der macht auch mal eine Bruchlandung. Wer Entscheidungen treffen muss, der wird auch mal danebenliegen. Kurz, wenn du bestimmte Dinge erreichen willst, dann geht es nicht ohne Fehler und nicht ohne Schmerzen ab.

Mich auszuhalten, war gewiss nicht immer einfach. Ich habe, und das möchte ich betonen, in all den Jahren aber stets mit offenem Visier gekämpft, habe nie falsche Spiele gespielt oder ein Messer von hinten geworfen. Es gibt Menschen, die vier Fähnchen, für jede Windrichtung eins, in ihrem Schrank haben. Dies war nie meins.

Unterm Strich ist nicht das Erlebnis entscheidend, sondern das Ergebnis. Und in dieser Hinsicht kann sich meine Amtszeit sehen lassen. Wir haben das im Verband gemeinsam richtig gut hingekriegt. Das Feld für eine erfolgreiche Zukunft ist bestellt.

Für diese Zukunft werden jetzt vor allem die Vorstände des DHB verantwortlich sein. Mark Schober macht an der Spitze seit Jahren einen exzellenten Job. Sportvorstand Axel Kromer ist an den vielfältigen Aufgaben immer nur gewachsen, und ich bin mir sicher, dass wir mit ihm den richtigen Mann an der richtigen Position sitzen haben. Mit Benjamin Chatton, den ich als meinen Nachfolger beim DHB vorgesehen hatte, ist weitere Sportkompetenz in den Vorstand gerückt. Das gesamte Präsidium um Andreas Michelmann hat gerade in der Pandemie gezeigt, wie gut es miteinander harmonieren kann. Mit Carsten Korte und Georg Clarke haben wir es geschafft, dass zumindest der Leistungssport einen nicht allzu großen Schaden genommen hat.

Wir haben in den letzten acht Jahren viele neue Dinge angeschoben und alte Zöpfe gekappt. Die Strukturreform ist weitgehend abgeschlossen, der Staub der Vergangenheit ist ausgeklopft. Auf dem Flugzeugträger DHB, der im Herbst 2013 auf hoher See unterwegs war, können problemlos wieder Flugzeuge landen und starten. Wirtschaftlich stehen wir so gut da wie lange nicht. Nehmen wir die Personalie Prokop: Noch am Anfang meiner Zeit hätte der Trainerwechsel dem Verband finanziell das Genick gebrochen, durch den großen Erfolg der Heim-WM war er am Ende eine Randerscheinung. Früher musstest du betteln, dass die Trikotflächen besetzt werden. Heute stehen die Partner Schlange, und wir können uns unsere Sponsoren aussuchen. Nicht nur die Vermarktung ist gesichert: Die Fernsehverträge mit ARD und ZDF garantieren uns bei den großen Turnieren langfristig, zunächst bis 2025, hohe Einschaltquoten, und unsere Nationalmannschaften haben mit den Austragungen der Junioren-WM 2023, der Männer-EM 2024, der Frauen-WM 2025 und der Männer-WM 2027 im eigenen Land großartige Perspektiven. Für den Handball besteht die einmalige Chance, aus den 2020er Jahren ein goldenes Jahrzehnt zu machen.

Und doch warten große Herausforderungen auf unseren Sport. Nach einer Phase der Erneuerung und Konsolidierung sollten wir jetzt wieder wachsen. Momentan habe ich das Gefühl, dass lediglich an jeder tausendsten Schule in Deutschland Handball unterrichtet wird. Das darf nicht sein. Die eine große Aufgabe für den DHB und die Landesverbände wird sein, Handball wieder an den Schulen zu etablieren. Darüber hinaus müssen wir uns dringend neuen Zielgruppen öffnen, müssen moderner, digitaler und jugendlicher werden. Denn wenn wir weiterhin nur unsere Kernkundschaft bespielen, werden wir abgehängt werden und untergehen. Dafür reicht ein Blick in die Arenen der Republik, wo das Publikum überwiegend sechzig plus ist.

Eine große Rolle auf unserem Weg in eine erfolgreiche Zukunft werden Fannähe und Nahbarkeit spielen. In diesen Bereichen sind wir dem Fußball voraus. Der Fußball wirkt auf viele Menschen glatt und kalt und hat sich zuletzt immer mehr von der Basis entfernt. Der Handball ist eine bodenständige Alternative zum Fußball, genau das müssen wir noch mehr für uns nutzen, dies gilt es, den Leuten klarzumachen. Natürlich soll der Sport bei uns weiterhin im Mittelpunkt stehen, doch wir brauchen auch und mehr denn je das Drumherum. Wir dürfen uns nicht abschotten und müssen von innen heraus das Verständnis entwickeln, dass wir unser Geld zunehmend abseits des Feldes verdienen. Wir brauchen Stars zum Anfassen. Noch mehr Typen mit Ecken und Kanten, die kritikfähig sind und das sagen, was sie meinen, nicht bloß beim Thema Handball – und dabei im Idealfall noch für bestimmte Werte und Grundsätze einstehen. Wir können durchaus den ein oder anderen bunten Pullover mehr vertragen, um Aufmerksamkeit zu erzeugen und neue Zielgruppen zu erschließen. Auch Auftritte wie der von Pascal Hens bei „Let's Dance" sind Gold wert, um ins Gespräch zu kommen und im Gespräch zu bleiben. Wir müssen neue Themen setzen, immer wieder Reibungspunkte schaffen und noch unterhaltsamer sein, sonst werden wir im Wettlauf um die Gunst der Zuschauer und Mitglieder verlieren.

Ich habe viel nach innen gewirkt, jetzt müssen wir nach außen nachziehen. Das Haus steht, jetzt fehlt noch die Gartenanlage und das Meer. Mich braucht es dafür nicht mehr. Zumindest nicht in verantwortlicher Position. Als Freund und Berater stehe ich freilich gern zur Verfügung. Ich weiß aber, die handelnden Personen werden es ohne mich hinbekommen.

„Was ist Weltklasse?", frage ich meine Jugendspieler in Berlin gern und schicke die Antwort dann meist selbst hinterher: Weltklasse ist es, eine Sekunde in der Zukunft zu spielen. Zu wissen, was im nächsten Moment passiert. Die nächste Situation zu antizipieren und diese Vorahnung in seine Entscheidungen mit einfließen zu lassen – das ist mein Motto. Und es wird mein Motto bleiben. Und so stelle ich mir die Frage: Was kommt als Nächstes? Die Füchse! Klar. Ich liebe Berlin, und ich liebe diesen Verein. Ich habe immer davon geträumt, den Klub unabhängig von mir zu machen. Wenn die große Krise nicht gekommen wäre, wäre es vielleicht schon an der Zeit gewesen, den Staffelstab zu übergeben. Die Corona-Pandemie und ihre Folgen lässt mir aber keine Wahl, als weiter für den Klub zu arbeiten. Den Verein durch diese Zeit zu bringen, ist meine Lebensaufgabe. Die Füchse sind die Basis, die bei mir über allem steht.

Ich lebe meinen Traum. Jeden Tag. Und doch hat auch mein Leben seinen Preis. Denn irgendwann wird mich die Frage einholen, warum ich keine Familie gegründet und immer alles dem Sport untergeordnet habe. Unglücklich bin ich deswegen nicht. Aber es fehlt. Und jetzt ist meine Zeit in Bezug auf Kinder abgelaufen. Das Thema eigener Nachwuchs kommt für mich nicht mehr in Frage, das ist durch. Umso mehr freue ich mich, wenn ich meine Spieler und Ex-Spieler sehe, von denen viele inzwischen Eltern geworden sind. Sie in ihrem Familienglück zu sehen, macht auch mich glücklich.

Damit wir uns richtig verstehen: Ich warte auf nichts. Ich habe auch keinen Anspruch, vom Schicksal noch mehr erwarten zu dürfen. Und doch spüre ich, dass da noch etwas kommt. Das Leben hält sicherlich noch eine Wendung für mich bereit. Dabei denke ich gar nicht nur an den Handball.

Doch unabhängig, wie groß der Reiz des Neuen irgendwo anders auch sein mag: Es gibt keine größere Liebe zu und Identifikation mit meinen Füchsen. Mein großer Traum ist es, irgendwann mit achtzig Jahren auf einen Stock gestützt nach Füchse Town zu kommen und zu spüren, dass die Leute sich freuen, wenn sie mich sehen. Dass sie mich achten als denjenigen, der den Klub aufgebaut hat, weil er ihn vom ersten Tag an im Herzen trug. Weil er den Handball im Herzen trug. Denn es ist wichtiger, stets die Achtung der Menschen zu haben als gelegentlich ihre Bewunderung.

Danksagungen

Ein riesiges Dankeschön geht an das Team vom Verlag Edel Sports. Ob Verleger Stefan Weikert, dessen Begeisterung und Vertrauen wir von der ersten Sekunde an spürten. Ob Lektor Marten Brandt, der mit seiner herrlich unaufgeregten Art auch während der heißen Produktionsphase kühlen Kopf behielt und stets eine Atmosphäre zum Wohlfühlen erzeugte. Oder Melanie Köhne, die in allen PR-Fragen immer den Überblick behielt. Danke, dass Ihr unser Projekt von Anfang bis Ende so toll unterstützt habt!

Ebenso gebührt unser Dank Stefan Kretzschmar. Als wir ihn nach einem Gastkapitel fragten, zögerte er keine Sekunde und schuf zusammen mit Nils Weber einen Beitrag, der das Buch in einer ganz wunderbaren Weise vollendet.

Bob sagt Danke

Oft im Leben ist der erste Impuls der richtige. So war es bei Dagur Sigurdsson als Füchse- und später als Bundestrainer. Und so war es bei Christoph Stukenbrock als meinem Co-Autoren. Wenn ich ein Buch schreibe, das spürte ich schon in unserem ersten Telefonat zu diesem Thema im Dezember 2020, dann mit ihm. Christoph brachte es von Beginn an auf den Punkt, ihm gelang es sofort, sich in mich hineinzuversetzen. Er hielt meine Launen aus und meine Ungeduld. Und am Ende unserer vielen langen Gespräche hat er es stets geschafft, es genauso aufzuschreiben, wie ich es sagen wollte. Auch meine nicht ausgesprochenen Gedanken vermochte er, zu Papier zu bringen. Wenn ich manchmal zwischen den Zeilen etwas Interessantes ausgelassen habe, so hat er es entweder ergänzt oder so lange nachgebohrt, bis er es hatte. Danke, Christoph für eine großartige Zusammenarbeit!

Christoph sagt Danke

Danke, Bob, für das riesige mir entgegengebrachte Vertrauen, für deine Gastfreundschaft und deine Offenheit. Ich durfte dich aus nächster Nähe kennenlernen. Deine völlige Hingabe für den Handball und deine Projekte zu jeder Tages- und Nachtzeit ist beispiellos, dein Antrieb bewundernswert. Die intensiven Monate unserer Zusammenarbeit mit all den vielen Treffen und Telefonaten trage ich im Herzen und werde sie nicht vergessen.

Danke, Maraike, für deine unerschöpfliche Liebe. Sie ist mein Antrieb und meine Inspiration. Du hältst mir den Rücken frei, damit ich schreiben kann. Du hörst mir zu, wenn ich Rat brauche. Du hältst mich aus, wenn ich zweifle. Du gibst mir Energie, wenn ich Kraft brauche. Du schenkst mir Ruhe und Geborgenheit, wenn ich rastlos bin. Danke!

Es war leider nicht in allen Fällen möglich, die Inhaber des Copyrights an einzelnen Bildern zu ermitteln. Der Verlag bittet Rechteinhaber darum, berechtigte Forderungen zu melden.

Edel Sports
Ein Verlag der Edel Verlagsgruppe

Neumühlen 17, 22763 Hamburg
www.edelsports.com

3. Auflage 2021

Projektkoordination und Lektorat: Dr. Marten Brandt
Layout und Satz: Datagrafix GSP GmbH, Berlin | www.datagrafix.com
Coverfoto: Sascha Klahn
Gestaltung von Umschlag und Bildstrecke: Groothuis. Gesellschaft der Ideen und Passionen mbH | www.groothuis.de
Lithografie: Frische Grafik, Hamburg
Druck und Bindung: GGP Media GmbH, Pößneck

MIX
Papier aus verantwortungsvollen Quellen
FSC® C014496
FSC www.fsc.org

Printed in Germany

ISBN 978-3-8419-0780-6